U0917991

记忆·历史·文化

——湖北大学历史文化学院教学研究文集

JIYI · LISHI · WENHUA

（第3集）

王　扬　郭　娅　主　编

韩　琴　副主编

中国地质大学出版社

ZHONGGUO DIZHI DAXUE CHUBANSHE

图书在版编目(CIP)数据

记忆·历史·文化——湖北大学历史文化学院教学研究文集.第3集/王扬,郭娅主编.—武汉:中国地质大学出版社,2010.12

ISBN 978-7-5625-2542-4

Ⅰ.①记…
Ⅱ.①王…②郭…
Ⅲ.①历史-中国-教学研究-高等学校-文集②文化史-中国-教学研究-高等学校-文集
Ⅳ.①G649.21-53

中国版本图书馆 CIP 数据核字(2010)第 233629 号

记忆·历史·文化
——湖北大学历史文化学院教学研究文集

王 扬 郭 娅 主编
韩 琴 副主编

责任编辑:张 华　　责任校对:戴 莹

出版发行:中国地质大学出版社(武汉市洪山区鲁磨路 388 号) 邮政编码:430074
电 话:(027)67883511 传真:67883580 E-mail:cbb @ cug.edu.cn
经 销:全国新华书店 http://www.cugp.cn

开本:880 毫米×1230 毫米 1/32　　字数:310 千字 印张:11.375
版次:2010 年 12 月第 1 版　　印次:2010 年 12 月第 1 次印刷
印刷:湖北睿智印务有限公司　　印数:1—1 000 册

ISBN 978-7-5625-2542-4　　定价:36.00 元

如有印装质量问题请与印刷厂联系调换

目　录

《史记》、《后汉书》校读札记

刘志玲[①]

摘　要：本文指出了中华书局标点本《史记》中专有名词的误标、漏标，《史记·三王世家》的标点错误以及1965年版中华书局标点本《后汉书·南蛮西南夷列传》"或自巴郡鱼复数路攻之"一句的断句问题。

关键词：中华书局标点本、《史记》、《后汉书》、专有名词、标点、问题

中华书局标点本《史记》、《后汉书》在点校方面的成就有目共睹，但仍不免存在某些错讹。本文指出了1982年版中华书局标点本《史记》中专有名词的误标、漏标，《史记·三王世家》的标点错误以及1965年版中华书局标点本《后汉书·南蛮西南夷列传》"或自巴郡鱼复数路攻之"一句的断句问题，希望对《史记》、《后汉书》的学习、研究有所裨益。

一、1982年版中华书局标点本《史记》中专有名词的误标、漏标

(1)《史记》出版说明部分："元成（着重号为笔者加，以标明问题所在，下同）之间，褚先生补缺"。（页3）按："元成"二字分别指汉元帝、成帝两个时期，"元成"间的横线应断开作"元 成"。

①刘志玲（1973—），河北定州人，湖北大学历史文化学院讲师，主要从事中国历史地理学、中国古代史的研究。

(2)卷45《韩世家》:"秦王之言曰:'请道南郑、蓝田,出兵於楚以待公',殆不合矣。"(页1873)按:"楚",国名,"於",介词。当标作"出兵於楚"。

(3)卷95《陈豨传》:"军所将卒斩韩信,破豨胡骑横谷"。(页2657)按:"豨",人名,指陈豨。"胡",民族专名,指匈奴。"豨胡"是两个词,当标作"豨 胡"。

上述三处明显的错误,中华书局1999年出版的简体字本《史记》均已作出了更正,而以下所指出的各处标点错误,简体字本均沿袭旧本,未作任何更改。

(4)卷99《叔孙通传》:"叔孙生奏事,因请间曰……"。(页2725)按:"叔孙生",人名,即叔孙通。应标为:"叔孙通奏事"。

(5)卷118《淮南衡山列传》:淮南王刘安欲谋反,伍被为其出谋画策,"如此则民怨,诸侯惧,即使辩武随而说之,傥可徼幸什得一乎?"(页3090)按:《集解》徐广曰:"淮南人名士曰武。""武"为人名,当标出。

二、《史记·三王世家》的标点问题

《史记·三王世家》为汉元、成帝间博士褚少孙所补,少孙云:"臣幸得以文学为侍郎,好览观太史公之列传。列传中称《三王世家》文辞可观,求其世家终不可得。窃从长老好故事者取其对策书,编列其事而传之,令后事得观贤主之指意。"中华书局标点本《史记》的出版说明也指出:褚少孙所补的《三王世家》等篇,"保存了一些第一手资料"[①]。正是这些第一手资料中,保存了西汉武帝时许多官职及官秩资料,而1982年版中华书局标点本《史记》对这些官职及官秩的标点却出现了不少误标,问题主要集中在以下两个方面。

①《史记》"出版说明",北京:中华书局,1982年,第2版,第4页。

(一)对“守”、“行”类暂代官职的标点问题

唐宋官制,小官兼代大官的事叫守某官,大官兼管小官的事叫行某官。汉代对“行”、“守”的用法还未形成如此严格的制度。

(1)第 2105 页:“六年三月戊申朔,乙亥,御史臣光,守尚书令丞非,下御史书到,言”。该句正确的标点应为:“御史臣光守尚书令、丞非下御史,书到言”。

按:尚书令乃少府属官,武帝时尚书的主要职责就是在内廷主管收发文件[①],上传下达。《史记·秦始皇本纪》裴骃《史记集解》引蔡邕曰:“群臣有所奏,请尚书令奏之,……。”“御史臣光守尚书令丞非”,应该是指负责下达奏疏的两个人:一指“御史臣光守尚书令”,即御史光暂代尚书令之职;一指“丞非”,“丞”即尚书丞。尚书令秩千石[②]。御史为御史大夫属官,人数多达四十余,其中御史丞和御史中丞均秩千石,其他如符御史、治书御史、绣衣御史等秩六百石[③]。当时御史光的官职不会是御史丞或御史中丞,而应当是官秩仅六百石的普通御史,所以《史记》称“御史臣光守尚书令”。正因为二人在尚书台任职,所以才会承担“下御史书”之事。中华书局标点本将“臣光守尚书令”断开,误。这句话的意思为:暂代尚书令一职的御史光、尚书丞非二人尊武帝旨意,将霍去病的奏疏下达给御史,奏疏下到御史后,御史上疏说。类似的句式见《汉书·哀帝纪》:“使执金吾任宏守大鸿胪,持节征定陶王”;《汉书·百官公卿表下》:“太山太守萧育守大鸿胪,数月徙”等。执金吾与大鸿胪同为九卿之一,官秩皆中二千石[④],不存在谁的官职大小的问题,兼代官职亦称“守”。“太守”秩二千石,低于中二千石的大鸿胪,太山太守“守大鸿胪”的用法则与唐宋

①韦庆远主编:《中国政治制度史》,北京:中国人民大学出版社,1989 年版,第 129 页。

②应劭:《汉官仪》云:“尚书令,主赞奏,总典纲纪,无人年统。秩千石。故公为之,朝会不(下)陛奏事,增秩二千石。”

③安作璋,熊铁基:《秦汉官制史稿》(上册),济南:齐鲁书社,1984 年版,第 69 页。

④班固:《汉书》卷 19 上《百官公卿表上》,北京:中华书局,1962 年版,第 733 页。

之制相合。

同在第 2105 页还有“三月乙亥，御史臣光守尚书令奏未央宫”，而此处中华书局的标点是正确的，这也见证上文所论不虚。

(2)第 2110 页：“丞相臣青翟、太仆臣贺、行御史大夫事太常臣充、太子少傅臣安行宗正事昧死言”。正确的标点应为：“丞相臣青翟、太仆臣贺行御史大夫事、太常臣充、太子少傅臣安行宗正事昧死言”。

按：太仆，秩中二千石。御史大夫位列三公，“位上卿，银印青绶，掌副丞相”[①]。很明显，太仆职位低于御史大夫，但低职暂代高职所用词不是“守”而是“行”，亦与唐宋制不同。“行御史大夫事”六字当上属“太仆臣贺”。同页标点本对“太仆臣贺行御史大夫事昧死言”一句的标点则是正确的。类似的句式还见于《史记·吕太后本纪》：“平阳侯窋行御史大夫事”，《汉书·高后纪》记载与此同，《汉书·淮南厉王刘长传》：“丞相张苍、典客冯敬行御史大夫事，与宗正、廷尉杂奏”[②]。

(二)并列官职间顿号的使用问题

第 2107 页：元狩六年三月丙子，庄青翟、张汤上奏疏：“丞相臣青翟、御史大夫臣汤昧死言：臣谨与列侯臣婴齐、中二千石二千石臣贺、谏大夫博士臣安等议曰……”加点部分正确的标点应为“中二千石、二千石、臣贺、谏大夫、博士臣安”。

按：先来分析“中二千石二千石臣贺”的标点问题。首先，“贺”，《正义》曰“公孙贺。”武帝建元六年(公元前 135 年)，公孙贺为太仆，至太初二年(公元前 103 年)迁丞相。元狩六年上疏时，公孙贺官任太仆，秩中二千石，那么公孙贺不可能既为中二千石官，又为二千石

①班固：《汉书》卷 19 上《百官公卿表上》，北京：中华书局，1962 年版，第 725 页。

②司马迁：《史记》卷 118《淮南衡山列传》标点为“丞相臣张仓、典客臣冯敬、行御史大夫事宗正臣逸、廷尉臣贺”(北京：中华书局，1982 年版，第 3077 页)，误。

官。其次，从该卷前文“臣谨与中二千石二千石贺等议”一句来看，“中二千石二千石臣贺”应指多人，而非公孙贺一人，所以后面才加一“等”字。公孙贺既秩中二千石，“臣贺”前的“二千石”三字自然不能与“臣贺”二字连读。其三，第2106页“臣谨与中二千石、二千石臣贺等议”、第2110页“臣谨与御史大夫臣汤、中二千石、二千石、谏大夫、博士臣庆等昧死请”等句标点中，均将“中二千石、二千石”从中断开。《汉书·王嘉传》载汉哀帝下制：“票骑将军、御史大夫、中二千石、二千石、诸大夫、博士、议郎议。”这些都证明第2107页对“中二千石二千石臣贺”的标点是错误的。而第2106页“二千石臣贺”的标点也应改为“二千石、臣贺”。

下面看“谏大夫博士臣安”的标点问题。第2108页有“臣青翟等与列侯、吏二千石、谏大夫、博士臣庆等议”、第2110页有“臣谨与御史大夫臣汤、中二千石、二千石、谏大夫、博士臣庆等昧死请”，这两处的“谏大夫博士臣庆”与上文“谏大夫博士臣安”仅一字之差，标点本的标点却判然有别。史书不见“博士臣庆”、“博士臣安”的具体记载，这里我们无法判断博士庆和博士安究竟哪一个曾经身兼谏大夫与博士两职，最妥当的处理方法就是一视同仁，也就是说至少这三处的标点应该是相同的，即将“谏大夫”与“博士臣安”间用顿号断开。

三、《后汉书·南蛮西南夷列传》“或自巴郡鱼复数路攻之”断句问题

1965年版中华书局标点本《后汉书》卷86《南蛮西南夷列传》载：“和帝永元十三年，巫蛮许圣等以郡收税不均，怀怨恨，遂屯聚反叛。明年夏，遣使者督荆州诸郡兵万余人讨之。圣等依憑阻隘，久不破。诸军乃分道并进，或自巴郡、鱼复数路攻之，蛮乃散走，斩其渠帅，乘胜追之，大破圣等。”（页2841）标着重号部分应标点作：“诸军乃分道并进，或自巴郡鱼复，数路攻之”。

按：《后汉书·郡国志》，鱼复，巴郡属县。巫县，属南郡。巫县、

鱼复二县相邻。巫蛮在巫县起兵反叛，地属荆州，因此东汉政府派遣荆州诸郡兵进行讨伐。但是由于叛军依托有利地势，汉军久攻不破，于是兵分几路。依中华书局标点本断句，意思就成为：汉军有的从巴郡、有的从鱼复几个方向进攻。鱼复本来就是巴郡属县，“从巴郡”进兵已经包括“鱼复”在内，后面再书“鱼复”岂不多此一举？这里的“巴郡”，事实上是与前文“荆州”相对而言，依常理，荆州出现叛乱，发动荆州兵平叛，其进兵的路线也应该从荆州方向，但由于实际困难，汉军当中有一支从益州巴郡的鱼复县自西向东攻打巫蛮叛军，所以范晔在这里特别指出“或自巴郡鱼复”。

高氏荆南藩镇使府幕职、僚佐考

曾育荣[①]

摘　要：仿照唐代后期方镇制度，高氏荆南藩镇使府由节度使府和观察使府构成，使府幕职也分为文职和武职两个系统，今可考知的是，前者有节度副使、行军司马、判官、支使、掌书记、孔目官和推官七种，后者有都押衙与押衙、都指挥使、指挥使等，其职掌和任职情况各有不同。

关键词：高氏荆南、节度使府、观察使府、幕职、僚佐

后梁开平元年（公元907年），高季昌被擢为荆南节度使，高氏正式据有荆南，其后荆南逐渐由方镇演变为独擅一方的地域性割据政权，并被后世家目为南方九国之一。但高氏荆南在其50余年的发展历程中，因受制于其时特定的政治、军事环境，从未称帝，而一直以藩镇自居，故其政权组织形式脱胎于唐末以来的藩镇体制，两者形式上高度一致。关于高氏荆南藩镇使府幕职、僚佐的有关记载零星地散见于各种史籍中，迄今为止尚无人进行系统梳理，此种情形有碍于人们客观解读、评判高氏荆南政权的藩镇体制。兹据相关文献，补苴罅漏，略为钩陈，俾明其实。

①曾育荣（1969—），男，湖北鄂州人，湖北大学历史文化学院讲师，历史学博士，主要从事五代十国史、宋代史与湖北地方史研究。

一、高氏荆南藩镇使府的构成

依唐代藩镇惯例，在节度使身兼的各种使职当中，观察使是最基本、最普遍的使衔，掌督察州县，系地方一级行政长官。若是军事重镇，则以节度使兼领，无节度使者例加都防御使或都团练使，以负责军政。故唐后期 40 余个藩镇，无不带观察使，而带节度使者则不多①。正因为节度使职掌军事，对唐末五代十国时期志在独擅一方的割据势力而言，其意义远非其他使衔可比。另外，藩镇一般还要兼支度、营田、招讨、经略、按抚等使职。

并且，藩镇体制至唐末业已形成由幕职官系统、牙军系统和外镇军系统构成的体系。就权力运作的角度而言，藩镇使府的幕职官系统是藩镇开展各项政务的核心机制。幕职官包括文职和武职两个部分。节度使府的主要文职有副使、行军司马、判官、掌书记、参谋、推官、衙推等。观察使府的主要文职有副使、支使、判官、掌书记、推官、巡官、衙推、随军、要籍、进奏官等②。不过，观察使兼节度使时，观察使下无副使，故《新唐书》卷 49 下《百官志四下》云：节度使“兼观察使，又有判官”，而不言副使。并且，藩镇幕府中还有不少武职，如都知兵马使、兵马使、都虞候、虞候、都押衙、押衙、都教练使、教练使、都指挥使、指挥使等，这些人员主要出自行伍，是藩镇节帅驾驭其麾下军队所倚重的军事指挥骨干。

高氏荆南政权自始至终保留藩镇体制，故高氏五主最基本的使职皆为“节度使”。高氏荆南节院的设置，亦为例证。节院，其长官称为节院使，亦称“掌节吏”、“节院将”。这是唐五代藩镇旌节制度的保留，亦是节度使获赐权力的重要标志。依照唐代旧制，节度使所持旌节至镇后，藏于节院，由节院使看护；节度使离任，则闭锁节院，不时

①张国刚：《唐代藩镇研究》，长沙：湖南教育出版社，1987 年版，第 181 页。
②《唐代藩镇研究》，第 182 页。

祭奠，以尽礼节。节院使一般由押衙、都头兼任[①]。高氏荆南节院使，见于记载者，有严光楚，如《北梦琐言逸文》卷3《孙光宪异梦》即称"掌节吏严光楚"、"节院将严光楚"。又有高保寅，《宋史》卷483《荆南高氏世家》载有"节院使保寅"。

高氏五主既以节度使为基本使职，亦依旧例仍兼观察使。史载：高季昌始任荆南留后，"及梁祖禅代，正拜江陵尹，兼管内节度观察处置等使"[②]。又如，后唐长兴元年（公元930年）十二月，明宗制词亦说：

> 荆南节度使高从诲亡父，扶天辅国翊佐功臣、荆南节度、归峡等州观察处置等使、开府仪同三司、检校太尉、尚书令、江陵尹、上柱国、南平王、食邑八千户、食实封五百户高季兴，可赠太尉[③]。

上述制词在追述高季兴生前官爵时，即提到"归峡等州观察处置等使"，此为季兴在世时曾兼观察使一职的明证。并且，季兴时亦曾辟署李载仁为观察推官[④]，此亦可证季兴确兼观察使[⑤]。其后高保融亦曾被授此职，如后汉初年，高保融继位之初，曾被授"荆归峡观察使"[⑥]；后周显德元年（公元954年）正月，仍兼荆归峡观察使。尽管高从诲等三主兼观察使的记载，迄今未见，但由节度使必兼观察使的唐后期旧制来看，高氏五主应当均领此衔。

正因为高氏五主皆以节度使兼观察使，故其藩镇使府格局即由

---

①冯培红：《唐五代归义军节院与节院使略考》，载《敦煌学辑刊》，2000年，第1期。

②周羽翀：《三楚新录》卷3，五代史书汇编本（第10册），杭州：杭州出版社点校本，2004年版，第6327页。

③王钦若：《册府元龟》卷178《帝王部·姑息三》，北京：中华书局影印本，1960年版，第2143页。

④周羽翀：《三楚新录》卷3，第6328页。

⑤脱脱：《宋史》卷483《荆南高氏世家》，北京：中华书局点校本，1985年版，第13952页。

⑥王钦若：《册府元龟》卷129《帝王部·封建》，北京：中华书局影印本，1960年版，第2143页。

节度使府和观察使府共同构成，与唐后期强藩大镇的使府模式并无二致。藩镇使府除最高军事、行政首脑即节度使、观察使外，各使之下尚有副使、判官、巡官等一批幕僚，亦即两使幕职。因此，所谓藩镇幕府，实际上是上述各种使职全部幕员的混合，以此构成一支可观的官僚队伍①。其中，两使幕僚又是藩镇幕府的主体。两使幕职中，除一些彼此并不相同的幕职极易区分外，由于观察使与节度使往往两使合一，又因为节度使府与观察使府僚佐多有同名者，而史载中常常并未明确标识其所属关系，故很难辨清其所属使府系统。因此，下文中仍以节度使府的幕职为主要叙述对象，对于观察使府幕职不再进行单独探讨，其中，史载明确显示为观察使府僚佐者，则予以特别指出。

仍有必要予以说明的是，前述唐代藩镇使府中的文职和武职，并非皆见于高氏荆南的藩镇幕府中，以下仅就史料所载，分文职与武职两个系列分别予以说明。

二、藩镇使府中的文职及僚佐

高氏荆南幕府中，主要由文人充任的幕职有节度副使、行军司马、判官、支使、掌书记、推官和孔目官七种，其职掌与有关任职情况如下。

节度副使 即节度使副贰，是节度使的首要僚佐，《通典》卷32《职官十四·州郡上》述节度使僚佐，首列副使，云“有副使一人，副贰使”。佐节度使总揽全军的政令。高使荆南节度副使的任职详情，见表1。

---

①张国刚：《唐代藩镇研究》，长沙：湖南教育出版社，1987年版，第182页。

表1 高氏荆南节度副使一览表

任职者	史载原文	史料出处
高保融	从诲时,为节度副使,兼峡州刺史	《新五代史》卷69《南平世家》,第859页①
高保勖	(后)周广顺元年,加检校太傅,充荆南节度副使	《十国春秋》卷101《荆南二·侍中保勖世家》,第1450页②
高继冲	(后)周显德六年,以荫授检校司空,领荆南节度副使	《十国春秋》卷101《荆南二·侍中继冲世家》,第1451页③

另,高从诲并未担任节度副使一职④,季兴在位时此职或许长期

---

①《旧五代史》卷103《汉隐帝纪上》载:后汉高祖乾祐元年(公元948年)十二月,"荆南节度副使、检校太傅、行峡州刺史高保融起复,授荆南节度使、检校太尉、同平章事、渤海郡侯",第1352页。另,司马光:《资治通鉴》卷288"后汉高祖乾祐元年十月"载:"荆南节度使、南平文献王高从诲寝疾,以其子节度副使保融判内外兵马事。"中华书局点校本1956年版,第9401页。又,《十国春秋》卷101《荆南二·贞懿王世家》亦载:"晋天福(公元936—944年)中,制授检校司空、判内外诸军,俄迁荆南节度副使。开运(公元944—946年)末,领峡州刺史。累加至检校太傅。"第1446页。

②《旧五代史》卷114《周世宗纪一》载:显德元年(公元954年)十一月,"以荆南节度副使、归州刺史高保勖为宁江军节度使、检校太尉,充荆南节度行军司马。"第1522页。

③《续资治通鉴长编》卷4"太祖乾德元年正月"载:"诏荆南节度副使、权知军府事高继冲为荆南节度使。"第82页。又,《十国春秋》卷101《荆南二·贞懿王世家》载:显德六年(公元959年),"是岁,王奏授长子继冲为荆南节度副使。"第1449页。

④《册府元龟》卷178《帝王部·姑息三》载:天成四年(公元929年)七月,"荆南节度行军司马高从诲遣都押衙刘谦已进赎罪银"。第2142页。另,欧阳修:《新五代史》卷69《南平世家》载:"从诲字遵圣,季兴时,入梁为供奉官,累迁鞍辔库使,赐告归宁,季兴遂留为马步军都指挥使、行军司马。"中华书局点校本1974年版,第858页。又,《资治通鉴》卷276"后唐明宗天成三年三月"载:"荆南节度使高季兴寝疾,命其子行军司马、忠义节度使、同平章事从诲权知军府事;丙辰,季兴卒。吴主以从诲为荆南节度使兼侍中。"第9026页。又,同书卷276"后唐明宗天成四年六月"载:"高从诲自称前荆南行军司马、归州刺史,上表求内附。秋,七月,甲申,以从诲为荆南节度使兼侍中。己丑,罢荆南招讨使。"第9030页。又,《十国春秋》卷100《荆南一·武信王世家》亦称:后唐庄宗同光三年(公元925年)九月,后唐伐蜀时,季兴被庄宗任以西川东南行营招讨使,"至是,乘唐兵势,使其子行军司马从诲权知军府事",第1438页。据此可知,高从诲乃由行军司马一职直接升为节度使,并未担任节度副使一职,或许季兴时,此职并未授人。

空缺。另有说法认为,孙光宪曾担任荆南节度副使。孙光宪《白莲集序》题为“荆南节度副使、朝议郎、检校秘书少监、赐紫金鱼袋孙光宪撰”,末署“天福三年戊戌三月一日序”[①]。而从上述表1所列举情况来看,此职全由高氏子弟充任,连高从诲亦未出任此职,孙光宪似无可能官至荆南节度副使,其说当误,故不取。

行军司马 又称“节度行军司马”。《通典》卷32《职官十四·州郡上》记节度使僚佐云:“行军司马一人,申习法令。”掌军籍符伍,号令印信,是最重要的军事行政官员,此职最为节帅看重,其实权有时在节度副使之上。后唐明宗天成四年(公元929年)六月的敕令即称:“诸道节度行军司马,名位虽高,或帅臣不在,其军州军事节度副使权知。”[②]可知,此前即有以行军司马权知军州事的先例,其权已超越节度副使。此次敕令之后,行军司马重回节度副使之后,渐成制度。作为将军文职僚佐的行军司马系从起初武职演变而来[③],其所理虽为军务,而其职却是文职,大多以有学识者充任。其地位与副使相侔,又略低于副使[④]。不过,在高氏荆南幕府中,亦有以武人充任此职者。高氏荆南行军司马的任职情况,见表2。

史籍所见,任高氏荆南行军司马且确能考知者,唯上述4人。其中,王保义为武将(详后)。高从诲、高保勖均为高氏子弟。照此来看,或因其职权任甚重,高氏荆南在王保义之后,或未再署外人,仅以高氏子弟充任。另外,据载,高季昌在后梁期间,常常“以贵公子任行军司马”,但中朝士族子弟不达时变,被后唐除官后,即“匆匆办装,即

---

①董诰:《全唐文》卷900,孙光宪:《白莲集·序》,上海:古籍出版社影印本,1983年版,第9390~9391页。《十国春秋》卷102《荆南三·孙光宪传》亦称:孙光宪“累官荆南节度副使、朝议郎、检校秘书少监、试御史中丞,赐紫金鱼袋”。第1463页。

②王溥:《五代会要》卷25《幕府》,上海:古籍出版社点校本,1978年版,第396页。

③董诰:《全唐文》卷430,李翰:《淮南节度行军马厅壁记》,第1939页。

④石云涛:《唐代幕府制度研究》,北京:中国社会科学出版社,2001年版,第94页。

俟归朝，视行军蔑如也”[①]。唯其姓名已不可考，暂付之阙如。

表2 高氏荆南行军司马一览表

任职者	史载原文	史料出处
王保义	及庄宗平河、洛，（刘）去非（即王保义）乃弃郡归高季兴，为行军司马，仍改易姓名	《旧五代史》卷133《高季兴传》，第1754页[②]
高从诲	（天成四年七月），荆南节度行军司马高从诲遣都押衙刘谦已进赎罪银	《册府元龟》卷178《帝王部·姑息三》，第2142页[③]
高保勗	（显德元年十一月），以荆南节度副使、归州刺史高保勗为宁江军节度使、检校太尉，充荆南节度行军司马	《旧五代史》卷114《旧世宗纪》，第1522页[④]

判官 《通典》卷32《职官十四·州郡上》记节度使僚佐云：“判官二人，分判仓、兵、骑、胄四曹事。”是副使和行军司马之下掌具体府务者，系佐戎务之职，所谓“分判军事”。其后，藩帅往往尽委钱谷文

---

①《北梦琐言逸文》卷2《薛韦轻高氏》，见《北梦琐言》，第410～411页。

②《旧五代史》卷76《晋高祖纪二》载：天福二年（公元937年）六月，“诏摄荆南节度行军司马、检校太保、归州刺史王保义加检校太傅，知武泰军节度观察留后，充荆南行军司马兼沿淮巡检使”。第1003页。《资治通鉴》卷282“后晋高祖天福六年四月”载：安从进谋反，“求援于荆南，高从诲遗从进书，谕以祸福；从进怒，反诬奏从诲。荆南行军司马王保义劝从诲具奏其状，且请发兵助朝廷讨之；从诲从之”。第9222页。《旧五代史》卷102《汉隐帝纪中》载：乾祐二年（公元949年）四月，“以荆南行军司马、武泰军节度留后王保义为检校太尉，领武泰军节度使，行军如故”。第1357页。按，据前引可知，王保义任行军司马时间甚长，始任时间当在后唐庄宗同光元年（公元923年），直至后汉隐帝乾祐二年（公元949年）四月仍领此职，长达27年。另，《北梦琐言逸文》卷3《孙光宪异梦》有“光宪请行军司马王甲判之”一语，“王甲”恐即为“王保义”。见孙光宪：《北梦琐言》，中华书局点校本，2002年版，第413页。

③另见《新五代史》卷69《南平世家》，第858页。《资治通鉴》卷276，后唐明宗天成三年三月，第9026页。又，同书卷276，后唐明宗天成四年六月—七月，第9030页。又，《十国春秋》卷100《荆南一·武信王世家》，第1438页。

④《续资治通鉴长编》卷1“太祖建隆元年八月”载：保融寝疾，“以其子继元幼弱，未堪承嗣，命其弟行军司马保勖总判内外军马事”，第22页。

计于判官[①]。胡三省尝云："唐诸使之属，判官位次副使，尽总府事。"[②]这是就节度使府的情况而言，因观察使府无副使和行军司马，故以判官尽总府事[③]。高氏荆南幕府中，任判官一职者仅见孙光宪一人。史载：宋太祖乾德元年(公元963年)二月，"高继冲自以年幼，未知民事，刑政、赋役委节度判官孙光宪"[④]。在此之前，是否还有任职者，难于知晓。

支使 唯见于观察使府，节度府无支使。支使的职能虽不甚清晰，但并非专掌表笺书翰之任，而是偏重于政务[⑤]。高氏荆南所设支使唯见两例。一为孙光宪，如齐己曾作《夏满日偶作寄孙支使》、《孙支使来借诗集因有谢》等诗[⑥]，可为其证。继冲纳土之后，曾遣"支使王崇范"[⑦]上贡金银财宝。可知，王崇范为高氏荆南观察支使。

掌书记 《通典》卷32《职官十四·州郡上》记节度使府僚佐云："掌书记一人"。其职掌为："掌朝觐、聘慰、荐祭祀、祈祝之文，与号令、长绌之事"[⑧]，常由有学识者充任，负责起草表奏书檄，凡文辞之事，均出于掌书记。史载："军中之书记，节度之喉舌。指事立言而上达，思中天心；发号出令以下行，期悦人意。谅非容易，而可专据。"[⑨]史载又称："掌书记，位判官下，古记室参军之任。[⑩]"有学者指出，节

---

①刘昫：《旧唐书》卷145《董晋传》，北京：中华书局点校本，1975年版，第3937页。

②《资治通鉴》卷216，唐玄宗天宝六年十二月胡三省注，第6888页。

③《唐代幕府制度研究》，第94页。

④《续资治通鉴长编》卷4，太祖乾德元年二月，第84页。又，《入蜀记校注》卷4亦云："又有周显德中荆南判官孙光宪为知归州高从让所立碑。"第224页。

⑤《唐代幕府制度研究》，第211～213页。

⑥齐己：《白莲集》卷4、卷6，四部丛刊初编本，上海：商务印书馆，1926年版，分见页8—1、页8—2。

⑦《宋史》卷483《荆南高氏世家》，第13954页。《十国春秋》卷102《荆南四·王崇范传》载："王崇范，事继冲为支使"。第1468页。

⑧《资治通鉴》卷260，唐昭宗乾宁二年十二月胡三省注，第8480～8481页。

⑨《全唐文》卷543，令狐楚：《荐齐孝若书》，第2438页。

⑩《资治通鉴》卷216，唐玄宗天宝十年二月胡三省注，第6905页。

度府与观察府分别置掌书记和支使，不仅不并置，而且也不互置①。高氏荆南时期，任掌书记者有李载仁、孙光宪、高保寅三人，见表3。

表3　高氏荆南掌书记一览表

任职者	史载原文	史料出处
李载仁	明年，保勖（"保勖"系从诲之误）嗣袭，辟李为掌书记	《北梦琐言逸文》卷2《薛韦轻高氏》，第411页②
孙光宪	（天成元年四月），（梁震）荐前陵州判官孙光宪于季兴，使掌书记	《资治通鉴》卷275，第8979页③
高保寅	宋兴，保勗既袭封，遣保寅入觐，太祖召对便殿，授掌书记遣还	《宋史》卷483《高保寅传》，第13955页④

上述3人中，高保寅于宋太祖建隆二年（公元961年）九月入觐时，被授以掌书记之职，则光宪已不复再任，或于此时即为判官。

推官　《新唐书》卷49下《百官志四下》"外官"条记节度使僚佐有"推官一人"。其职掌为理军讼，即推勾狱讼。而观察使推官则理民讼，使主职掌性质上的差异，是推官职责不同的根源。高氏荆南所署推官，见表4。

---

①《唐代幕府制度研究》，第212页。

②李昉：《太平广记》卷266《韦薛轻高氏》同此，北京：中华书局断句本，1961年版，第2088页。

③《十国春秋》卷100《荆南一·武信王世家》与此同，第1434页。按，《三楚新录》卷3，第6328页；晁公武著，孙猛校证：《郡斋读书志校证》卷18《别集类中》，上海：古籍出版社，1990年版，第943页；《宋史》卷483《孙光宪传》，第13956页。皆谓光宪始见于从诲时，均误。另，《续资治通鉴长编》卷2"太祖建隆二年九月"载有"记室孙光宪"。第53页。可知孙光宪此时仍为掌书记。

④按，《宋史》卷1《太祖纪一》载：建隆二年（公元961年）九月，"荆南节度使高保勗遣其弟保寅来朝"。第10页。据此可知，保寅任掌书记即应在此时或稍后。另，《续资治通鉴长编》卷4"太祖乾德元年二月"载："继冲遣延嗣与其叔父掌书记保寅，奉牛酒来犒师，且觇师之所为。"第85页。《宋史》卷483《荆南高氏世家》载有"节院使保寅"。第13954页。

表4 高氏荆南推官一览表

任职者	史载原文	史料出处
李载仁	有李载仁者,唐室之后也。唐末避乱于江陵,季兴署为观察推官	《三楚新录》卷3,第6328页
王贞范	荆南推官王少监贞范	《北梦琐言逸文补遗》之《王氏女》,见《北梦琐言》,第453页
王惠范	以门荫为文学,累迁观察推官	《三楚新录》卷3,第6329页

据上表可知,高氏荆南推官为3人,其中李载仁、王惠范为观察推官,王贞范仅言推官,不知是否亦为观察推官。

孔目官 孔目,原指档案目录,后成为掌书记之吏员名称。胡三省云:"孔目官,衙前吏职也,唐世始有此名。言凡使司之事,一孔一目,皆须经由其手也"①。又曰:"诸镇州皆有孔目官,以综理众事,吏职也。言一孔一目,皆所综理也"②。又称:"唐藩镇吏职,使院有孔目官,军府事无细大皆经其手,言一孔一目,无不综理也"③。是节度使僚佐之中的亲近之职,其职掌大都与财计出纳有关。高氏荆南孔目官仅见二人,见表5。

表5 高氏荆南孔目官一览表

任职者	史载原文	史料出处
王仁厚	(高季昌)召孔目官王仁厚谓曰……	《北梦琐言逸文》卷2《高季昌推崇梁王》,见《北梦琐言》,第402页
严光楚④	进士郑起谒荆州节度高从诲,馆于空宅。其夕,梦一人告诉曰:"孔目官严光楚无礼。"意甚不平	《北梦琐言逸文》卷3《郑起空宅梦异》,见《北梦琐言》,第415页

①《资治通鉴》卷216,唐玄宗天宝十年二月胡三省注,第6905页。

②《资治通鉴》卷225,唐代宗大历十三年十二月胡三省注,第7254页。

③《资治通鉴》卷228,唐德宗贞元二年十月胡三省注,第7357页。

④按,《北梦琐言逸文》卷3《孙光宪异梦》又称:"掌节吏严光楚"、"节院将严光楚"。见《北梦琐言》,第413页。

从上述所列幕职的文职情况来看，高氏荆南幕府文职僚佐有节度副使、行军司马、判官、支使、掌书记、推官、孔目官七种，藩镇幕职中其他文职均不见设置。

三、藩镇使府中的武职及僚佐

高氏荆南藩镇使府中，主要由武人充任的幕职有都押衙与押衙、都指挥使、指挥使三种，其职掌与任职情况如下。

都押衙与押衙　押衙，武官名，亦作押牙。牙指牙旗，即军中对立的两旗，因其如虎牙之状，故以牙旗为称。押衙掌领仪仗侍卫。节度使属官中有都押衙，除掌领侍卫仪仗之外，并稽察军法之执行。五代沿置，后唐时石敬瑭留守北京，以心腹刘知远、周环为都押衙，分典兵、财两务①。都押衙、押衙在高氏荆南幕职中的情况，见表6。

表6　高氏荆南都押衙、押衙一览表

任职者	史载原文	史料出处
刘知谦	从诲亦遣押衙刘知谦奉表自归，进赎罪银三千两	《新五代史》卷69《南平世家》，第858页②
孙仲文	（乾德元年二月，宋太祖）以右都押衙孙仲文为武胜军节度副使	《宋史》卷483《荆南高氏世家》，第13954页

---

①《资治通鉴》卷278，后唐明宗长兴三年十一月，第9080页。

②《十国春秋》卷101《荆南二·文献王世家》载："从诲亦遣神牙刘知谦奉表内附，自称前荆南行军司马、归州刺史，进赎罪银三千两。"第1439页。按，"神牙"当系"押牙"之误。另，《册府元龟》卷178《帝王部·姑息三》载：后唐明宗天成四年（公元929年）七月，"荆南行军节度司马高从诲遣都押衙刘谦已进赎罪银三千两"。第2142～2143页。结合两处记载，可知，高氏荆南幕职中"都押衙"与"押衙"似无分别，而"刘谦已"与"刘知谦"似为同一人。

都指挥使 五代时期的藩镇都指挥使，种类繁多，含义不一。首先，藩镇中，权任仅次于节度使而掌管本道兵权、统率诸军者，称为马步军都指挥使和牙（通“衙”）内（马步军）都指挥使，前者亦称内外军都指挥使；后者之设置则源于唐代牙兵的出现，统领牙兵者即称为牙内都指挥使，或牙内指挥使，此职多以节度使子弟为之。胡三省尝云：“此都指挥使尽统诸将，非一都之指挥使”①。即指马步军都指挥使与牙内都指挥使而言，两者实际为同职异称②。其次，藩镇中因兵种的差异，常有马军、步军都指挥使的区分，亦有水军（手）都指挥的名目。最后，藩镇所属部队中不同军号的各军，亦有作为统兵将校的都指挥使，甚至军下辖的左右厢，也设置都指挥使③。明乎于此，以下不再一一加以辨析，高氏荆南都指挥使任职情况见表7。

另外，李景威曾任衙内兵马副使④，此当为牙内指挥使之副贰。

指挥使 指挥是五代时期军以下的一级编制，其统兵长官即指挥使。高氏荆南指挥使见表8。

高氏荆南幕职中的武职部分已如上述，其主要有都押衙、都指挥使、指挥使等幕员。藩镇幕职中的其他武职，似皆不见于高氏荆南。

---

①《资治通鉴》卷269，后梁均王乾化四年四月胡三省注，第8783页。

②按，《旧五代史》卷9《梁末帝纪中》载：贞明四年（公元918年）五月，“以荆南衙内马步军都指挥使、检校司徒高从诲领濠州刺史”。第134页。《旧五代史》卷133《高季兴传附高从诲传》载：“从诲，初仕梁，历殿前控鹤都头、鞍辔库副使、左军巡使、如京使、右千牛大将军、荆南牙内都指挥使、领濠州刺史，改归州刺史。”第1752页。《新五代史》卷69《南平世家》载：“从诲字遵圣，季兴时，入梁为供奉官，累迁鞍辔库使，赐告归宁，季兴遂留为马步军都指挥使、行军司马。”第858页。据此可知，衙内马步军都指挥使、牙内都指挥使与马步军都指挥使，实为同职异称。

③杜文玉：《晚唐五代都指挥使考》，载《学术界》，1995年，第1期。

④路振：《九国志》卷12《北楚·李景威传》，五代史书汇编本（第6册），杭州：杭州出版社点校本，2004年版，第3371页。另，《续资治通鉴长编》卷4“太祖乾德元年二月”记作“兵马副使”。第84页。

表7　高氏荆南都指挥使一览表

任职者	史载原文	史料出处
高从诲	(季昌以从诲)为马步军都指挥使	《新五代史》卷69《南平世家》,第858页
倪可福	高季昌遣都指挥使倪可福以卒万人修江陵外郭……	《资治通鉴》卷271,后梁均王龙德元年十一月,第8871页①
李　端	高从诲遣都指挥使李端将水军数千至南津……	《资治通鉴》卷282,后晋高祖天福六年十二月,第9230页
梁延嗣	荆南节度使高保勖寝疾,召牙内都指挥使梁延嗣谓曰……	《续资治通鉴长编》卷3,太祖建隆三年十一月,第75页②
李景威	李景威,荆州长阳人也。文献王时,未知名,及仕贞懿王,擢水手都指挥使	《十国春秋》卷103《荆南四·李景威传》,第1468页

另外,高氏荆南的幕府成员,除上述正职外,尚有摄官③。如刘皞,“后唐初投高季兴于荆南,累为荆州摄官”。刘皞所摄何职,难以明了。而在高氏荆南的摄官中,也有摄职明确的记载。如穆昭嗣,“幼好医术……后以医药有效,南平王高从诲与巾裹,摄府衙推”④。

①《十国春秋》卷102《荆南三·倪可福传》载:“俄迁都指挥使。”第1460页。另,《资治通鉴》卷266“后梁太祖开平元年十月”,称“其将倪可福”,未言其为“牙将”。第8685页。《十国春秋》卷100《荆南一·武信王世家》称:高季兴“遣牙将倪可福会楚将秦彦攻朗州”。第1428页。《十国春秋》卷102《荆南三·倪可福传》载:“武信王爱其勇,使隶戏下为亲校。”第1460页。

②《续资治通鉴长编》卷4“太祖乾德元年二月”亦载:高继冲以“军旅、调度委衙内指挥使梁延嗣。”第84页。

③《册府元龟》卷729《幕府部·辟署四》,第8681页。

④《北梦琐言逸文》卷1《僧怀浚书吉凶》,见《北梦琐言》,第383页。

衙推者，即指藩镇幕府中的医官，所谓“北人市医者皆称衙推”①。又有材料径称：“有穆昭嗣者事高氏荆南为医官”②，并且，另有不入幕的僚佐，如梁震，其与“与司空薰、王保义同为宾客，而震独不受辟署，称前进士”③。

表 8 高氏荆南指挥使一览表

任职者	史载原文	史料出处
高从嗣	(楚军奉唐命攻荆南)，季兴从子云猛指挥使从嗣单骑造楚壁，请与希范挑战决胜……	《资治通鉴》卷 276，后唐明宗天成三年六月，第 9020 页
魏　璘	世宗征淮，保融遣指挥使魏璘率兵三千，出夏口以为应	《新五代史》卷 69《南平世家》，第 859 页④
李景威	累迁云猛指挥使、衙内兵马副使	《九国志》卷 12《北楚·李景威传》，第 3371 页⑤

前述幕职成员，即为高氏荆南政权文武班底的骨干力量，亦是高氏荆南推行军政、民政措施的关键人物。以上幕职成员皆因高氏荆南自行辟署而入幕。藩镇幕府的辟署制度肇始于唐代，其实行有表奏朝廷的必经手续，在辟署僚佐方面朝廷还曾有诸多限令，后梁时期甚至一度废除使府辟署制，使府幕职尽由除授，后唐庄宗在位时重新

①陆游：《老学庵笔记》卷 2，北京：中华书局点校本，1979 年版，第 25 页。

②王象之：《舆地纪胜》卷 64《荆湖北路·江陵府上·风俗形胜》，台北：文海出版社影印本，1971 年版，第 397 页。

③《十国春秋》卷 102《荆南三·梁震传》，第 1461 页。

④《资治通鉴》卷 294“后周世宗显德五年正月”载：“高保融遣指挥使魏璘，将战船东下会伐唐，至于鄂州”。第 9578 页。《十国春秋》卷 103《荆南四·魏璘传》载：魏璘“事贞懿王为指挥使，勇略绝伦”。第 1467 页。

⑤《十国春秋》卷 101《荆南二·侍中保勗世家》载：宋太祖“诏江陵发水军三千人赴潭州，继冲即遣亲校李景威将以往”。第 1451 页。

恢复辟署制度，但在幕职的辟署上仍然有所限制①。与唐代藩镇行用辟署制度以延用人才入幕的程序相同，高氏荆南幕职僚佐的任用，应当也是遵循先署职和后辟官的途径，即士人入幕后即被高氏五主署为上述各种幕职，然后再上报所臣属政权的中央有关部门，请求授予某官。故而，高氏荆南的幕僚，同样有“官”有“职”。“职”的具体职掌与“官”的改迁并无关联，幕府成员的“职”由高氏五主自行确定，而“官”的迁转则须奏请所奉事的中央政权。

①《五代会要》卷25《幕府》，第295页。

论十六国北魏政权对坞壁组织的改造和融合①

张　敏②

摘　要：十六国北魏的历史进程表明：少数民族政权要在汉族传统生活区存在下来并建立稳固的统治，就必须走与汉族相融合的道路。具体说来，就是处理好与广大坞壁的关系，对广阔的乡村市邑进行有效的控制，并调整农牧关系、缓和民族矛盾。北魏政权有相当的后发优势，能够总结十六国胡族政权的统治经验和教训，推行灵活的政策，以适应变化了的生产和生活环境，从而增强了国力，奠定了统一北方的经济基础。

关键词：十六国、北魏、坞壁、农牧关系

西晋末年永嘉之乱以后，战火和抢掠毁灭了黄河流域大大小小的都市城邑和乡村集镇，所谓“自华夷争杀，戎夏竞威，破国则积尸竟邑，屠将则覆军满野，海内遗生，盖不余半”③。短短十几年间，中国北方的社会基层组织和聚落类型就发生了很大的变化。敦煌石室本《晋纪》记载：“永嘉大乱，中夏残荒，堡壁大帅，数不盈册，多者不过四

---

①本文为湖北省教育厅人文社科研究项目“自然灾害与汉唐社会结构变迁研究”(2007Y013)阶段性成果。

②张敏(1975－　)，男，汉族，江西吉安人，湖北大学历史文化学院副教授，历史学博士，主要研究方向为魏晋南北朝隋唐史和中国环境史学。

③《宋书》卷82《周朗传》。

五千家，少者千家、五百家。”对此有些学者已经作过一些考察。如韩昇先生指出：“坞壁乃是国家地方行政组织脱落出来的宗族流民自治组织，从秦汉的乡亭里到魏晋南北朝的坞壁，实为动乱年代社会基层组织的一大演变。”“坞壁为逃避战乱而建，故大多设立于远离城邑的山林川泽地带”①。周伟洲先生指出：“坞堡的生产方式也大致采取了屯垦的形式，成为军事、经济相结合的政治实体”②。黄佩瑾先生也指出：“当时中原和北方的广大地区，坞、堡、壁、垒到处存在，已成为各族人民，尤其是汉族人民经济生活与政治生活的主要组织形式”③。

社会基层组织的巨变也给入主中原的各少数民族政权出了一道难题，那就是如何处理与广大坞堡壁垒汉族的关系，如何对广阔的乡村市邑进行有效的控制，如何尽快地恢复中原地区的正常的农业生产。

另一方面，山区可供耕种的土地很少，坞壁集中的人口又多，必然形成人多地少和粮食紧张的矛盾。如《晋书》卷 88《孝友·庾衮传》记载：“张泓等肆掠于阳翟，(庾)衮乃率其同族及庶姓保于禹山。是时百姓安宁，未知战守之事。”众人乃推举庾衮以坞主，“于是峻险厄，杜蹊径，修壁坞，树蕃障，考功庸，计丈尺，均劳逸，通有无，缮完器备，量力任能，物应其宜，使邑推其长，里推其贤，而身率之。”在险厄的山区开垦新的耕地很不容易，又要砍伐大量的森林，这就导致水土流失，灾害频发。加之坞堡居民“婴守穷城，……耕牛既尽，又乏田器”，同时“寇盗互来掩袭，恒以城门为战场，百姓负楯以耕，属鞬而耨”，难以正常地从事农业生产。显然，这种情形不可能长期持续下去。

---

①韩昇：《魏晋隋唐的坞壁和村》，《厦门大学学报》(哲社版)，1997 年，第 2 期。

②周伟洲：《汉赵国史》，太原：山西人民出版社，1986 年 7 月版，第 196 页。

③黄佩瑾：《魏晋南北朝的农奴制人身依附关系》，《历史研究》，1985 年，第 2 期。

关于这一点，蒋福亚先生在《魏晋南北朝北方的农业耕作方式》一文中就曾指出，魏晋南北朝时期，北方因割据政权掠徙，人民集中于坞堡，人口密集状况十分严重。由于地狭人殷，"户均耕地很可能少于两汉"。而"当时的坞堡，大的在五千至万户之间，中等的在千至五千户之间，小的也不下百户或三五十户。……垦地的紧缺简直已达寸土寸金地步"①。聚集在坞堡中的民众迟早要返回平原地区居住和生活。统领坞堡壁垒的坞主们也要寻求出路。

因此，在十六国时期，就出现了坞堡壁垒与少数民族政权既相互提防和对抗，又彼此容忍和合作的局面。而拓拔鲜卑是内迁诸族中入塞较晚的一支，因此，受到强宗大族与坞堡的抵抗也较少，得以集中精力和其他割据政权作战。此后，北魏统治者吸收了其他少数民族政权在处理与坞堡关系方面的经验教训，先后实施了宗主督护制、三长制和均田制，可以说基本上解决了坞壁的问题，同时也促进了自身封建化和农业化，可谓一举数得。

一、十六国时期的坞壁

在十六国政权相互厮杀，争夺地盘和人民的同时，形形色色、大大小小的坞壁也或者相互吞并，或者结成联盟。有实力的坞壁得以保存，强宗大族号令乡村、割据一隅的局面也随之固定下来。他们中间更产生了一些以"统主"为代表的地区性集团，实力不可忽视。例如《晋书》卷 100《苏峻传》记载："永嘉之乱，百姓流亡，所在屯聚，(苏)峻纠合得数千家，结垒于本县。于时豪杰所在屯聚，而峻最强。遣长史徐玮宣檄诸屯，示以王化，又收枯骨而葬之，远近感其恩义，推峻为主。"河东地区的张平更是"跨有新兴、雁门、西河、太原、上党、上

①蒋福亚:《魏晋南北朝北方的农业耕作方式》,《首都师范大学学报》(社科版),1999年,第1期。

郡之地，垒壁三百余，胡、晋十余万户，遂拜置征、镇，为鼎峙之势”[①]。又“关中堡壁三千余所，推平远将军冯翊赵敖为统主，相率结盟”[②]。可见，坞壁的军事意义不容低估。

此外，十六国时期，徐、兖、司、豫等州虽被少数民族的武力所征服，但地方上基本上是汉族坞堡控制着。而并、雍、秦、凉、冀等州，虽然是少数民族聚居或其统治的腹心地区，汉族人建立的坞堡也具有相当强大的实力。用周伟洲先生的话说就是：“汉（前赵）政权每扩展一步，都必须战胜一些坞堡，控制人口和粮食”[③]。

《晋书》卷120《李流载记》亦云：“三蜀百姓并保险结坞，城邑皆空，流野无所略，士众饥困。”又西晋怀帝永嘉六年（公元312年）六月，石勒南攻不利，“自葛陂北行，所过皆坚壁清野，虏掠无所获，军中饥甚，士卒相食。至东燕，闻汲郡向冰聚众数千壁枋头，勒将济河，恐冰邀之”[④]。《资治通鉴》卷105《东晋孝武帝太元九年（公元384年）》云：“东胡王晏据馆陶，为邺中声援，鲜卑、乌桓及郡县民据坞壁不从燕者尚众。”显然，汉族的坞堡壁垒对少数民族军事集团的威胁是很大的。

我们还注意到，各地的汉族坞堡实际上对晋朝的北伐还是有幻想的，当晋军攻入少数民族政权统治区时，他们往往会兴兵相助。这方面的记载很多，如东晋永和五年（公元349年）秋七月，征北大将军褚裒趁石虎去世，后赵内乱之际，率众三万北伐。“北方士民降附者日以千计。”八月，北伐失利，“时河北大乱，遗民二十馀万口渡河欲来归附，会裒已还，威势不接，皆不能自拔，死亡略尽。”“遗民”欲南渡归附，虽奋死而不顾，可见民心向背。九月，梁州刺史司马勋出骆谷，破

①《晋书》卷110《慕容俊载记》。

②《晋书》卷114《苻坚载记下》。

③欧阳熙：《魏晋时期坞壁组织的性质及其作用》，《广州师院学报》，1981年，第4期。

④《资治通鉴》卷88《西晋怀帝永嘉六年》。

赵长城戍，壁于悬钩，去长安二百里，“使治中刘焕攻长安，斩京兆太守刘秀离，又拔贺城；三辅豪杰多杀守令以应勋，凡三十馀壁，众五万人”①。

又永和十年（公元354年），桓温北伐，“三辅郡县皆来降，……自持牛酒迎劳，男女夹路观之，耆老有垂泣者，曰：‘不图今日复见官军’”②。这就决定了少数民族统治者在招抚坞堡的同时，更加加强戒备，二者难以真正融和起来。

坞堡内一般都储藏有大量的粮食和财产，所以，尽管各少数民族军队一般不用武力进攻和抢掠，但一旦到了山穷水尽、困窘无奈的情况下，还是经常攻袭坞堡，取得军需物资。如石勒“军中大饥，士卒相食”，遂攻破枋头向冰盘踞的坞堡，竟然“因其资，军遂丰振”。在尝到甜头后，石勒便“分诸将攻冀州郡县垒壁，率多降附，运粮以输勒”③。

而广大的壁垒坞堡为了生存下去，也不得不依附或服从某个政策温和的少数民族割据政权，交纳租赋，提供兵员。如西晋惠帝永兴元年（公元304年），刘渊“入都蒲子，河东、平阳属县垒壁尽降”④。又如东晋孝武帝太元十年（公元385年），后燕乐浪王慕容温镇守“中山，兵力甚弱，丁零四布，分据诸城。……于是抚旧招新，劝课农桑，民归附者相继，郡县壁垒争送军粮，仓库充溢。翟真夜袭中山，温击破之，自是不敢复至。温乃遣兵一万运粮以饷（慕容）垂，且营中山宫室”⑤。双方达到某种程度的平衡。

刘、石时期，已有能君临中原的少数民族权贵，采取了攻战和诱降等办法，分化瓦解坞壁豪强。这方面，石勒做得最好，所以他才能够在短时期内就占据了河北地区，打败前赵政权。西晋怀帝永嘉二

①《资治通鉴》卷98《东晋穆帝永和五年》。

②《资治通鉴》卷99《东晋穆帝永和十年》。

③《晋书》卷104《石勒载记上》。

④《晋书》卷101《刘元海载记》。

⑤《资治通鉴》卷106《东晋孝武帝太元十年》。

年(公元308年),石勒率众三万余,转战魏郡、汲郡、顿丘一带,攻下堡垒五十余处,"假垒主将都尉,简强壮五万为军士,老弱安堵如故。军无私掠,百姓怀之。"永嘉三年(公元309年)秋,飞龙山一役,石勒败于王浚,遂"退屯黎阳(今河南浚县),分命诸将攻诸未下及叛者,降三十余壁,置守宰以抚之。"部众发展到十余万,河北诸坞壁皆请降,送"质子"。两年后,洛阳饥困,石勒南出襄阳,攻拔长江以西坞壁三十余处,屯于葛陂,"徐、兖间垒壁多送任请降,皆就拜守宰。"与此同时,刘曜"卒众四万,长驱入洛州,遂出辕并周旋梁、陈、汝、颍之间,陷垒百余……齐鲁之间,郡县垒壁降者四十余所"①。永嘉六年(公元312年),石勒占领襄国,以此为根据地之后,又"分命诸将攻冀州郡县垒壁,率多降附,运粮以输勒"②。石虎即位后还下令"皇甫、胡、梁、韦、杜、牛、辛等十七姓蠲其兵贯一同旧族,随才叙用"③。

此外,田昌五、马志冰两先生在《论十六国时代坞堡垒壁组织的构成》一文中指出:"在很多地区,尤其是民族成分比较复杂、少数民族比较集中的地区,大量坞堡垒壁组织为少数民族所建"④。他们的内部结构,大多以部落制度或近似部落制的形式为基础。这些坞堡存在的时间往往并不长,一般选择投靠某一割据政权,其堡壁很多就废弃了。如《晋书》卷104《石勒载记上》载:"时胡部大张背督、冯莫突等拥众数千,壁于上党,勒往从之,深为所昵,因说背督曰:'刘单于举兵诛晋,部大距而不从,岂能独立乎?'曰:'不能。'勒曰:'如其不能者,兵马当有所属。今部落皆已被单于赏募,往往聚议欲叛部大而归单于矣,宜早为之计。'背督等素无智略,惧部众之贰已也,乃潜随勒单骑归元海。元海署背督亲汉王,莫突为都督部大,以勒为辅汉将

①《晋书》卷102《刘聪载记》。

②《晋书》卷104《石勒载记上》。

③《晋书》卷106《石季龙载记上》。

④田昌五,马志冰:《论十六国时代坞堡壁垒组织的构成》,《中国史研究》,1992年,第2期。

军、平晋王以统之。勒于是命背督为兄，赐姓石氏，名之曰会，言其遇己也。”又“乌丸张伏利度亦有众二千，壁于乐平，元海屡招而不能致。”石勒再次出马，将其收服。上党、乐平在今山西长治、阳泉市，都是战略要地。

十六国政权要任用大批强宗大族以巩固政权，无疑会促进汉族地主阶级与少数民族贵族的结合，客观上起到了一定的促进民族融合的作用。欧阳熙先生在谈到坞壁组织的作用时就曾指出：“由于坞壁组织的存在，坚持反对落后种族贵族统治者的斗争，‘五胡’统治者为了维护他们的统治，不得不改变其统治方法，改变其野蛮落后的屠杀手段。”这样，“既促进了落后种族文化的发展，也促进了各族人民的大融合”①。这里面就包括网罗坞主壁帅，将其纳入政权组织之内的方法。

后赵逐渐控制了徐州、兖州等与东晋交界地区的大小坞堡，能够得到他们军事上的支援。咸康五年(公元 339 年)，东晋政权以蔡谟为征北将军、领徐州刺史、假节。诏令攻寿阳，蔡谟上疏曰：“今寿阳城小而固。自寿阳至琅邪，城壁相望，其间远者裁百余里，一城见攻，众城必救。且王师在路五十余日，刘仕一军早已入淮，又遣数部北取坚壁，大军未至，声息久闻。而贼之邮驿，一日千里，河北之骑足以来赴，非惟邻城相救而已”②。可见，后赵在鲁南苏北地区已经构筑了以坞堡壁垒为主体的稳固的防御体系。

前秦在关中地区的苦心经营也取得了一定的效果。坞堡壁垒一般地说对其是支持的，即使在淝水大战溃败后，苻坚也能得到粮食方面的资助。如东晋孝武帝太元十年(公元 385 年)，苻坚与慕容冲战于长安，形势不利。“关中堡壁三千余所，推平远将军冯翊、赵敖为统主，相率结盟，遣兵粮助坚。……冲率众登城，坚身贯甲胄，督战距

①周伟洲：《汉赵国史》，太原：山西人民出版社，1986 年 7 月版，第 196 页。

②《晋书》卷 77《蔡谟传》。

之，飞矢满身，血流被体。时虽兵寇危逼，冯翊诸堡壁犹有负粮冒难而至者，多为贼所杀”①。

二、从宗主督护制到三长制和均田制

拓拔鲜卑是内迁诸族中入塞较晚的一支，当北魏政权建立时，中原地区已经没有军事和经济实力特别强大的坞壁了。因此，受到强宗大族与坞堡的抵抗也较少，得以集中精力和其他割据政权作战。此后，北魏统治者吸收了其他少数民族政权在处理与坞堡关系方面的经验教训，先后实施了宗主督护制、三长制和均田制，可以说基本上解决了坞堡的问题。

入主中原之后，北魏政权逐渐完成了鲜卑部众从畜牧游猎向农耕定居生活的转变。另一方面，拓拔氏统治者还必须促进中原地区农业生产的恢复和发展，换言之，就是要把坞壁纳入国家政权的轨道，把社会基层的农业生产更好地组织起来。在这方面，北魏的政策是灵活而有效的。

在孝文帝改制之前，北魏政权实行宗主督护制。官府采取灵活妥协的政策，承认豪强地主的地位，并委托他们管理宗族和当地自耕农，为官府收取租调，征发徭役。宗主督护制起到了协调少数民族政权与坞壁豪强之间关系的作用，中原地区的农业生产逐渐得到恢复。唐长孺先生认为：宗主督护制度下的大户制既是永嘉战乱坞堡制度的遗存，又与北方各族政权对于宗族的认识有关。“在鲜卑政权看来，宗主如同部落酋长，负责征集赋税、调发徭役”②。这样既保证了赋役来源，又缓和了与汉族地主的矛盾。李凭先生在《晋阳学刊》

---

①《晋书》卷114《苻坚载记下》。

②唐长孺：《魏晋南北朝隋唐史三论——中国封建社会的形成和前期的变化》，武汉：武汉大学出版社，1993年3月版，第100页。

1986年第1期发表的《论北魏宗主督护制》一文中也提出：宗主督护制是北魏前期实行的以宗法关系为其维系纽带的、具有部分行政职能的生产与自保相结合的基层社会组织制度；它的产生与十六国北魏时期北方社会中宗法关系的强化和宗族观念的深化密切相关，它是北魏拓跋部统治集团羁縻豪强地主政策的体现。

宗主督护制在明元帝永兴五年（公元413年）以后首先在河北、山西实行，然后随着北魏疆域的扩展而逐渐推行开去，至太武帝统一北方以后成为的基层统治措施，并一直延续到太和十年（公元486年）北魏王朝在基层建立三长制时为止。此制的施行使得曾经激烈反抗过北魏王朝的山东地区后来成了北魏王朝赋税、兵役和徭役的主要提供者，如献文帝皇兴年间（公元466—471年）"岁频大旱"，当时又正值与南方的刘宋政权交兵，数年不解，全赖"山东之民咸勤于征戍转运"才渡过了困境①。

此外，北魏还注意把汉族士族与地方豪强纳入政权的组织体系之内。如明元帝永兴五年（公元413年）正月，诏"分遣使者巡求俊逸，其豪门强族为州闾所推者，及有文武才干、临疑能决，或有先贤世胄、德行清美、学优义博、可为人师者，各令诣京师，当随才叙用，以赞庶政"②。通过这次规模空前的大招聘，使得大批汉族豪强进入了北魏政权体系。又太武帝神四年（公元431年）九月，征召范阳卢玄等"及州郡所遣，至者数百人，皆差次叙用"③。

北魏政权还加大官府赈灾的力度，以维持社会稳定和正常的农业生产，并争取人心。

根据史籍记载，十六国政权很少在发生饥荒的时候开仓赈济。如西晋愍帝建兴二年（公元314年），石勒在讨伐王浚之前问计于谋

①《魏书》卷110《食货志》。
②《魏书》卷3《太宗纪》。
③《魏书》卷4上《世祖纪上》。

士王子春，子春对曰："幽州自去岁大水，人不粒食，浚积粟百万，不能赡恤，刑政苛酷，赋役殷烦，贼害贤良，诛斥谏士，下不堪命，流叛略尽。……此亡期之至也。"照理说，在夺取幽州之后，石勒也应接管了大量的粮食储备，然而在不久之后，"襄国大饥，谷二升直银二斤，肉一斤直银一两"①。却没有见到任何开仓赈济饥民的记载。这或者是因为石勒立足未稳，仓廪不丰，为了保障军需，不宜开仓放粮。但此后，赈济灾民的记载也很少，只有东晋成帝咸康元年（公元335年），"冀州八郡雨雹，大伤秋稼，（石虎）下书深自咎责。遣御史所在发水次仓麦，以给秋种，尤甚之处差复一年"②"。

前赵刘粲在位期间，"作兼昼夜，饥困穷叛，死亡相继，粲弗之恤也"③。《晋书》中也很少见到其他政权赈灾的记载。前秦的统治算是比较清明的，但遇到灾荒时，采取的办法也多是兴修水利、省费、减少内宫及官吏俸禄、罪己反省等，没有赈粮赈物。如东晋废帝太和五年（公元370年），苻坚"以其境内旱，课百姓区种。惧岁不登，省节谷帛之费，太官、后宫减常度二等，百僚之秩以次降之"。东晋孝武帝太元元年（公元376年），复以关中水旱不时，"发其王侯已下及豪望富室僮隶三万人，开泾水上源，鉴山起堤，通渠引渎，以溉冈卤之田。及春而成，百姓赖其利"④。

而北魏政权在赈灾上的力度是十六国政权所不能比拟的。明元帝神瑞二年（公元415年）十月丙寅，诏曰："古人有言，百姓足则君有余，未有民富而国贫者也。顷者以来，频遇霜旱，年谷不登，百姓饥寒不能自存者甚众，其出布帛仓谷以赈贫穷"⑤。太武帝即位后，下令"除禁锢，释嫌怨，开仓库，赈穷乏"，因此，"河南流民相率内属者甚

①《晋书》卷104《石勒载记上》。
②《晋书》卷106《石季龙载记上》。
③《晋书》卷102《刘聪载记》。
④《晋书》卷113《苻坚载记上》。
⑤《魏书》卷3《太宗纪》。

众”。从这时候起到六镇起义以前，每次发生大的灾荒，北魏政权都会开仓赈济，在孝文帝太和七年(公元483年)发生的饥荒中，由于官府的施粥赈恤，定州所活九十四万七千余口，冀州所活七十五万一千七百余口。宣武帝延昌元年(公元512年)，官府先后出太仓粟一百三十万石“以赈京师及州郡饥民”①。显然，北魏政权注意赈灾，对稳定社会，争取人心是很有益处的。

当然在这一改造地方基层组织的过程中，不可能完全是温情脉脉，坞主壁帅和地方豪强们不是没有过反抗。而对于不服从北魏统治的“郡县豪右”，拓拔氏也予以坚决的镇压。曾经离散过鲜卑诸部的道武帝不断地把山东的豪强吏民迁至平城，加以管束。《魏书》卷3《太宗纪》载:永兴二年(公元410年)正月，“平阳民黄苗等，依汾自固，受姚兴官号。并州刺史元六头讨平之”。又《资治通鉴》卷110载:永兴二年(公元410年)正月，“魏主嗣以郡县豪右多为民患，悉以优诏征之。民恋土不乐内徙，长吏逼遣之，于是无赖少年逃亡相聚，所在盗寇群起”。明元帝派遣将军于粟磾镇压，“所向皆平”。

在宗主督护制度下，豪强地主的确能够为北魏政权维护好地方治安，但是，他们又利用职权，不断扩大依附农数量，隐瞒户口，侵吞租调。《魏书》卷110《食货志》说:“魏初不立三长，故民多荫护。荫护者皆无官役，豪强征敛，倍于公赋。”当封建国家需要更多的劳动人手和租调的时候，就必然要和豪强们激烈争夺了。孝文帝变宗主督护制为三长制，使三长隶属于郡县，纳入国家体制，逐步削弱了他们的独立性和政治势力。三长制系沿袭古代的邻里乡亭制度并略有改变而来，三长有检察户口、催督租课、抑制豪强的任务。三长制与均田制是相辅相成的关系。韩国磐先生对此指出:三长制“是执行均田制和租调制的关键。而这三种制度，又是当时北魏政府束缚农民于

①《魏书》卷8《世宗纪》。

耕地上、榨取赋役的一条锁链上的三个环节，三者相辅相成，缺一不可”①。

北魏政权通过推行均田制，轻徭薄赋，体现出国家制度的优越性，用经济手段把豪族的依附人口变为国家的编户齐民。正如冯太后所说：“力三长，则课有常准，赋有恒分，苞荫之户可出，侥幸之人可止”②。这一系列加强国家权力的改革，都循着在体制内吸收消化地方势力的方向进行，显然是基于不能用行政或暴力手段消灭社会阶层的正确认识之上。

均田制促进了北魏农业生产的发展，首先是把大批劳动人手吸引和固定到土地之上，使得“土不旷功，民罔游力”，从而保证经常的租调收入和服役人户。北魏政权还把苑囿禁地赐予贫民，把无主荒地、因犯罪流放或绝户的田宅作为公田给予农民耕种，无地和少地的农民多少可以获得小块土地，从事农业生产。这对于发展农业是很有好处的。其次，均田制实施之后，北魏还改定了租调制，按照一夫一妇课税，比过去一户的租调轻得多。广大农民的生产积极性大为提高。隐匿人口，举子不养的情况也比以前少了。

总而言之，十六国北魏的历史进程表明：少数民族政权要在汉族传统生活区存在下来并建立稳固的统治，就必须走与汉族相融合的道路。具体说来，就是处理好与广大汉族坞壁的关系，对广阔的乡村市邑进行有效的控制，并调整农牧关系、缓和民族矛盾。北魏政权有相当的后发优势，能够总结十六国胡族政权的统治经验和教训，推行灵活的政策，以适应变化了的生产和生活环境，从而增强了国力，奠定了统一北方的经济基础。

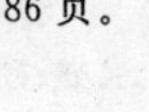

①韩国磐：《北朝隋唐的均田制度》，上海：上海人民出版社，1984年7月版，第86页。
②《魏书》卷53《李冲传》。

论关公精神与构建和谐社会的时代精神

王　勇[①]

摘　要：关公精神的核心是关公的忠、义、仁、勇，在中国历史上具有广泛而深远的影响。关公精神对构建和谐社会的时代精神的影响，主要在如下方面：中华民族精神的时代精神；加强人民群众的思想道德建设，提高人民群众的思想道德素质；继承和发扬地方传统文化；弘扬关公伦理道德品质，服务于社会主义市场经济。

关键词：关公文化、关公精神、和谐社会、时代精神

关公文化是历史上中国人积淀的一种生活态度、价值观念、人格精神，可以深化人们对国情的认识，激发国民的民族自豪感，培育中华民族的浩然正气，弘扬中华民族精神中忠诚、团结、信义、英勇、崇尚礼仪的优良传统，为构建社会主义和谐社会提供精神动力。

一

关公文化，指围绕着关公信仰所形成的思想观念及相关物质载体和社会影响的总和。关公信仰，指对被尊称为关公、关老爷、关王、关帝、武圣等的三国时期蜀国名将关羽的崇奉与膜拜，忠义和勇

①王勇（1962—　），男，湖北孝感人，湖北大学历史文化学院副教授，主要从事中国古代史、社会文化研究。

武是关公文化的基本内容。“关公精神”亦即关公文化的主体思想。学术界将其概括为“忠、义、仁、勇”或“忠、义、仁、智、信、礼、勇”诸范畴。“忠”、“义”精神是关公文化的核心，关公精神的灵魂，是关公崇拜的最主要的思想基点和最深层的内动力。在封建社会，所谓“忠”的最高体现在于“忠君”。“朕即国家”，忠君即忠于国，这是规范臣民的最高道德准则。所谓“义”，主要体现为“正义”、“信义”以及“义气”之类，一般备受社会下层民众所崇奉，他们往往抱着追求人间正义的美好理想，却又难以实现，被塑造为至尊神圣的关公便是正义的化身，正义之神。崇尚忠义是中华民族的传统美德，忠义精神播种于古老的神州大地，是我们民族魂的要素之一，让我们民族产生了巨大的凝聚力。

公元 260 年，后主刘禅封关羽为壮穆侯，宋真宗时，封关羽为武安王，明万历年间，封关羽为帝，至清代雍正年间，封号达 26 字之多：忠义神武灵佑仁勇威显护国保民精诚绥靖宣德翊赞关圣大帝。朝廷的谥封，使关羽地位至高无上，对关羽崇拜达到了无以复加的高度。

毛宗岗在《读三国志法》中说：“历稽载籍，名将如云，而绝伦超群者莫如云长。青史对青灯，则极其儒雅；赤心如赤面，则极其英灵。秉烛达旦，人传奇大节；单刀赴会，世服其神威。独行千里，报主之志坚；义释华容，酬恩之谊重。作事如青天白日，待人如霁月风光。是古今来名将中第一奇人。”他充分肯定了关羽的儒雅、忠义。在对关羽加封进爵的同时，历代王朝还精塑关羽像，修筑关羽庙，以至“庙祀亦遍天下，与孔子等庙貌满天下”。清代，全国上下对关公的崇拜达到极点，关帝庙“凡通衢大道以至穷乡僻壤，无地无之”。

关公信仰同中华民族重视忠义伦理并讲究以“神道”进行伦理道德教化有着十分密切的关系。文圣孔子与武圣关羽往往并称，其内涵以文武二圣之神道以设教化于万民。文圣是理论的化身，武圣是行动的榜样；文圣是伦理道德的倡言者，武圣是伦理道德的践履者。关羽以其一生践履忠义的行为，既为天下万民作出了伦理的表率，又因其大义参天、神威远震的精神力量，弥补了儒学说教之不足。关羽人格素质中的“忠义”内涵，正是儒家思想在君臣关系与人际道德上的直接体现。历代皇帝对关羽的封谥和褒扬，极力标榜关羽“忠”、“勇”、“义”的人格内涵，几乎集中了儒家所称道的全部美德。关羽一生追随刘备，为君主和社稷不避艰险，捐躯而后已，是一代忠臣；千里走单骑又义释曹操，不忘桃园之义又有恩必报，为人行事光明磊落、大义参天；刮骨疗毒，割炙引酒，言笑自若，神威凛凛，等等。统治者倡其忠勇，号召臣民忠心、英勇报国；农民崇其仁义，讲求邻里友爱、互助互济；手工业者和商人倡其重承诺的精神，讲求和气生财、买卖不成仁义在；帮会兄弟们则崇其勇武忠信和参天大义，讲求任事以勇、祸福同当。孔子的言传与关羽的身教，合而为一，受到人们的普遍认同。至清代，孔子与关羽并肩成为“文武二圣”。

因有其“上报国家、下安黎庶”的誓言和“复兴汉室”的忠诚；有其“不求同年同月同日生，只愿同年同月同日死”的义气；有其“富贵不能淫，贫贱不能移，威武不能屈”的气节；有其愈挫愈勇，知难而进的毅力，其“忠、义、仁、勇”的精神，几乎兼备了中国封建社会士大夫的忠、孝、节、义、廉、耻等伦理品德，也符合封建帝王对臣下的要求和规范。封建皇帝一再褒扬他的忠义，树为文臣武将的楷模。关羽的“义”正是善与德的集中体现。对朋友的帮助、对他人的关心，扶贫济弱，扬善除恶，也正是关羽形象演变过程中始终不变的核心。关羽最终以“义圣”的形象定型，是民族心理中以善为基本出发点、以德为最高价值标准的审美取向的反映。

关公精神的核心是关公的忠、义、仁、勇。即对国以忠，待人以义，处世以仁，任事以勇。义气深重，被誉为“天下义士。”“义”的基本含义是正义和合理的言行。着重突出关羽“义重如山”的品格。关羽待人处事的原则，集中体现为一个“义”字。这个“义”，既包含对刘蜀集团的忠诚，对“上报国家，下安黎庶”誓言的恪守，也包含“有恩必报”的人际关系准则。关公精神是在关公这个历史人物身上丰富、升华、创造的忠、义、仁、勇精神，是一种理想化的人格精神力量，其中的义，有忠义、仁义、君臣和手足之义，又有信义、侠义、传统的伦理道德之义。《三国演义》塑造了一位神威勇武堪称“古今名将第一奇人”的关公，赋予关公形象以“精忠贯日月，大义薄云天”的“忠义”精神内涵，历史人物关羽由此被演绎为千古“绝伦逸群”的忠义化身。

以“仁义”为根本宗旨，以“忠义”为道德规范的共同文化心理，深刻地影响着关羽的人生目标和人格养成。通过毕生的实践，关羽终于成为汉末三国时期公认的“忠义”英雄。在关羽的“勇”、“刚”、“义”三大性格特点中，“义”得到了特别的重视和褒扬。中华民族所谓“大义”，实际上等于“忠”，常常指对国家、民族的忠贞不二，对理想、事业的矢志如一，鞠躬尽瘁。强调为人正直、处事公道、不畏强暴、扶危济困，体现了广大民众对平等互助、患难相依的人际关系的真诚追求。关羽的“义”：一是忠义彪炳；二是信义素著；三是节义凛然。关羽的“义”，就主导方面而言，反映了中华民族传统的价值观、道德观中积极的一面，具有跨越时代的价值，值得后人批判地吸收。

二

江泽民同志在党的十五大报告中指出：“有中国特色的社会主义文化，是凝聚和激励全国各族人民的重要力量，是综合国力的重要标志。它渊源于中华民族五千年文明史，又植根于有中国特色社会主义的实践。”其中的文化“渊源”，应是儒家的核心价值观，而关公文化的人格崇奉内涵（仁、义、礼、智、信、忠、勇等）就是对这种核心价值观的标举和张扬。关公文化作为我国一种传统的文化现象，和其他优秀传统文化一样包含着普遍意义和恒常价值。关公精神对构建和谐社会的时代精神的影响，主要在如下方面。

（1）大力弘扬以爱国主义为核心的团结统一、爱好和平、勤劳勇敢、自强不息的伟大的中华民族精神，增强民族凝聚力。中国传统文

化在人民群众中有着极深的影响力，如重视亲情、忠义、仁义、孝道、诚信、勤俭等，均可发掘其现代价值，并与以改革创新为核心的时代精神相结合，激发人民群众发扬团结友善、宽容诚信的传统美德，为构建和谐社会提供强大的精神动力和思想保证。当代中华民族精神的本质特征，是社会主义与爱国主义相统一，在现阶段，就是要用中华民族精神指导和引领广大人民群众全面建设小康社会、构建和谐社会。

(2)关公的理想人格就是对国以忠、处世以仁、待人以义、任事以勇的思想和行为，体现了中华民族的传统美德。关公文化本质上就是一种对儒家伦理道德的信仰，它具有强大的道德力量。对这种道德的尊崇，在今天也具有不可低估的现实意义。目前建设社会主义精神文明，首要的和核心的内容就是道德建设问题。批判地继承和发扬体现在关羽身上的伦理精神，大力提倡与弘扬忠于国家、忠于职守、坦诚待人、见义勇为、光明磊落、积极进取的人格品质，崇奉关公的忠义智勇精神，视其为做人的楷模，追求一种传统的伦理道德约束，弘扬社会正义，这是有积极意义的。还要加强国民素质教育，增强社会凝聚力。国民素质不仅是指科学文化素质，更重要的是公民意识和道德素质，依赖社会成员共同认可的价值体系，也就是公民对国家和社会的价值认同，作为国家公民和社会成员，应该具有基本的公民意识和社会道德，遵守爱国、敬业、守法、诚信、互助、尊老爱幼等基本的社会规范，维护人民群众的根本利益，维护社会公正，形成有利于社会团结，有利于凝聚人心的社会价值认同，从而达成社会团结、文化繁荣、诚信友爱、道德风气良好、人们心情舒畅的和谐社会，真正体现和谐文化在和谐社会建设中的地位和作用。和谐社会建设就其本质而言，就是要促进人的全面发展，以形成进步、高尚、和谐与积极向上的精神风貌。致力于不断提升国民的思想道德素质和科学文化素养，为人的自由全面发展创造良好的文化氛围。

(3)地方传统文化的继承和发扬。如湖北文化具有悠久的历史，深厚的传统。王玉德教授认为："湖北文化的个性，可以称之为包容性"，说明湖北地区人们具有共同文化和共同价值观。区域文化的本质内涵是一个地区的精神气质与精神素质。基于湖北文化之上的湖北精神，是湖北一省人民的社会心理、伦理道德、思维方式、民族性格、审美情趣等的集中体现，可以增强湖北人的凝聚力和向心力，激发湖北人的归属感、认同感、自豪感和责任感。湖北有自身特有的文化优势，包括"荆楚文化"、"三国文化"等的历史积淀。一个地区有优良的精神风貌，从而有优良的文化基础结构，才能有优良的制度、环境与秩序，进而推进和谐社会建设。文化积淀的过程是人的心灵与灵魂的塑造过程，是湖北人价值观、道德观、理念与行为方式的完善过程，是湖北人的精神风貌提升的过程。

文化底蕴是湖北社会全面发展的重要支撑。文化建设离开了地方传统文化的基础，就缺乏丰沃的土壤，把优秀传统文化的基因，融入现代文化之中，在延续传统文化的基础上彰显时代文化是湖北和谐文化建设发展的方向。建设当代湖北和谐文化，应当继承并发扬光大传统文化的优良部分，使之成为现代文化建设的丰富营养。关公形象所体现的忠义精神，显然与此有着一脉相承的思想源渊。关公来自民间，有侠肝义胆，又有其深厚的群众基础。他作为忠义的化身和道德的楷模，被人们加以信仰和崇拜，是一种心理补偿的需要，也是中国传统文化诸因素综合作用的必然。用关公的忠义来提高人们明理守信、诚实为本的思想，以培养和造就时代的有用之人、忠义之士，对中华民族的伟大复兴，弘扬我们的时代精神有着重要的作用。近年来，美国、加拿大、泰国、新加坡、日本等国的华人，以及香港、澳门、台湾和全国各地崇拜关公的人纷至沓来，在荆州的关帝庙顶礼膜拜。这种超国籍、超民族、超时代、超汉文化圈的价值趋同现象，体现出关公文化的魅力所在。关羽形象在现代文化中占据着非常重要的地位，尤其是经济发达地区，对关羽的崇拜日益隆盛，这反映了现代社会对传统文化的需求的深层心理。

(4)弘扬发展关公伦理道德品质,服务于社会主义市场经济。关公文化是伦理型文化,伦理道德是其核心内容。关公已升华为中华民族的道德偶像和人格楷模。关公精神实质上代表着彪炳日月、大气浩然的中国伦理精神。弘扬关公的优秀伦理精神,有助于社会主义市场经济的培育和发展。关公精神正可以引申、转化为市场经济的伦理原则和经营哲学。如将关公"对国以忠"的精神延伸、应用到经济领域,就要求把"产业报国"作为企业的经营理念和基本原则。此外,关公的信义精神可以引申为市场经济活动中诚信不欺的原则。弘扬以信用为特征的市场经济伦理,汲取关公的信义精神,将人们对关公的信仰和推崇引导、提升到对社会主义市场经济守信原则的遵循,是十分必要和重要的。体现在关公身上的智勇精神,可以引申、转化为经济理性精神与勇于开拓、积极进取的精神。在市场经济大潮中,关公任事以勇、不避艰险的精神也可以为我们提供借鉴。在经济日趋全球化的今天,充分借鉴与发扬关公精神,发展民族经济,意义深远。

关公文化作为一种文化形式,本身就是中国传统文化的一个有机组成部分,也是中国传统文化的一种体现,它同样具有中国传统文化的凝聚力和向心力,是中华民族认同感的基础之一,有着整合、融洽全世界华人的作用。于右任先生曾撰联道:"忠义二字团结了中华儿女,春秋一书代表着民族精神",表明了两岸中国人有着共同的信仰关公的文化心理,这种共同信仰正是连接两岸乃至全世界华人感情的桥梁和文化纽带。在他们的心目中,关公信仰已成为中国传统文化的一种象征,是炎黄子孙大一统观念超越时空和文化环境的特殊表现。许多华侨参加祭祀活动,主要是基于文化上的认同。关公信仰因其在广大的华侨、华人中有这样一种文化象征的功能,而起到一定的整合作用。

关公精神的现代价值,经过改造和转化之后,可以成为构建和谐社会的时代精神的精神资源，为社会主义和谐社会的建设提供精神动力。

参考文献

柴继光，柴虹．武圣关羽[M]．太原：山西古籍出版社，1996.

方诗铭．三国人物散论文[M]．上海：上海古籍出版社，2000.

李元庆．关公忠义精神与三晋文化[J]．前进，2003(11)：32～34.

卢晓卫主编．关羽，关公和关圣[M]．北京：社会科学文献出版社，2002.

毛宗岗．评三国演义，清醉耕堂本．

王玉德．湖北的人文精神与经济发展[J]．湖北经济，2002(3)：21～23.

朱正明．中国关帝文化寻踪[M]．北京：今日中国出版社，1996.

张之洞在湖北的教育革新

——取之于日本的理论和用之于湖北的实践

郝祥满 胡 迪①

摘 要:张之洞是洋务运动后期的主要领导者,也是一个主要实践者,湖北则是张之洞推行新政、拓展洋务的“实验田”。张之洞在湖北推行的新政改革中成绩突出、影响深远的举措莫过于推广新学。本文重点探讨张之洞在湖北推行教育改革的动机,改革的理论准备以及改革教育体制、推广新学的具体实践。笔者认为,张之洞教育改革理论的形成与其对日本的研究是分不开的,因为张之洞实施近代教育改革、推行新学的范本是日本。

关键词:张之洞、湖北新政、教育、学堂、日本

张之洞在湖北推行新政的突出成就主要体现在近代军事革新和推广新学这两个方面,本文重点探讨张之洞在湖北推广新学的具体实践,以及这一实践的理论来源和社会影响。

一、甲午战败是促使张之洞推动教育改革的主要原因

在晚清士大夫之中,张之洞是一个睁开眼睛看世界的人。对于西方体制和技术优势的认知,对清朝积贫积弱的体察使张之洞得出

①郝祥满,男,湖北大学历史文化学院讲师,主要从事中日关系、中日文化比较研究。胡迪,男,湖北大学历史文化学院世界史专业2008级研究生。

改革中国教育体制不仅必要，而且是“急务”。

张之洞重视教育改革，很早就提出了兴办近代教育的系统主张，因为他是一个具有强烈民族意识的专制主义士大夫。19 世纪的中国不断被西方列强欺凌，那时他恰是独挡一面的干城，政治、军事上的劣势促使他苦苦思寻自强之术。早在中法战争期间，担任两广总督并监理防务的张之洞就切实感受到传统的经世之学不足以挽救中国之危亡，欲富国强兵，非效法西方之长技不可。他不再像以往那样强调器物，而是把更多的精力用于倡导西学，力图使西学能与经史等传统文化结合，以补充旧的体制，真正推崇有用之学，进而培植国力。于是他力主改革旧教育，发展洋务教育，向西方学习先进的文化。

而 1894 年甲午战争中泱泱大清帝国竟惨败于一向所轻视的东瀛小邦，并被迫签订丧权辱国的《马关条约》，这使张之洞更加感受到耻辱。所谓“知耻而后勇”，痛定思痛，张之洞开始冷静地分析日本所以胜利、中国所以失败的原因：

日本小国耳！何兴之暴也？伊藤、山县、木夏本、陆奥诸人，皆二十年前出洋之学生，愤其国为西洋所胁，率其徒百余人，分诣德、法、英诸国，或学政治、工商，或学习水、陆兵法。学成而归，用为将相，政事一变，雄视东方①。

对日本成功原因的探求，使张之洞更加深刻地认识到教育与自强、人才与强国的关系，并劝告国人“兴学育才”。一个国家要想立足于世界是离不开教育与人才的，光绪二十一年(公元 1895 年)十二月十八日的“创设储才学堂折”中张之洞就提出了“设立学堂”的主张。他在奏折中开门见山提出了自己的忧虑：“国势之强由于人，人才之

①《创设储才学堂折》，《张之洞全集》第 2 册，石家庄：河北人民出版社，1997 年版，第 1081 页。

成出于学，方今时局孔亟，事事需材，若不广为培养，材自何来”[①]。张之洞比较重视向强者学习，即使是曾经自己所瞧不起的，但最后打败自己的日本。

1895年前后，张之洞主张改革内政外交等的目的是为了复仇雪耻，根据对手日本的成功经验，强调要把“兴学育才”放在自强求富的首位，以发展教育为立国、治国的根本。

甲午战争的失败使中国面临殖民地化的危机，国家急需人才，自强自救，只有重视教育、重视人才的培养，中国才能强盛。而大量人才的获得必需有速成之法，只有通过建设近代学校的规模培养方式才能获得。基于这一认识，张之洞便于光绪二十四年（公元1898年）正月十八日在“札委姚锡光等前往日本游历详考各种学校章程”中明确提出：“照得造就人才，为一切政治之根本，培植之法全在学校”[②]。

在甲午丧师后举国反思的过程中，张之洞对近代军事教育、国防教育事业等也有了进一步的认识。20年洋务运动的结果竟然是“有船而无驾驶之人，有炮而无测放之人”，这使他深刻认识到加强军事技术、战略理论教育，培养知己知彼的军事人才的重要性。“人皆知外洋各国之强由于兵，而不知外洋各国之强由于学。夫立国由于人才，人才出于立学，此古今中外不易之理。不蓄而求，岂可幸致?”为了培养近代新式人才，他提出了在广开学堂的同时并派人“出洋肄业”。由于在兴办学堂的过程中遇到“求师之难尤甚于求费”的难题，为了尽快多出人才，张之洞提出了人才速成的主张和策略，因此张之洞重视师范教育。

在1898年百日维新前后，张之洞的教育思想趋于成熟，在《劝学

①《张之洞全集》第2册，石家庄：河北人民出版社，1997年版，第996页。

②《札委姚锡光等前往日本游历详考各种学校章程》，《张之洞全集》第5册，石家庄：河北人民出版社，1997年版，第3559页。

篇》中提出了系统改革教育的主张。接着是庚子之役失败的警示，在朝廷的委托下，1901 年张之洞比较系统地提出了以日本为楷模改革中国近代教育的主张，具体见光绪二十七年(公元 1901 年)五月二十七日的《变通政治人才为先遵旨筹议折》、六月初五日的《遵旨筹议办法谨拟采用西法十一条折》之中。

在这一系列推动中国教育体制改革的努力过程中，张之洞越来越重视对日本近代教育体制的研究和学习。

二、考察研究日本教育体制为湖北近代教育改革作理论准备

张之洞重视对日本教育体制的研究和学习主要是在 1897 年底以后，促成其方向转变的指标是德国侵略山东、强租青岛事件，这对他打击很大，此前他视德、俄、法为师友。

在光绪二十一年(公元 1895 年)十二月十八日的“创设储才学堂折”中，张之洞提出的学习对象是法、德、英等国，具体为“大约法律、农政之教习，宜求诸法、德两国；工艺、商务之教习，宜求诸英国”[①]。在光绪二十一年(公元 1895 年)十二月十九日的“创设陆军学堂及铁路学堂折”中，他建议陆军、铁路宜学习德国，在陆军、铁路学堂内聘请德国教习[②]。

在光绪二十二年(公元 1896 年)正月初五日的“选派学生出洋肄业折”中，张之洞主张派遣学生到英、法、德三国“肄业”(即留学)，三国之中，比较之下，张之洞指出：“查德国学堂教法精捷，更驾英、法而

---

①《创设储才学堂折》，《张之洞全集》第 2 册，石家庄：河北人民出版社，1997 年版，第 1082 页。

②《创设陆军学堂及铁路学堂折》，《张之洞全集》第 2 册，石家庄：河北人民出版社，1997 年版，第 1089～1090 页。

上，惜华人通德文者尤少，当在江南学堂同文馆内加以推广，以资分学”[①]。1897 年 11 月以后，由于对德国等的失望，加之日本说客给予他的希望，张之洞求学拜师的目光转向了“同文同种”的日本。

在此前后张之洞了解日本的途径，获得日本知识的渠道主要在以下几个方面。

首先，张之洞在他的幕府中网罗了众多洋务人才，其中有不少可以称得上是当时的“日本通”，张之洞对于日本教育体制等能够得到比较深刻的认识与身边的这些“知日派”的存在和影响是分不开的。所谓的日本通或者说知日人士主要有姚锡光、罗振玉、黎庶昌、郑孝胥、傅云龙、辜鸿铭等人，而且这些人中大多在张之洞的支持下曾经游历过日本。

其次，维新运动期间，张之洞与康有为、唐才常等新党新派人士的交往使他获得不少有关日本教育体制的知识。

再次，是由于日本人的主动争取和影响。从现存张之洞档案中，我们看到他与当时许多日本政界要人如伊藤博文、西乡从道、近卫笃麿、大隈重信、桂太郎、小村寿太郎、犬养毅、三浦楼梧等人都有信函往来，尤其伊藤博文和近卫笃麿，在戊戌至庚子年间先后访华，并到武昌与张之洞会晤。

以上各方面的影响是张之洞在推广西学时推崇日本，主张先学习日本的重要原因。基于从这些知日人士那里获得的认识，张之洞逐渐重视对日本的学习。

张之洞的新学改革重点在于新式学校的建设，为了切实仿效日本，张之洞对日本学制的考察非常重视。张之洞重视对日本的考察，其理由在光绪二十四年(公元 1898 年)正月十八日“札委姚锡光等前往日本游历详考各种学校章程”说明得很清楚：

①《选派学生出洋肄业折》，《张之洞全集》第 2 册，石家庄：河北人民出版社，1997 年版，第 1140 页。

日本国近三十年来，采用西法，设立各种学校，实力举行，规制周详，于武备一门进境尤速。近来中国虽已极意经营，而立法尚嫌未备，成材不能甚多。

日本与我同种、同教、同文、同俗，又已先著成效，故中国欲采取泰西各种新学新法，允宜阶梯于日本[①]。

为了保证考察取得切实成果，张之洞对游历、考察人员的选拔很重视，例如派"明白事理""历办学堂"的姚锡光考察学校章程。"如制造枪炮，营垒、炮台等事"，则委派"武员出身"的游击张彪、都司衔补用守备吴殿英，五品顶戴尽先千总黎元洪担任。对于考察的具体内容详细明示：

将政治学、法律学、武学、航海学、农学、工学、山林学、医学、矿学、电学、铁道学、理化学、测量学、商业学各种学校，选材授课之法，以及武备学分枪、炮、图绘、乘马各种课程，或随时笔记，或购取章程赍归，务详勿略，藉资考镜[②]。

以上可见，张之洞对于日本的关注非常全面。姚锡光等人到日本后对日本陆军省和文部省的学校进行了全面考察，为张之洞的改革提供了全面的参考。

张之洞在湖北的改革试验中很注意军事改革与学校教育的结合，毕竟教育与自强是互为因果的，在他看来"学校为当今要务，而武备尤要中之要"[③]。光绪二十七年（公元1901年）八月，张之洞特派朱滋泽等人赴日本观操，要求他们"于观操之暇，将其政治、学校、营伍、工厂各要务，分别考察记载，以资回鄂采择"。如果说朱滋泽等人考察学校只是一个附带任务，那么，同年10月所派的罗振玉、刘洪烈一行则是一个考察学校的专门使团，罗振玉的任务是"考求中小学堂普通学应用新出教科书本，董理编译事宜"，刘洪烈的任务是"考究教

①②③《札委姚锡光等前往日本游历详考各种学校章程》，《张之洞全集》第5册，石家庄：河北人民出版社，1997年版，第3559～3560页。

法、管学两事暨访购书籍”。罗振玉“详细收集了有关日本教育制度的各种章程”，据统计达110多份，回国后在《教育世界》杂志上连续译载近100件，并发表了《学制私议》和《日本教育大旨》等介绍日本教育制度的系列文章，还多次与张之洞会晤，“畅谈日本见闻”。这些对张之洞制定湖北学制应当有着重要的参考价值。

为了尽快扩大改革成果，张之洞主张多聘日本教习，光绪二十八年(公元1902年)十二月二十日“致东京近卫公爵、长冈子爵”的电文中一次要求聘请12名日本教习：

金陵现拟设三江师范学堂，学生九百名。前三年教寻常师范，三年后教高等师范。拟聘贵国师范教员十二人，须性情恳勤端笃、于教育有实历者。内以一人为教头，薪从优；余十一人听其调度，薪酌减。明年正月半到金陵。第一年，请贵国教员就华教习学中国语文及中国经学，华教习就贵国教员学日本语文及理化学等科，彼此互换知识，作为学友。第二年开学，分教学生①。

以上可见，张之洞很重视对日本教习的管理，不像其他督抚让外国教习擅权。

三、张之洞推行“新学”的主张及其在湖北的实践

在晚清士大夫中，张之洞是一个比较主动革新的地方大员，张之洞踏上仕途的第一步便是出任湖北学政，开始涉足中国教育事业，他办学的方向是书院，目的在于“作养贤才，贵得明体达用之士，以备国家任使”。与旧式书院不同，他更重视培养能使国家自强的军事人才、技术人才、科技人才，教学内容中也增添些西文、西艺的新学。他针对旧式书院普遍存在的流弊，果断地采取了两项重大举措：一是本

①《致东京近卫公爵、长冈子爵》，《张之洞全集》第11册，石家庄：河北人民出版社，1997年版，第8989页。

着“照学堂办法，严立学规，改定教程，一洗贴括词章之习，唯以选其才济时为用”的改造方针。二是创办新式学堂，如学习外国语言文字的湖北自强学堂，研学军事武备的广州水陆师学堂，学习工程技术的湖北工艺学堂、农务学堂，还有培养师资力量的湖北师范学堂、三江师范学堂等。张之洞本着学以致用、求才治国的理念创办新式学堂，正如他自己在奏折中所陈述的：

到湖北时创建两湖书院，经史之外兼课舆地、算学、图绘等门，旋复陆续添设自强、武备、将弁、农务、工艺各学堂，延聘东西洋教习分课文、武、实业各种有用之学，各书院学堂一律兼习体操、兵操①。

尽管张之洞努力从地方促进中央，对于来自朝廷的相关革新建议也能积极奉行。这正如他自己在《筹定学堂规模次第兴办折》中所陈述的：“光绪二十四年九月钦遵懿旨，将两湖、经心、江汉三书院于经史外，均分课天文、舆地、算学、兵法四纲，门目递增，规模略具”。二十七年又立即“奉明诏，将各书院一律改设学堂”。

但是张之洞也不是像其他督抚那样机械、被动地奉旨行事，甚至消极抵抗。光绪二十八年(公元1902年)正月，当管学大臣张百熙向他询问学务时，张之洞表示“拟俟赴东考察之员回鄂，详酌一妥章，再行奉达请教”，并明确表示“日本学制尤为切用”。这表明此时的张之洞已经有了自己的主张，已经在准备具体制定湖北学制，并且有意识地仿照日本学制，所以他说要根据赴日考察人员的报告而定新学制。

光绪二十八年(公元1902年)十月初一日，张之洞在他的《筹定学堂规模次第兴办折》中提出了具体学习日本的主张，并付诸实行。在该折中，张之洞提出了在湖北变通的主张：

兹奉明诏，将各书院一律改设学堂，遴经督饬司道武昌府详筹速办，一面通饬各府厅州县一体钦遵改设中小学堂，一面委派员生分次

①《筹定学堂规模次第兴办折》,《张之洞全集》第2册，石家庄：河北人民出版社，1997年版，第1489页。

前往日本考察各学校章程规制一切教育经理事宜，以资参酌。现办各学堂大率皆仿照东西各国学校教育成法，而其间亦间有增减酌改之处，乃系就中国士风、鄂省物力审度缓急，不能不量为变通。总以得西法之意，适中国之用为主[①]。

"中体西用"是张之洞编纂教科书的指导思想，并且张之洞主张教科书一开始不必整齐划一，强调地方差异。光绪二十八年二月十四日他在《致京张冶秋尚书》中就此提出了这样的建议：

此事(即"编纂课本书一节")自应由尊处主持裁定。唯开办之始，其途不妨稍宽。查日本国教科书，皆系外间通儒良师编纂，呈候文部省核定批准，行用并非一本，唯宗旨必同，紧要科目必同。其解说劝导之法，则不必尽同；各按本省情形立说，亦不能尽同，亦非必由文部颁发。且体察士风、民情、国势，随时常有增改，亦非一成不易。盖初办必不能尽善，且民智日开，国势日进，故须随时修改。尊处具奏时，似可于尊处纂发之外，并准外省编书呈候核定行用，并声明可随时增补修改，则尤广益而尽利矣。管见备采[②]。

张之洞基于对于日本，以及在此之前对德国、英国等国教育体制的全面考察，在湖北开设的学堂与其他地方相比门类齐全，除文武各学堂之外，更有农工商、实业、铁路、方言、军医、女子、幼稚诸学堂。具体如1897年筹建的湖北农务学堂，1898年创立的农务、工艺学堂，1899年改两湖书院、经心书院、汉江书院课程，设立西学各门，1902年改两湖书院为两湖大学堂，改自强学堂为文普通中学堂，改武备学堂为武高等学堂，并设立湖北师范学堂。

1903年，改两湖高等学堂为两湖总师范学堂，并开设敬节学堂、

---

①《筹定学堂规模次第兴办折》，《张之洞全集》第2册，石家庄：河北人民出版社，1997年版，第1489页。

②《致京张冶秋尚书》，《张之洞全集》(第11册)，石家庄：河北人民出版社，1997年版，第8751～8752页。

育婴学堂、蒙养院，同时上奏议设存古学堂，并设立湖北学堂应用图书馆，10 月设立湖北师范传习所。

1905 年，改湖北武高等学堂为武师范学堂，重订学院章程。同年在东京设路矿学堂，并再次与袁世凯会奏，请停科举，推广学校。9 月设立支郡师范学堂。

1906 年，设立湖北驻东京铁路学堂，开办湖北印刷局。1907 年 8 月，设立湖北陆军小学。

四、张之洞在湖北推行教育改革的成就和影响

张之洞在湖北的教育改革成绩卓著，影响深远，开通了民智。

张之洞在他所监督创办所有学校中非常注重道德教育、传统文化礼仪等的教育，在引进西洋和日本的实用科学的同时，特别重视中国传统文化的建设，“中学为体，西学为用”的主张正体现了他的这一办学思想。为此，他进行一系列的改革措施，在课程方面，保留一些传统的修身、读经、算术科目。

对于西学他不像其他洋务派官僚那样，只注重枪炮武器的制造，在张之洞开设的学堂中西学科目相对齐全。例如在普通学堂增设天文、格致、体操等课程，在实业学堂，则开设制造、商务、农桑、公法等课程；在师范学堂，开设教育学、教授法等课程。张之洞在湖北建立了从幼儿教育到初等、中等、高等教育的完整体系，为湖北教育近代化奠定了基础。“在清末 20 年间，湖北兴办的各级各类新式学堂(不计蒙养院、半日学堂和简易识字学塾)约为 2 600 所，且其中初等小学又占 2 361 所，绝大多数包括初小在内，最多时在校生约为 10 万人。较之以前是破天荒的新气象，约占当时全省人口的 3.2%”[1]。

---

[1] 章开沅，张正明，罗福惠：《湖北通史——晚清卷》，武汉：华中师范大学出版社，1999 年版，第 243～244 页。

湖北一跃成为办学先进省，这不但引起了朝野关注，甚至“东西各国文武官员及游历人士，来观鄂省书院学堂者，不可胜数，往往遍览详询，视为至大至要之事”①。许同莘在《张文襄公年谱》中对10年来湖北各学堂毕业生的统计数为3 000人以上。学生毕业后走向钢铁、纺织、铁路、外交、教育等行业，能独立的解决生产和技术方面的问题，一定程度上改变了中国工厂仰息洋人的局面，为19世纪末20世纪初湖北经济的发展提供了有利条件。

张之洞改革湖北教育的另一个突出成就，便是通过派遣大量的留学生，为湖北培养了许多具有世界眼光的人才，可谓众星璀璨，湖北留学生人数居于全国的首位，而且占风气之先。

大量的留学生传播了民主、独立的新思想，留学的经历和感受使他们热情投身于革命、改良、立宪等一系列的运动之中，促使湖北成为辛亥革命运动的中心，湖北志士在武昌首义并非偶然。正如张继煦所言：“辛亥革命曷为成功于武昌乎？论者以为武昌地处上游，控扼几省，地处形胜。故一举而全国响应，斯固然矣。抑知武汉所以成为重镇，实公（按指张之洞）二十年缔造之力也……而领导革命者，又多素所培植之学生也。精神上、物质上皆比较彼时他省为优，以是之故、能成大功”②。

张之洞派遣留学生的目的是培养一批新的维护清朝统治的卫士，并为此殚精竭虑，不辞劳苦在湖北惨淡经营了近20年。然而，历史的发展是不以他个人的意志为转移的，他培养的学生多成为革命宣传家和活动分子，他为保护王朝统治而训练的新军却成了清王朝的掘墓人。

湖北的革命团体，从科学补习所至共进会，前后共有31个，参加这些组织与活动的学生，估计至少有1 000人。其中“两湖书院有黄

①《张之洞全集》第2册，石家庄：河北人民出版社，1997年版，第1502页。

②张继煦：《张文襄公治鄂记》，武汉：湖北通志馆，1948版，第7页。

兴、曹亚伯、时功玖等30余人，武备学堂有吴禄贞、朱和中、蓝天蔚等9人，文普通中学有宋教仁、欧阳瑞骅、蒋作实、田桐等49人，师范学堂有张振武、牟鸿勋、周之翰等20余人。武昌起义，陆军中学有学生500余人响应，测绘学堂有80余人起义，陆军小学有300余人参加行动，甚至女学生亦有数百人组织女子军队参加革命。此外，自强、农务、工艺等学堂均有学生参加，对革命之成功贡献至大”[①]。张之洞派遣留日学生刘成禺、张继煦、宋教仁等在日本创办了《湖北学生界》、《湖南游学译编》、《二十世纪之支那》等杂志，输入内地后产生了很大的反响。终于由湖北新军打响了武昌起义和辛亥革命的第一枪。

张之洞在湖北推行的教育改革和军事教育被视为成功的典范，并作为湖北模式、湖北经验向全国推广，为中国教育的近代化和国家的近代化创造了条件。在张之洞等人的推动下，清廷更加注重兴学育才，不仅废除了延续1 300年之久的科举制度，更是将发展教育定为一项基本国策，张之洞重视教育的思想理念也因此得以在全国提倡和推广。更为重要的是中国向西方的学习由“技艺”层面转向对人的改造，这使得中国知识分子的思想观念和价值取向发生了根本性的变化，促进了更为深入和广泛的社会变革。

①苏云峰:《张之洞与湖北教育改革》，台北:中央研究院近代史研究所，1976版，第232～233页。

唐绍仪辞职及唐内阁倒台的原因分析

高　路[①]

摘　要：民国第一任总理唐绍仪，上任仅3个月即辞职并致整个内阁倒台。人们历来都将这一历史事件说成是袁世凯破坏内阁制的结果。本文逐层分析了唐绍仪出任总理、组阁执政、遭遇贷款风波，王芝祥事件及唐绍仪离任出京的过程，得出唐绍仪辞职及唐内阁倒台有其历史的必然的结论。

关键词：唐绍仪辞职、内阁倒台、历史必然

一、唐绍仪组阁背景及执政构想

袁世凯接续孙中山任临时大总统，是辛亥革命后南北双方政治势力相互制衡的结果。双方既然认同了由《临时约法》确定的责任内阁制政体，必然都会重视内阁总理的人选。革命派希望推举黄兴为内阁总理，但又不想在这一问题上与袁世凯闹僵而重启内战；袁世凯则希望能由自己的亲信组阁，但也要考虑南方能否接受的问题。黄兴出任总理的提议被搁置后，曾在清末南北议和中起过重要作用的赵凤昌提名唐绍仪为第一任内阁总理。唐绍仪是广东香山人，与孙中山是同乡，有7年留美的经历，在留学归国不久，就到朝鲜担任袁

①高路，女，湖北大学历史文化学院历史系副教授，主要从事中国近代史研究。

世凯的西文翻译，深受袁氏器重，后来一直是袁世凯军政集团的重要骨干。在袁世凯出任清王朝的内阁总理后，唐绍仪便被任命为南北和谈北方代表。而唐绍仪在南北和谈与革命党密切接触期间，在很大程度上与革命党有了共同语言。因而，当唐绍仪被提为第一任内阁总理人选时，南北双方均无异议。

唐绍仪之所以能顺利组阁，与当时的国内局势及唐绍仪个人的特殊经历有密切关系。

在革命党人看来，唐绍仪受过西方文化教育，对产生于西方的民主共和制度有较多了解，因而同情中国革命，并且事实上也为议和成功作出了相当大的贡献。在南北议和期间，“少川即左袒革命军，名为清廷代表，实则事事为革命军设计”①。

在袁世凯看来，唐绍仪与自己私交甚好，利于行事。甲午年间，日本谋刺袁世凯，因唐绍仪冒死救护，袁世凯才得以从朝鲜安然回国，两人遂成莫逆之交。回国之后，唐绍仪在袁世凯的推荐之下，先后任过小站练兵时的营务处会办，和袁世凯任山东巡抚时的商务总局总办。甚至连“为绝大事件”的南北议和“袁氏也委唐以全权”②，“袁之于唐于政治上之信用，亦殊非浅”③。

因在“美国留学素受共和思想”影响④，唐绍仪也的确很愿意做中国民主宪政政府中的第一位实践者，他认为，在中国实行民主共和制度，必须在袁世凯的全盘操作下与同盟会密切合作。就是抱着这样的信念，唐绍仪以积极的心态开始他内阁总理的执政生涯。

唐绍仪以绝佳的基础组建了民国第一届内阁，1912 年 3 月 13

---

①冯自由：革命逸史（第 2 辑），北京：中华书局，1981 年，第 198 页。

②戴天仇等：《党政与民初政治》《近代稗海》第 6 辑，成都：四川人民出版社，1987 年，第 181～182 页。

③戴天仇等：《党政与民初政治》《近代稗海》第 6 辑，成都：四川人民出版社，1987，第 181～182 页。

④观渡庐：《共和关键录》第一编，台北：台湾文海出版社，1981 年，第 12 页。

日袁世凯致电南京正式提名以唐绍仪为中华民国首任内阁总理，第一任内阁便正式走马上任了。5月13日，唐绍仪与阁员们分别在北京临时参议院发表政见，唐绍仪的执政构想如下。

政治上：加强中央集权，实行军民分治，以期行政统一；早开国会，速定国会组织法及选举法。经济上：振兴实业，发达农业，开垦荒地，注重森林之护养及水利之兴修；整顿工商，驱除工商之障碍，保护现有之工商，制定商律、工律、矿律；便利交通，多筑铁路；推广邮电，发达电政。军事上：振兴军备，淘汰冗军，征练新兵，实行军官终身制；采用并统一新式军械，设立制造厂及被服厂以便军械的给养及修理；改良马政；广设军事学校，培养军事人才。外交上，维护国际和平，寻求各国的承认，前清政府与各国所订的一切条约继续有效。财政上：节减军费，编订预算案，商借外债，其条件要于国家前途无损；改良盐课；设立烟草专卖局；发行爱国公债，酌办国民捐，整理公债；设立国家银行，改革币制；实行会计检察制度；区分税目，改良税制，实行印花税，划分国家税及地方税。司法上：改良法律、监狱，司法独立，划分行政与司法之权限，保障人民生命财产，培养司法人才，厉行辩护制度，采取陪审制度。教育上：普及教育，注意道德教育，养成健全之共和国民；制定教育大纲，举办高等教育及普通教育；设立专门学校，聘请外人任教①。其构想不可谓不宏，且的确符合人们对革命后新国家的期待。随后，各位部长发表的施政设想，也都十分鼓舞人心，参议员们从第一任内阁发表的政见里，看到了初兴民国将有的全新景象。

二、借款风波与唐绍仪辞职

唐绍仪组阁的时候可谓踌躇满志，推崇西方民主政治的他“事事

①《申报》，1912年1月15日，见台湾编：《中华民国史事纪要》，1912年1月—3月。

咸恪遵法约”[1]，不仅强调责任内阁的副署权，还显示出积极与同盟会合作的意图。袁世凯第一次向参议院发布的宣言书稿，即经过唐绍仪修改后发表。唐绍仪有时对袁世凯发下的公文还据理力争，努力表现自己的“负责地位”。然而，民初的政治局势异常复杂，行政工作千头万绪，尽管唐绍仪以积极的心态和南北方支持的优势去履职，但仍然举步维艰，这头一件难事就是借款问题。

唐绍仪上任初期，平定社会混乱局面，遏止列强操纵下的边疆分裂事件，建立完善的新型政治制度，寻求列国对新政府的承认，安置南方已运行了三个月的政权以及各地武装力量……这些工作都迫在眉睫，而这一切工作都急需资金。革命之后的新政府无财政可言，只有靠借外债才能运转。

1912 年 2 月，唐绍仪开始主持与银行团的大借款谈判，他力改实业借款为政治借款，联手于清末的美、英、德、法四国银行团，本已谈妥按期先付若干款项给北京临时政府，不料北京兵变，银行团以局势未稳为由，立即停止付款履约。而此时“华比银行”表示愿意承揽借款，唐绍仪总理既苦于四国银行团对华借款权利之垄断，又迫于急需用款的压力，乃经袁世凯同意后，于 3 月 14 日，撇开银行团与比利时财团订立了 100 万镑的借款合同。事妥后，唐氏南下商讨北京政府组织事宜，途经上海时，再与该行订立 200 万镑借款合同，并将所得 25 万镑贷款携至南京处理公务。

此举动很快引起了四国银行团的强烈反应。银行团以中方失信为由肆意攻击唐绍仪，认为唐不守成约，有排外举动，一面阻挠比国债票的发行，停止续拨垫款，一面要求唐绍仪取消比款、向银行团谢罪。迫于列强的压力，刚上任的唐总理不得不取消与华比银行已订的借款协议，回头与垄断对华借贷市场的四国银行重新谈判。

1912 年 5 月 3 日，双方第二次会议时，银行团先发制人，斥责唐

---

①冯自由：《唐少川之生平》，《革命逸史》，北京：中华书局，1981 年，第 302 页。

绍仪此举有失信用，尔后在交款问题上提出除监督政府一切用款外，还须监督政府遣散军队。唐总理认为四国银行团逼人太甚，监督遣散军队尤难忍受，便以中国国民决不答应为由拒绝了银行团的条件。银行团逼迫说："贵国政府若不承认此事，我辈对于借款之用途殊不放心，则借款一事即无可商议之处。"唐氏坚持说："国民既不承认，我何敢擅自作主，以招全国人民反对?"[①]银行团要求政府承诺，唐绍仪以政府为国民之政府，不能违背国民意志而相抵，双方坚持良久均不相让。银行团最后表示，中国政府对于此事既不承认，以后借款事项不必与我辈商量。借款谈判由此出现决裂之势。

财政总长熊希龄恰于此时到京就任，主动提出由他出面重开借款谈判。1912 年 5 月 7 日，熊希龄与银行团开始谈判，他按列国要求说明了中国将来的财政计划、借款大宗用途与偿还方法，以及盐、茶增收改革方法，并再次提出大款未成之前，请先垫付小款以济眉急，同时也表示了对监督一事不能接受。银行团似乎有意区分对熊与对唐的不同态度，不仅即刻允诺先垫付 300 万两，将监督范围也酌量减缩[②]。至 13 日，银行团将监督借款用途办法七条函送国务院，17 日，双方正式订立垫款合同。一波三折的商借外债终于有了结果，国务院旋即将垫款合同与监督条件交由参议院审议，岂料更大风波由此兴起，唐绍仪也在借款问题上受到了更大冲击和质疑。

1912 年 5 月 20 日，参议院为借外债事召开秘密会议，国务总理等一行人列席说明。在熊希龄首先介绍借款艰难情形之后，议员李国珍立即起立指责唐总理：几月来之对外交涉"实陷吾国外交上之地位于一败涂地，非徒唐总理一身之辱，实致吾民国将为埃及之恶因"；又指责唐总理借华比银行贷款一事："本员窃计唐总理既有决心为借

①《民立报》1912 年 5 月 9 日、10 日，见台湾编：《中华民国史事纪要》(初稿)，1912 年 3 月—6 月，第 499 页。

②台湾编：《中华民国史事纪要》(初稿)，1912 年 3 月—6 月，第 523 页。

比款之举，则其利用比国而吸收四国银行团以外之资本家，以牵制四国银行团，亦必应大有计划，乃何以忽有四国公使之抗议？何以忽有四国公使指定各银行之行为？何以忽言比款之取消？何以忽有四国借款之复活？唐总理若有计划则决不至此，若无计划而轻逞意气以为一掷，驯至辱己辱国，则本员不能不认为民国第一次外交上之大失败，即不能不认为总理之责任上问题。”接着又质问国务院与四国银行团之交涉：为何不定财政整理以前确须资金数目，定一概算，明指用途，交参议院议决后，借大债一宗，却要以垫款名目先借短期小债？“外人知我偿还此小债必不得不有后来之大债，遂苛重小债之条件，以为大债之程式”。国务院此举“实启外人侮辱之心”、“实授外人箝制之柄”，是“民国外交上第二次大失败，总理之第二责任问题”。唐绍仪一边应承“本总理应负责任”，一边敦促议院磋定并通过借款条件，李国珍复诘总理：借款如何还，政府有否筹定？[①] 唐绍仪十分尴尬，无法言答。最后由熊希龄出面一再恳请议员诸君格外原谅。

受参议院责难后，唐总理及国务员均感难堪，据说，当天（5 月 20 日）唐曾率国务员全体向总统提出辞职书，经总统慰留遂罢[②]。

很快，得知消息的社会各界都发出反对之声。5 月 24 日，黄兴从南京留守处向总统及各省发通电说：“该章程损失国权处极多……匪独监督财政，并直接监督军队，军队……竟允外人干涉至此，无异束手待毙”，指责“熊希龄身负重任，竟敢违法专断，先行签约，悍然不顾”，表示“南方人心，异常愤激……均不甘受此亡国灭种之借款”，建议政府“发行不兑换券，以救目前之急，并实行国民捐，以为后盾”，最后更厉声言道：“吾辈只知以爱国保种为前提，有破坏我民国，断送我

---

①1912 年 5 月 29 日《民立报》，见台湾编：《中华民国史事纪要》（初稿），1912 年 3 月—6 月，第 528 页。

②黄远庸：《政界内形记》《远生遗著》卷二，北京：商务印书馆，1984 年，第 4 页。

民国者,即视为民国之公敌……”[①]。

随后几天里,反对借款筹资自救的呼声持续高涨,南方黄兴即拟《劝募国民捐章程》请总统交参议院议决施行,袁世凯赞其“颇为完备”并转交国务院,接着袁世凯又任命吴鼎昌为中国银行监督,准备设立银行筹资……舆论压力之下,熊希龄于 5 月 27 日通电引咎辞职。写给各界的电文称:“……龄外交无术,愧对国民,刻已上书自劾,即日辞职”[②]。

通电之后,熊希龄并未立即离职,却给唐内阁尤其是唐绍仪本人隐留着一个威胁:熊氏处关键的财政之位,如其走人,已贷之款顿毁,国务院将立处窘迫之状,无钱的政府既无法号令又无人信任;即使熊氏不走但不再负财政、资金责任,现有国人不理解之责不仅都得由唐总理一人承担,唐氏也会因与四国银行团交恶无法再涉商贷之局,此后财政困难之状将无转圜之地。

借款问题导致“唐总理之地位颇危”[③]。

首先,民初借款问题不得不办却又无法办好。因为当时中国的财政掌握在列强手中,共和政府刚刚成立,所谓不兑换纸币、劝民国捐都是不切实际的。要解燃眉之急,只有靠借款,这样就无法摆脱列强的控制。而此时在野和在位者的心态是不一样的。在野者有着对国家和民族的理想,而在位者能体味弱国外交的艰辛,再加上党争的兴起,唐绍仪想要办成借款是难上加难。

其次,唐绍仪在内阁纷争中孤立无援,无法立足。唐绍仪因为与革命党人和北方势力特殊的关系,成为无可争议的总理人选,然而也正是他与两派的特殊关系,使得在政治纷争中成为众矢之的。当唐绍

①《民立报》1912 年 5 月 26 日,见台湾编:《中华民国史事纪要》(初稿),1912 年 3 月—6 月,第 536 页。

②《民立报》1912 年 5 月 29 日,见台湾编:《中华民国史事纪要》(初稿),1912 年 3 月—6 月,第 541 页。

③黄远庸:《大借款波折详记》,《远生遗著》卷二,北京:商务印书馆,1984 年,第 1 页。

仪与银行团在比款及垫款问题上发生冲突时，同盟会没有予以有力的支持。同盟会曾表示与唐总理一致的立场，可是在借款问题上，同盟会内部就出现了较严重的分歧，宋教仁认为“力陈理势之不可行，借款之不可不委曲求全”①。蔡元培既反对外债，也反对国民捐，主张发行不兑换券，作为遣散军队之资。唐绍仪愤然去职后，同盟会甚至攻击唐绍仪，说他虽为同盟会一员，但是能力薄弱，本党亦多不信任。

总之，第一届内阁最早的请辞起于商借外债遭不信任指责，唐内阁的借款风波和唐绍仪的第一次辞职，已是唐内阁 1912 年 6 月份最终夭折最明显的征兆。

三、王芝祥事件与唐绍仪离京

直隶问题，在唐绍仪南下接收南京临时政府时就存在了不安定因素。直隶总督相当于清朝的北洋大臣，地位之重要可想而知。南方革命党人为牵制北方政权，认为直隶都督一职应由同盟会成员担任。早在参议院在南京议决接受北方统治全案时，便有各省督抚一律改称都督，谘议局改为省议会，都督由省议会公举的规定。当时的直隶士绅颇欲举顺直谘议局的王芝祥任直隶都督，欲借内阁总理唐绍仪推荐，征得袁世凯同意。“同时民党也在暗地里打算借重王芝祥来掌握直隶的军事力量，起助唐抑袁的作用”②。唐绍仪当时正着手进行南北和谈，他希望调和南北，因而向袁氏提出任王芝祥为直隶都督的建议，并得到了认可。

袁世凯口头应承唐绍仪，是因为当时他正要接任总统，组建政府，不想另生枝节，但对地位堪比晚清时的北洋大臣直隶都督，袁世

①《民初政争与二次革命》(上册)，上海：上海人民出版社，1983 年版，第 52 页。

②唐在礼：《辛亥以后的袁世凯》《北洋军阀史料选辑》上册，北京：中国社会科学出版社，1981 年，第 84 页。

凯绝对不会轻易交给他不信任的人。顾维钧在其回忆录中有一段描述，很能让人知晓此事在当时引发矛盾的必然："当时最尖锐的问题是直隶都督的任命。直隶是京都所在的省份，一向被认为是北京的命脉所系。唐和孙中山的同盟会商议后，答应委派老同盟会员王芝祥将军任直隶都督。袁世凯总统坚决反对。按照旧日的做法，京都所在省份的都督应是他自己的嫡系人物，他想委派内务总长赵秉均。其实，他原打算让他的另一个心腹来担任这个职务的，赵先生的提名乃是袁世凯总统的妥协办法，而唐先生竟连自己内阁的内务总长赵秉均也拒绝接受，这就成了袁唐之间的导火线。""自然，袁世凯想尽一切办法使自己人担任这个职务，这是可以理解的。直隶省是他政治上的根据地，他做过该省的总督，在小站练过新兵。无怪乎他坚决要自己的人来掌握这一省的大权"①。

不过，袁世凯很具政治手腕，他刚刚在陆军总长人选的争持中胜了一局，以段祺瑞替换了南方推荐的黄兴，他知道事情不能做过头，也知道事情有轻重缓急之分，所以虽不满意王芝祥督直，还是口头允诺了。但当王芝祥到北京来准备就职的时候，直隶各路军界突然发表通电反对，袁世凯于是立即借军队反对为由，改派王芝祥去南方了。

唐绍仪认为这样的改派政令是政府失信于民，拒绝副署，不料袁世凯亲自找王芝祥谈话，并绕过唐绍仪的副署，直接把委任状交给了王芝祥。而王芝祥也并没有反对，拿着袁世凯的委任状赴职了。

这一下，"唐绍仪被他支持的人出卖了，他的愤怒与无奈可想而知"②。唐绍仪倍感失落，在内外交困中，唐绍仪已觉得无法再在总理位置上留任了。对于直隶事件，学者李剑农有更进一步思考。他认为王芝祥事件背后是党争的结果，更是对《临时约法》的藐视。"实

---

①顾维钧：《顾维钧回忆录》第一分册，北京：中华书局出版，1983年，第90～91页。

②朱宗震：《真假共和——1912年中国宪政实验的台前幕后》，太原：山西人民出版社，2008年，第72页。

际上，临时约法已等于废纸，而那些反对同盟会派的参议员和新闻记者，不知此事关系的重要，因为平素不满意于唐的缘故，对于唐的辞职出走，反加以嬉笑讽刺；就是同盟会的议员，也只以王芝祥督直的目的不能达到为恨，对于副署的责任问题，好像也并未十分注意，何况一般的人民知道什么共和约法，什么内阁的去留呢！此种问题，莫说在英法，就是在天皇大权的日本，假使天皇发下一道没有首相副署的敕任令来，日本的议会和新闻界要发生一种什么喧嚣的状况？是不是'违宪'、'违宪'的声浪要震动全国？但在中国当时，不过把它当一个通常的内阁崩坏的问题罢了。除了对于继任的内阁人选勾心斗角去经营，对于违宪的问题，竟好像'熟视无睹'。可怜他们还在那里'是丹非素'的争政党内阁呢！"①。

唐绍仪于1912年6月15日，极为秘密地出京去津，没有通知国务院、总统府，并且当天是周六，次日休息。唐绍仪并未立即辞职，对其离京一事，只是星期一才发出电报请假："国务总理唐绍仪为呈请事：绍仪现因感受风热，牵动旧疾，恳请给假5日，赴津调治。唯总理职务关系重要，不容一日旷废，并乞大总统于国务员中简派一员暂行代理"②。当天袁世凯批准唐绍仪请假5天，并命陆征祥暂代总理，5天假满后，唐绍仪正式提辞，这已是6月21日。同一天，同盟会阁员工商总长陈其美、司法总长王宠惠请辞；次日，教育总长蔡元培、农林总长宋教仁、署工商总长王正廷又相继请辞。6天后的6月27日，袁氏批准唐绍仪辞职。成立不足3个月的民国第一届内阁至此倒台。

唐绍仪突然辞职，被一致认为基础较好的唐内阁也随之倒台，可以说举国哗然。国内舆论特别是各派政治势力的反应都很强烈，共和党人认为："唐受职一无善政，即昔日信仰之人，今亦知唐不宜任也。

①李剑农：中国近百年政治史，武汉：武汉大学出版社，2006年，第287页。

②台湾编：《中华民国史事纪要》(初稿)，1912年3月—6月，第570页。

此次私自出京，故有损于新政府，而重任旧职尤为全国之不幸”[①]，明显表现出了对唐绍仪的不信任和其辞职的讥讽。然而当时反应最为激烈的，可谓同盟会的各位同仁。

唐绍仪提辞的前一天，同盟会代表张耀曾、李肇甫、熊成章、刘彦4人面见袁世凯称：此次唐内阁成立以来，一切政务不能着手进行，唐总理及同盟会国务员“深恐贻误大局”，准备集体辞职。并提出：此后欲图政治进行，非采完全政党内阁不可，如仍采混合之制，同盟会员唯愿不再加入[②]。随后，中国同盟会北京本部对各地同志解释：辞职事之发生“实则唐自就职后，因所抱政策多不能行，郁郁不得志，屡欲求去。其最近原因则为王芝祥都督一事”，“唐之此举，不徒拥护共和，尊重信义、服从党见……而就法律政治上观之，尤有极大之关系”[③]。这是在暗指袁氏破坏副署制度迫使唐氏辞职。

紧接着，陈其美发电质问袁世凯：“临时政府甫成立，忽传有逼退总理之恶耗。丁兹时艰，奚堪演此恶剧？唐总理固受逼而退矣！试问逼之者何心？继之者何人？果于大局无害而有益，即更举总理可也”[④]。此电虽未确言袁氏排唐，其意甚明。戴季陶也与此时撰《共和政治与政党内阁》发表在同盟会主办的《民立报》上，明确指出：唐绍仪内阁是混杂内阁，冲突很多，所以长久不了，如果该内阁纯为同盟会之内阁，则不会有今天之结局。另说，内阁中与唐氏反对最力者，为熊希龄，而总统袁世凯也“党于共和党，而事实上又抑唐而扬熊

①《京津泰吾士报》，1912年6月26日，转引自宋慧娟《唐绍仪内阁当议》，吉林省教育学院学报，2005年，第3期。

②民国元年六月份《政府公报》公文第六十一号，转引自台湾编：《中华民国史事纪要》（初稿），1912年3月—6月，第578页。

③《民立报》1912年6月24日，转引自台湾编：《中华民国史事纪要》（初稿），1912年3月—6月，第578页。

④徐有明：《袁大总统书牍汇编》卷五，新中国图书局，1931年版，第13页。

者，此唐之所以万不能一刻立于国务院中也”[1]是在表达着同盟会对此事的主要看法。同盟会这一连串的言论、举动，向社会发表着一种声言：他们的政治主张没能在袁世凯执掌的政权下得到实施，而且因受到压制而毫无施展余地。唐总理的辞职及同盟会内阁成员的相继退出是对这一受压制、受掣肘局势的无声抗议，是对非政党内阁政体的反对。第一届责任内阁被袁氏破坏而倒台的结论，就是依据这样的声音而形成。

四、唐绍仪辞职及内阁倒台原因分析

唐绍仪政府是中国在变革几千年专制政体重新统一之后，按西方民主制度设计出的第一个内阁责任制政府，是辛亥革命所促成的全国性变革思潮中产生的政府，是激进的革命派与温和的改革派之间互相妥协，南北双方势力相互退让后建立的政府，是一个前所未有的，带有理想性，尝试性的政府……，这些因素决定了这个政府所面对的是异常复杂的政局和异常棘手的行政事务。

这个在大乱之后特别需要专权处事的政府恰逢政治参与高潮时期的社会，其行政步步遭遇议政机关和社会舆论的掣肘；这个政府在旧制度已崩溃、新制度尚无头绪时，又陷借债受阻，无米为炊的困境，这是唐绍仪上任前不能全部预知的。唐氏自身算得上有历练，有外交素质，其首任总理也受到南北双方的认同，但他怎耐得了这样的一种难堪：上有不甘居“不负责任”之地的袁世凯总统，旁有各执己见的内阁成员及热心参政的参议员诸君，下有同盟会持续高涨的革命主张和爱国要求。唐总理实在是无法在这样的背景下，既让新政府的行政工作顺畅运作，又不违背各方政治势力的不同需求。也就是说，他所主持的国务院工作在当时背景下已难以为继。

至于唐总理辞职及唐内阁倒台的具体原因，大致可以列举为以

---

①台湾编：《中华民国史事纪要》(初稿)，1912 年 7 月—8 月，第 5 期。

下几点。

(1)负责任的地位与负不了责任的处境是唐绍仪必然辞职的原因。唐绍仪任总理时被放在“辅佐临时大总统负起责任”的地位。唐本人确也严遵法律,按《临时约法》所赋权力履职,以致常因坚持负责而与袁大总统发生纠葛。而袁世凯早在操纵南北会谈时就意欲主掌鼎革后的中国政权,在他成功逼退清室获取孙中山所让出的临时大总统职位后,表面虽接受《临时约法》及其内阁制,实际根本不可能甘心做“虚君”,唐绍仪要与不甘做“虚君”的袁世凯较真,其困难是不言而喻的。在华外国势力遇重大事情都直接找袁世凯(银行团反对借比款就是如此),各部门遇事按袁世凯意图行事,用人任事也是袁世凯说了算(如王芝祥改任),更何况革命后各自为政的国情也不是唐绍仪收拾得了的(当时军人集团出现各种联合组织,如姜桂题的“北方军力联合会”、付良佐的“南北军界统一联合会”、黄兴的“南北军人联合会”等,段祺瑞还以军队首领身份三番两次发表政见)。唐绍仪几个月来用制度为后盾坚持着负责的权力地位,袁世凯则以实力为保障实际掌控着权力。这种处于负责地位实际上又负不了责任的的现状,是唐绍仪不得不辞职的原因。王芝祥事件与其说是袁氏逼唐总理辞职,毋宁说是唐绍仪找到了一个离职的时机。

(2)借债波折及熊希龄辞职是唐绍仪离职的直接原因。借债风波,起于唐绍仪任总理之初在四国财团之外举借“华比银行”款项,这一为解燃眉之急的举措,种下了外国银行团与唐总理之间的“恶感情”,当唐绍仪回头重与银行团商谈借款时,这些财团大佬们对唐绍仪不仅大加讥讽和指责,而且以附加苛刻条件相难。欲对民国负责的唐总理坚持反对以苛刻的监督条件为前提的借款,严正回复银行团:“国民既不承认,我何敢擅自作主,以招全国人民反对”[①],终致商

①《民立报》1912年5月9日,台湾编:《中华民国史事纪要》(初稿),1912年3月—6月,第578页。

借外债受挫。

但款借不到，唐政府根本无法运行。坚持严正的爱国立场转而欲以国民捐来解决财政困难之后，唐总理立即感受到，没有实力为后盾的拒绝贷款不能解决任何现实问题。所以当熊希龄主动续谈借款时，虽然让唐总理很难堪，但也确让唐总理找到了转圜之机。

唐绍仪此时是想转圜的，所以他支持熊希龄，与国务员成员“一律签名”谈成了借款。当熊希龄主持商谈的借款遭到以黄兴为首的南方势力强烈反对时，唐绍仪不仅出面慰留熊氏而且连忙劝阻黄兴。但黄兴既不接受劝阻，熊氏也更不愿再担骂名而留任。这实际上已给唐内阁尤其是唐绍仪本人埋下了一个致命的危险：熊希龄刚刚谈成贷款，如熊氏此时辞职走人，已贷之款顿成泡影，无钱的政府则既无法号令又无人信任；即使熊氏不走但不再负借贷之任，唐绍仪因与银行团之恶感已无法再涉足商贷之局，财政困境将无转圜之机。熊希龄先唐绍仪而决辞，是唐绍仪后来不告而走的重要伏因。据当时记者观察：唐氏已显“意气凋丧。其同乡某语人曰：少川最近面色消瘦，过半日食一瓯，盖其所惧非袁非孙，非南非北，诚惧外人之见拒”[①]。可以想见，与银行团之间的“恶感”及贷款不成对唐绍仪本人的压力之大。6月上旬，熊希龄在国务员集体会议上突然重申“借款条件签押之后已必辞职”时，处紧张情绪下的内阁成员间终于爆发了导致不欢气氛的口角[②]，这是一周后唐绍仪离京的直接原因。

(3)身陷党派矛盾漩涡又得不到任何一派的支持是唐绍仪不得不辞的原因。唐内阁因处于十分困难的执政环境，阁员间虽不十分和谐，也还能互相维护。“熊氏再三向共和党声明要约党员扶持唐总理之内阁，唐氏到同盟会亦请党员注意大局”[③]，但社会各派势力仍

①黄远庸：《政界内形记》，《黄远生遗著》卷一，上海书店，《民国丛书》，第134页。

②黄远庸：《大小零星杂记》，《黄远生遗著》卷一，上海书店，《民国丛书》，第154页。

③黄远庸：《最近之密闻密见》，《黄远生遗著》卷一，上海书店，《民国丛书》，第147页。

以自己的揣测发表政见："甲党疑民乙党排唐以扶熊，乙党疑甲党排熊以扶唐，似唐熊已有旗鼓相当之势，甲乙已有水火见剋之仇"①，致使政潮汹湧。5月20日唐绍仪一行人列席参议院会议时，熊希龄作为主持谈判者报告完借款情况，共和党籍议员李国珍发言却直指列籍同盟会的唐总理，列举其"外交失败"之举、贷款失当之处，逼得唐总理连称"应负责任"还不松口。南方同盟会势力对此事作出反应时，则避唐总理而直责熊希龄"身负重任，竟敢违法专断，先行签约，悍然不顾"。这些批评显然都因带有党派意气而有不顾事实之弊。尽管唐总理受责时，熊总长出面恳请议员原谅，熊总长挨骂时，唐总理出面解释：贷款"系经国务员全体议决，绍仪一律签名"②，但各派势力仍是互不相让，弄得须对参议院负责的唐政府无所适从。据黄远庸记载："5月31日，梁士诒氏到参议院陈述各国务员以党派争论太甚，总理总长纷纷不肯任事"③，希望各党派代表到国务院面谈，但此建议无果而终。此为唐政府陷党派矛盾而无从施政之证。

最让唐绍仪不堪的是，他不仅被共和党怀疑仗同盟会之势与袁、熊抗衡，而且也得不到同盟会势力的有力支持。为维护责任内阁制，"唐氏每有要议，必就商于蔡、宋二君，然蔡君文雅而有哲思，宋君稳健持正论，三氏似非能相合者"④。当唐绍仪感到熊希龄辞职，政府将面危境而恳请黄兴"径电解围"时，黄兴竟不为所动。内外交困之下，唐绍仪不得不辞了。这不得不辞的心境他后来是有所交待的。他曾对代表袁世凯派来天津劝慰其留任的梁士诒说："我与项城交谊，君所深知，但观察今日国家大势，统一中国，非项城莫办，而欲治理中国非项城诚心与国民党合作不可。然三月以来，审机度势，将来

①黄远庸：《最近之密闻密见》，《黄远生遗著》卷一，上海书店，《民国丛书》，第148页。

②黄远庸：《最近之秘密政闻》，《黄远生遗著》卷一，上海书店，《民国丛书》，第148页。

③黄远庸：《最近之秘密政闻》，《黄远生遗著》卷一，上海书店，《民国丛书》，第148页。

④黄远庸：《政界内形记》，《黄远生遗著》卷一，上海书店，《民国丛书》，第134－135页。

终于事与愿违，故不如及早为计也。国家大势，我又何能以私交徇公义哉！”①。

综而言之，唐绍仪内阁的短命执政，是中国宪政道路发展曲折的表征。唐总理及其内阁是中国民初宪政实验中的“小白鼠”，其命运短促是可以想见的，必然的。对第一任内阁的命运不佳，时人亦有预见者。早在南北统一、筹组第一任内阁时，意欲执政的汤化龙就与刘崇佑密谈道：“内阁新组，无论何人为总理，皆短命者也。此一短命，彼一短命，待人人视组阁为畏途，或知其难时，吾党再取而代之，易如反掌”②。

本文虽列举了上述三种原因，但实际上造成唐总理无法继续执政的原因是多方面而复杂的，它是一段历史演绎的结果，只能用那一段历史来阐释。

①凤冈及门弟子编：《三水梁燕孙先生年谱》，1946 年出版。

②李新，孙思白：《民国人物传》第二卷，北京：中华书局，1980 年出版，第 218～219 页。

P2666文书所见催生厌胜巫术试析

吴成国[①]

摘　要:催生巫术是指人们以巫术的心理和方法催促孕妇生产。厌胜作为一种巫术行为,古代社会被引用在民间宗教信仰上,转化为对禁忌事物的克制方式,亦即民间通称的"驱邪避煞"的观念与做法。一般而言,厌胜包含了"厌胜仪式"与"厌胜物"两种文化元素,这两者又存在相辅相成的关系。P2666文书所见催生厌胜巫术属于"白巫术"或称"吉巫术",反映了人类求吉祛灾的共同文化心态。

关键词:催生、厌胜巫术、生育文化、敦煌文书

所谓催生巫术,是指人们以巫术的心理和方法催促孕妇生产,亦可称为"催产巫术"。关于中国古代的催生巫术,笔者10年前曾专文论述[②],但该文对敦煌文书的相关资料却未引起重视。高国藩、史成礼等学者的著述[③],利用敦煌文书资料虽对敦煌民间生育巫术与风

---

①吴成国(1964－　),男,湖北大悟人,历史学博士,湖北大学历史文化学院教授,湖北大学荆楚文化研究中心主任,主要从事中国古代史、文化史、社会史、宗教文化、荆楚文化与湖北地方史等的研究。

②吴成国:《中国古代催生巫术的历史考察》,《江汉论坛》,1999年,第9期;吴成国:《中国古代的催生药俗》,《史学月刊》,1999年,第4期。

③高国藩先后著有:《敦煌民俗学》,上海:文艺出版社,1989年版;《敦煌古俗与民俗流变——中国民俗探微》,河海大学出版社,1990年版;《敦煌巫术与巫术流变——中国民俗探微》,河海大学出版社,1993年版;《中国巫术史》,上海:三联书店,1999年版。史成礼等著《敦煌性文化》,广州:广州出版社,1999年版。

俗多有论述，但对催生巫术所论甚少，近年也未见有敦煌学界的研究者专文论述。本文结合文献材料就 P2666 文书所见催生厌胜巫术试加论析。

法国人伯西和所编 2666 号文书（通常称为“P2666 文书”）云：

“妇人两三日产不出，取死鼠头，烧作灰，和井华水服，即差。”（P2666 卷背面）①

这是催生厌胜巫术。在分析 P2666 文书前，我们有必要先对“厌胜”的含义和“厌胜之术”产生的简单历史作一回顾与分析。

“厌胜”一词似乎是从汉代才开始使用的，班固《汉书》和王充《论衡》都曾多处使用，这以后的正史和其他典籍，“厌胜”及“厌胜之术”遂不绝于书。如《汉书·王莽传下》载：“是岁八月，莽亲之南郊，铸作威斗。威斗者，以五石铜为之，若北斗，长二尺五寸，欲以厌胜众兵”；又言“（莽）性好时日小数，及事迫急，擅为厌胜”。《论衡·讕时》曰：“见食之家作起厌胜，以五行之物悬金木水火”。《后汉书·章帝八王传·清河孝王庆传》载：“后于掖庭门邀遮得贵人书，云‘病思生菟（兔），令家求之’，因诬言欲作蛊道祝诅，以菟为厌胜之术，日夜毁谮，贵人母子遂渐见疏”。《晋书·武十三王传·会稽文孝王道子传附子元显传》载：“会孙恩至京口，元显栅断石头，率兵距战，频不利。道子无他谋略，唯日祷蒋侯庙为厌胜之术”。但在太史公司马迁的《史记》里，似乎仅使用一个单字“厌”，这种方法为后世典籍所接受继承。《史记·高祖本纪》中载：“秦始皇帝常曰：‘东南有天子气’，于是因东游以厌之”；《新唐书·杨慎矜传》中载：“明年，慎矜父冢草木皆流血，惧，以问所善胡人史敬忠。敬忠使身桎梏，裸而坐林中厌之”。

弄清“厌胜”的含义关键是把握“厌”的意义。根据《广雅》和《集韵·艳韵》对“厌”的解释及《史记》司马贞索隐和《汉书》颜师古注，可

①法国国家图书馆编《法藏敦煌西域文献》第 17 册，上海：古籍出版社，2001 年版，第 146 页。

以发现古人对“厌”的解释主要集中在两大方面：一与“压”通假，音yā，有镇压、镇服、压抑、逼迫和禳除的意思。前引《史记·高祖本纪》所言秦始皇“东游以厌之”，司马贞索隐引《广雅》曰：“厌，镇也。”《汉书·翼奉传》曰：“东厌诸侯之权，西远羌胡之难”，颜师古注曰：“厌，抑也。”二音 yàn，有满足、饱足、顺服、合适等意思。《集韵·艳韵》曰：“厌，足也。”《史记·货殖列传》曰：“原宪不厌糟糠，匿于穷巷”，司马贞索隐：“厌，饱也。”《汉书·杜邺传》曰：“愿陛下加致精诚，思承始初，事稽诸古，以厌下心”，师古注曰：“厌，满也。”《汉书·景帝纪》曰：“诸狱疑，若虽文致于法而于人心不厌者，辄谳之”，师古曰：“厌，服也。”“厌”字的这两种读音和两大方面的含义[①]，使得今天的研究者对“厌胜”的理解具有与之相适宜的两层意思：“所谓‘厌胜’，似乎是指强力镇压、逼迫、排除某种东西，使之屈服而取胜”；“似乎也可以解释为平安地、顺利地克服困难，心满意足，顺遂胜利”；“这两层意思并不完全相同，但也不互相矛盾。二者的差异，是因为评判的角度不同而造成的，这从施行厌胜之术的目的和时机便可以知道”[②]。

不难看出，厌胜作为一种巫术行为，古代社会被引用在民间宗教信仰上，转化为对禁忌事物的克制方式，亦即民间通称的“驱邪避煞”的观念与做法。一般而言，厌胜包含了“厌胜仪式”与“厌胜物”两种文化元素，这两者又存在相辅相成的关系。厌胜仪式是指通过特定的“法术”过程，运用以手势为主的肢体动作、音乐、唱腔、咒语、器物、水火等发挥的“力量”，来达到“驱邪避煞”的作用；或是加诸“物品”之上，使之能发挥“厌胜”的功能。这些物品即一般通称的“厌胜物”。[③]

包括厌胜之术在内的所有巫术是从远祖们对世界怀有的朦胧的敬畏和神秘的感觉中自然而然地产生的。文化人类学家的研究一再

①参见《汉语大词典》(第一卷)，上海：上海辞书出版社，1986 年版，第 940～941 页。

②嵇童：《压抑与安顺——厌胜的传统》，《历史月刊》，1999 年，第 1 期。

③谢宗荣：《台湾传统空间厌胜物的艺术风貌》，《历史月刊》1999 年，第 1 期。

肯定“原始人的世界是一个巫术的世界”[①]，而中国古代也曾有过如《国语·楚语》所谓“民神杂糅，不可方物；人人作享，家为巫史”的时期。单就厌胜巫术来说，桃木避邪的观念在春秋时代已经流行，《左传》记开冰之礼，必须在冰室门上挂桃弧棘矢，以除其灾(《昭公四年》)，又记鲁襄公让巫者用“桃茢”(桃木和苕帚)祓除殡柩周围的邪气(《襄公二十九年》)。在洛阳王城、侯马晋城、临淄齐城、曲阜鲁城、邯郸赵城、易县燕城、中山王的墓陵等地，考古不断发掘出战国晚期的画像瓦当，这些瓦当花纹各异，都具有吉祥物和避邪物的性质。文献记载秦代以“辟恶车”来厌胜，五代马缟《中华古今注》卷上云：“辟恶车，秦制也。桃弓、苇矢，所以禳除不祥也。”《春秋》云：桃弓荆矢，以除其灾，所谓辟恶也。”秦代的辟恶车上亦设有桃弓苇矢。汉代已产生了“厌胜钱”。

中医与巫术有着不解之缘，中医药面对妇女难产的问题更是离不开巫术的手段与心理。中国传统医学“与巫术不仅有着源流关系，而且较之近代西方医学，其与巫术更有着割不断的情愫”[②]。中医发源于巫术丛林，最早的医师是巫师，最早的医技是巫技，与之相对应，最早的医药是巫药。《吕氏春秋·勿躬》说：“巫彭作医，巫咸作筮。”《春秋公羊传·隐公四年》何休注曰：“巫者，事鬼神祷解，以治病、请福者也。”《周礼·春官》载有司巫、女巫、男巫等，女巫“掌岁时祓除衅浴”，男巫的职掌有“冬堂赠，无方无算。春招弭，以除疾病”。可见，驱疫除病是巫的一大职责。至于汉字的“医”，本来从“巫”，写作“毉”，正可说明上古巫、医本是一体[③]，“但更重要的，许慎说医字上半之‘殹’是‘恶姿’。巫医要装出凶恶的音容，态度越恶劣越好，但这

---

①[德]利普斯著，汪宁生译：《事物的起源》，成都：四川民族出版社，1982 年版，第 17 页。

②何裕民，张晔：《走出巫术丛林的中医》，上海：文汇出版社，1994 年版，第 418～419 页。

③邱鸿钟：《医学与人类文化》，长沙：湖南科学技术出版社，1993 年版，第 58 页。

不是对付病人，而是像方相氏戴着可怕的'魌头'那样，旨在恐吓、殴逐那带来疾病的鬼魅"①。《山海经》中就记载了好几种属于接触巫术的催生巫药，如鹿蜀、耳鼠、飞鼠、茈蠃（紫色的螺）。先秦以下②，人们崇巫信巫，"信巫不信医"的观念并未消除，汉武帝患病，"巫医无所不致"③。民间人们得病之后，不去求医问药，而去找巫师降神驱邪的事例举不胜举，"或弃医药，更信事神，故至于死亡，不自知为巫所欺误，乃反恨事巫之晚"④。《晋书·武悼杨皇后传附左贵嫔传》载：及元杨皇后崩，贵嫔左芬献诔曰："巫咸聘术，和鹊奏方。祈祷无应，尝药无良。"同书《韩友传》载："龙舒长邓林妇病积年，垂死，医巫皆息意"。葛洪在《抱朴子内篇·道意》中讲，时人"不务药石之救，唯专祝祭之谬，祈祷无已，问卜不倦，巫祝小人，妄说祸祟，疾病危急，唯所不闻"。南朝刘宋周朗曾对当时崇巫的社会风气提出批评，他说："凡鬼道惑众，妖巫破俗……民因是益征于鬼，遂弃于医，重令耗惑不反，死夭复半"⑤。在崇巫信巫的这种氛围下，厌胜巫术在催产中也是用得较多的一类。早在南朝时期，陶弘景曾撰《本草经集注》，宋代张杲《医说》卷九引该书曰："陶隐居云：'产难，取弓弩弦以缚腰及烧弩牙令赤，内酒中饮之，皆取法于快速之义也'。"有研究者认为，"中国大抵自隋代就有了妇女安产术方面的著作，至唐宋时期渐成系统。内容主要涉及禳除邪秽、避邪制煞的安产趋避原则"⑥。

从仪式上说，P2666 号文书所反映出的"厌胜仪式"并不明显，倒

---

①萧兵：《原始巫术》，见刘东主编：《中华文明》第一章，北京：社会科学文献出版社，1994 年版，第 7 页。

②参见〔日〕伊藤清司著，刘晔原译《〈山海经〉中的鬼神世界》，北京：中国民间文艺出版社，1990 年版，第 104～108 页。另见吴成国《中国古代的催生药俗》，《史学月刊》，1999 年，第 4 期。

③《史记·孝武本纪》。

④王符：《潜夫论·浮侈》。

⑤《宋书·周朗传》。

⑥宋锦绣：《妇人胎产厌胜纵论》，《历史月刊》，1999 年，第 1 期。

是其作为“厌胜物”的“鼠头”似乎别有意味，不仅展现了敦煌唐人的厌胜巫术，还透露出盛行交感巫术的信息。“厌胜物”即“避邪物”（又称“镇物”、“禳镇物”），“避邪物这种反抗巫术常用的手段，在原始人的信仰中认为，某种神祇鬼祟，虽然可以作祟于人，但是它们总有一种或几种害怕的东西，因而生活中采用某种东西作镇物，或佩带某物即可避邪”①。古代有埋老鼠以祛邪趋吉的巫术行为，谓为“厌盗法”，《太平广记》卷 283 引《酉阳杂俎》云：“厌盗法，七日以鼠九枚，置笼中，埋于地，秤九百斤土覆坎，深各二尺五寸，筑之令坚固，杂五行书曰：亭部地上土涂灶，水火盗贼不经。涂屋四角，鼠不食蚕。涂仓廪，鼠不食稻。以塞埳，百鼠种绝”。这是以鼠“厌胜”鼠害及盗贼、水火等，古人认为这样就可以解决相关问题，为他们带来各种吉祥。P2666 文书所见催产巫术即仿此厌盗法，所不同的是，一为埋，一为烧，且敦煌唐人在催生中使用鼠头作为厌胜之物应另有其深意：①我国民间早在几千年前就流传着所谓“四大家”、“五大门”的动物原始崇拜，即是对狐狸、黄鼠狼、刺猥、老鼠、蛇的敬畏心理的反映，人们普通认为，这些动物具有非凡的灵性，代表着上天和鬼神的意志。唐代敦煌民间正是希图以鼠来“厌胜”他们心目中的“难产鬼”的，这是 P2666 文书中所见鼠的第一个象征意义。②鼠的第二个象征意义是生命力强。鼠的繁殖力强，成活率高，譬如一只母鼠在自然状态下每胎可产出 5～10 只幼鼠，最多的可达 24 只，妊娠期只有 21 天，母鼠在分娩当天就可以再次受孕，幼鼠经过 30～40 天发育成熟，其中的雌性加入繁衍后代的行列。如此往复，母鼠一年可以生育 5 000 左右子女，至于孙子、孙女、曾子、曾孙辈已多到无法计算。据研究，母鼠体内含有一种独特的化学物质，能够刺激公鼠永远拜倒在它的“石榴裙”下，这大概也是鼠界能生会养的原因之一，故而民间将子女居

---

①高国藩：《中国巫术史》，上海：上海三联书店，1999 年版，第 123 页。

群的善生母亲戏称为“鼠胎”或“鼠肚”，比喻她的生育能力特强[①]。古人从生活经验中懂得了鼠是一种繁殖力极强的动物，《山海经》中以耳鼠、飞鼠作接触巫术式催生巫药，而东汉王充《论衡》即已将鼠列为“十二生肖”之首。③根据英国文化人类学家、民俗学大师弗雷泽的研究和定义，所谓“交感巫术”，是指人类在蒙昧时期，相信两件无关的事物，经由神秘的交感作用，可发生连带关系。交感巫术分为模拟巫术和接触巫术[②]。唐代敦煌“人们认为老鼠爱打洞，鼠头具有钻洞的能力，烧成灰的鼠头仍具有鼠的本性，以井水调和后服之，会增强妇女产出能力”[③]。这样，在厌胜和模拟巫术的双重心理作用下，敦煌唐人就相信“两三日产不出”的妇人就会“即差”（同“瘥”：病愈）。

唐以后，以厌胜之术催生者屡见不鲜。宋张杲《医说》卷九又载：“凡产难，密以净纸书本州太守姓名，灯上烧灰，汤调即产。此虽厌胜，颇验。”清代宫中，产妇临产，产房外要挂大刀以镇邪，放易产石以助产[④]。旧时江苏武进县，人们若遇难产，遂将文人在科举考试中用剩的蜡烛点燃，因为人们相信恶鬼害怕这些具有避邪功效的蜡烛，或者在产妇头顶上放一把打开的伞，以防恶鬼接近她[⑤]。流行于古代中国的催产厌胜巫术，不同区域采用的厌胜物或许有所不同，但任何厌胜物不过是巫术信仰的物化罢了。

文化人类学家弗雷泽在其巨著《金枝》中将巫术分为白巫术（出于善意的控制行为，有人称作“吉巫术”）和黑巫术（出于恶念的邪术，有人称作“凶巫术”）。“如果说白巫术和黑巫术可以概括巫术整体的话，那么按其历史发展的顺序，在人类生活中首先得到发展的不是黑

①参见中华农历网（www. nongli. com）所刊《中华生肖文化》。

②参见〔英〕弗雷泽著、徐育新等译《金枝》，北京：中国民间文艺出版社，1987 年版，第 19～21 页。

③史成礼等著：《敦煌性文化》，广州：广州出版社，1999 年版，第 314～315 页。

④李路阳，畏冬：《中国清代习俗史》，北京：人民出版社，1994 年版，第 161 页。

⑤杨堃，张若名：《中国儿童之民俗学的研究》，《民俗研究》，1996 年，第 3 期。

巫术而是白巫术，即出于保护人类自身，企图控制直接危害于人的各种自然或邪恶势力的巫术，这是巫术的起点”①。P2666 文书所见催生厌胜巫术的目的是催产，力求妇女生产顺利、母子平安，这些巫术行为确实能在产妇的心理上起到一定的刺激作用。这种心理作用，大概就是马林诺夫斯基评价过的巫术的功能与价值吧：

巫术使人能够进行重要的事功而有自信力，使人保持平衡的态度与精神的统一——不管是在盛怒之下，是在怨恨难当，是在情迷颠倒，是在念灰思焦等等状态之下。巫术的功能在使人的乐观仪式化，提高希望胜过恐惧的信仰。巫术表现给人的更大价值，是自信力胜过犹豫的价值，有恒胜过动摇的价值，乐观胜过悲观的价值②。

显然，这种心理排解的方式在人类社会的早期对人类的生存与发展曾有过积极的作用，并且完全可以视为人类文化进步的一个阶梯。

巫术有“白巫术”、“黑巫术”之分，或“吉巫术”、“凶巫术”之别，相应地，巫具又有白、黑或吉、凶之异。催生巫术中出现的“厌胜物”或“镇物”，P2666 文书是“鼠”，其他有“桃”、“弓箭”、“本州太守姓名”、“易产石”、“科考中用剩的蜡烛”、“打开的伞”、“醋”，等等，一般不表现对他人的侵害，而主要对自然界的或观念中的敌害加以排拒。从这一意义上讲，“镇物的应用是一种旨在与自然、他物或其他神秘存在相沟通的方式”，“镇物的应用反映了人的平和、宽厚的道德观念”③。P2666 文书所见催生厌胜巫术属于“白巫术”或称“吉巫术”，反映了人类求吉祛灾的共同文化心态。

---

①张紫晨：《中国巫术》，上海：上海三联书店，1991 年版，第 34 页。

②[英]马林诺夫斯基著，李安宅译《巫术科学宗教与神话》，北京：中国民间文艺出版社，1986 年版，第 77 页。

③陶思炎：《中国镇物文化略论》，《中国社会科学》，1996 年，第 2 期。

清末湖北财政扩张研究

——以张之洞督鄂时期为中心

张　宁①

摘　要：清末，在财政危机的压力下，张之洞将筹巨款、办大事的改革思想付诸实践，湖北财政大规模扩张，新政走在各省前列，但开支膨胀的速度比收入更快，大大超出该省的承受力，缺少可持续性。

关键词：晚清、财政、湖北、张之洞

一般认为，太平天国战乱期间，清代中央集权的财政体制松懈，地方财政开始形成并逐步扩大，直至清末，财权下移成为不可逆转的趋势。那么，这一趋势在省一级层面上是怎样演化的，其中的机构设置和收支模式有何特点，还需通过区域性的个案使现有研究进一步深化。

从光绪十五年（公元 1889 年）至光绪三十三年（公元 1907 年），张之洞长期担任湖广总督，仅于光绪二十年（公元 1894 年）十月至光绪二十二年（公元 1896 年）正月、光绪二十八年（公元 1902 年）十月至十一月两次暂署两江总督。他在经济并不发达、税源不甚充裕的湖北"苦心经营二十年"，兴办洋务新政之多，筹款之巨，闻名天下，是督抚中的理财能手。研究清末湖北财政扩张，有助于晚清财政史和新政史的探索。已有的学术成果，分类叙述，演化轨迹不甚清晰，且

①张宁（1971－　），男，陕西岐山人，湖北大学历史文化学院副教授，历史学博士，主要从事中国近现代经济史研究。

数据考订仍欠周详，多有相互牴牾之处[①]。本文综合各种数据，对此问题作一全面考察。

一

张之洞作为洋务名臣和新政的总设计师之一，大力提倡“先赔钱主义”。在他的改革构想和实践中，理财是重要环节，并提出了若干大胆超前的设想。但他得以施展理财之策，是甲午战后财政危机的结果。

清代成法，以轻徭薄赋为税收宗旨，以节用为财政支出准则，形成一种传统意义上的“小政府”。鸦片战争以后，财政被动扩张，但总体政策取向并未改变。

甲午战前，湖北地方虽有一定财政自主权，规模、经费来源和运用的灵活性都比较有限。据苏云峰估计，1880—1896 年间，湖北每年岁入平均约为 550 万两，仅有 20％留于地方，用于全省的公务和公共开支[②]。此外，陋规收入、捐输报效、节余积存的公款、地方政府向商家的摊派和慈善捐款也可纳入地方财政范畴。张之洞在兴办洋务企业时，经费来源有以下几类：汉阳铁厂和枪炮厂的部分拨款及指定款项、挪借省内经费、外省款项（从广东任上带来及向外省借款）、商欠、商股。湖广总督能决定的只有挪借省内经费，若是藩盐等库正款，还需奏准。以湖北织布局为例，除张之洞从广东带来的经费外，需建设经费 30 余万两，他从广东转借“晋省存款”20 万两，又将本省

①参见苏云峰：《中国现代化的区域研究·湖北省（1860－1916）》，台北中央研究院近代史研究所专刊，1981 年；湖北省地方志编纂委员会：《湖北省志·财政》，“晚清时期的湖北财政”，武汉：湖北人民出版社，1995 年版；江满情：《张之洞主持湖北新政的财政基础》，《江汉论坛》，2003 年，第 4 期。

②苏云峰：《中国现代化的区域研究·湖北省（1860－1916）》，台北中央研究院近代史研究所专刊，1981 年，第 218 页。

"向来存当生息善举公款 10 万两分向当店提还，改发布局应用生息"，其余款项"皆系向商号垫借，及挪借善后局闲款垫用"。准备开工时，又需 20 万两经营费用，只好挪用"本省储备缓急之需"的积存质当捐 8 万两，"拨充布局开办经费，照章生息"，不足款项再随时设法筹措。以上皆为借款，没有一两银子的资本金。"鄂省司局正杂款各有专支"，堂堂湖广总督，急切间筹措 10 万两银子也难做到，可见其财权之薄弱①。

甲午战后，张之洞对（以筹款为中心的）"理财"日益重视。究其原因，主要是财政压力使然。甲午、庚子两次大赔款的摊派，使各省陷于财政危机。以湖北为例，光绪二十四年（公元 1898 年），户部硬性指派宜昌盐厘、万户沱盐厘 100 万两和鄂岸淮盐厘 50 万两抵还因《马关条约》产生的英德借款，而指派抵补宜昌盐厘的款项短少 63 万两，湖北骤失一大进项。光绪二十八年（公元 1902 年），复摊派给湖北每年 120 万两庚子赔款（新案赔款）。光绪三十年（公元 1904 年）起，朝廷的新政派款纷至沓来，练兵经费一项湖北年认解额就达 59 万两。临时的摊派需索更是名目繁杂，多者如派补镑亏 60 万两（公元 1904 年），少者如正阳门工程 2 663 两，京师习艺所开办费 15 000 两（公元 1905 年）。光、宣之际，每年规定拨解京饷、洋款、赔款、协饷达 670 万两。与此同时，1902 年后渐次展开的新政，更需巨款。

在内忧外患的持续打击下，"轻徭薄赋"的祖宗成法退出历史舞台，国家财政进入大扩张周期，成为社会大转型中重塑国家—社会关系的重要推力。1840 年时清朝年财政收入约为 4 000 万两，到 1903 年收入达到 10 492 万两，支出 13 492 万两，至 1910 年度支部制订的宣统三年财政预算，收入已增长为 296 962 719 两，支出高达

①《筹拨织布局官本折》，《张之洞全集》第 2 册，石家庄：河北人民出版社，1998 年版，第 885 页。

338 652 272两[1]。也就是说，1840年至1910年的70年里，前63年财政收入增长近6 500万两，支出增长不到1亿两；后7年收入巨增1.9亿多两，支出骤长超过2亿两[2]。

鉴于各省巨大的财政缺口，清廷只好默许地方寻找财路，为省财政扩张提供了宽松的政策空间。

二

甲午战败至新政之初，张之洞以正式或非正式的方式提出多个改革方案，代表了他对富强图存之道的探索从系统化到成熟的过程[3]。第一个和最后一个方案最为重要，皆突出理财之重，强调速筹巨款、兴办大事[4]。

在张之洞的主持下，湖北财政收入从光绪二十五年(公元1899年)起爆发式增长。

前期，税收是主要增收来源。

一是提高旧税收入，包括加强厘金的征收管理，提高税率(中央政府的盐斤加价政策，奏准本省土药税加二成)，成效立见。地丁漕粮、牙税厘金、川盐厘和淮盐厘、土药税等四项主要旧税总额多年徘徊在400万两至500万两之间，光绪二十五年(公元1899年)跳升到640万两，之后超过700万两，光绪二十九年(公元1903年)达726.5万两。此外，常关税收、捐输、原有各项杂捐及其他收入累计也有数十万两[5]。

二是加收新税，见于记载的有23种，大部分开征于光绪二十六

---

①《清朝续文献通考》卷68，第8246～8249页。

②周育民:《晚清财政与社会变迁》，上海：上海人民出版社，2000年版，第400页。

③参见李细珠:《张之洞与〈江楚会奏变法三折〉》，《历史研究》，2002年，第2期。

④《吁请修备储才折》，《张之洞全集》第2册，石家庄：河北人民出版社，1997年，第1001页。《请专筹巨款举行要政片》，《张之洞全集》第2册，第1450～1451页。

⑤苏云峰:《中国现代化的区域研究·湖北省(1860－1916)》，台北中央研究院近代史研究所专刊，1981年，第214页。

年(公元1900年)至二十八年(公元1902年)。多数只在武汉三镇征收,数量不大,且指定用于警察或学堂经费,如戏园乐户捐、轮渡捐、团防捐、号防捐、车捐、石饼捐、筹防捐、洋油捐、猪市捐、杂粮牛皮捐等。全省性的新税有烟酒糖税、整顿田房契税、赔款捐、房捐铺捐、火车捐与印花税,真正有大宗进项者不过前三项,烟酒糖税开办(公元1900年开征)前期颇著成效,后来大减,只能收到60多万串,合银30几万两。田房契税(公元1902年执行新规)的税额稳定,公元1910年税额为60余万两①。赔款捐(公元1902年开征)是向各州厅县摊派的赔款,"大率出于丁漕、串票等项,或兼资税契,或取给铺捐,约共银60万两",光绪三十年(公元1904年)改为学堂捐,留充本地办理学堂之用②。总计所有新税,岁入在150万两至200万两之间。

因史料缺失,难以了解清末湖北税收增长的全貌,只能粗略推算。由上可知,光绪二十九年(公元1903年)湖北总税入(不含海关税收)有900多万两,5年大增80%以上。如果尽力征收,上述各税收入可达千万两,接近社会承受力的极限③。但上交中央的摊派后,湖北所剩收入也只能维持局面。

为大兴湖北新政,张之洞想方设法筹措巨款,挖掘其他大宗收入。

一是发行新币。湖北从光绪二十年(公元1894年)开铸龙洋,因本省需求少,最大销场在上海,与江南银元竞争,效益不彰④。光绪二十三年(公元1897年),张之洞正式设立官钱局(公元1896年试

①《湖北财政说明书》,岁入部,"杂捐","杂收"。

②《酌改州县签捐为赔款捐折》,《张之洞全集》第2册,石家庄:河北人民出版社,1997年,第1476～1477页;《札各属免解赔款留办学堂》,《张之洞全集》第6册,第4247～4248页。

③从民国前期的财政收入,可见清末税收之重。在1913—1925年间,湖北岁入最高的年份是1916年,达到1 126万元(苏云峰:《中国现代化的区域研究·湖北省(1860—1916)》,第231页)。这一数字折合前清的库平足纹729万余两,加上袁世凯用于"善后大借款"抵押的盐税,也只有1 000多万两。

④《致户部》,《张之洞全集》第11册,石家庄:河北人民出版社,1997年,第8951页。

办),所发(钱票为主的)官票可在湖北省内完纳各项税款。最初几年运行不甚成功,光绪二十六年(公元 1900 年)时,“汉口官钱票,颇形梗滞不行”。次年高松如接管官钱局后,局务大振,至武昌起义时止,该局共发行银两票 6 万两至 7 万两,银元票 160 余万元,钱票 1 700 余万串,流通范围扩展到周边省份与湖北毗邻的地区,获利超过 500 万两,“历年入款至五六十万或四五十万之多”[①]。盈利之外,官钱局还是财政透支的工具,张之洞任内积欠金额 100 多万两。发行新币的暴利来自铜元,在张之洞的大力督促下,湖北成为铜元狂潮中的最大赢家。湖北铜币局“出数之多,得利之厚,为各省厂冠”,从光绪二十八年八月到三十二年十二月,净利(余利减去再投资和花红)高达洋例银 4 557 469 两;湖北银元局附铸铜元从光绪二十九年闰五月至三十二年二月,净利为估平银 1 776 758 两;汉阳兵工厂附设铜币厂从光绪三十一年二月至三十二年二月,净利为估平银 183 704 两[②]。在光绪三十一年(公元 1905 年)十月各省当局因铜元大跌价而限禁外省铜元进口之前,获利尤厚。

二是彩票余利。光绪二十八年(公元 1902 年)元月,开中国近代官办彩票之先的湖北签捐大票正式发行。因营销策略得当,两期便超过此前销量最大的江南义赈彩票,从此畅行南方各省,在清末彩票市场一家独大,前后发行 10 年,共 117 期,赢利最厚时“岁获七八十万金”[③]。

三是土膏统捐。鸦片是个别大有潜力可挖的税源,因各省征税机构恶性竞争,土药(国产鸦片)税率难以提高。张之洞独辟蹊径,将征税重心从生鸦片(土)转向熟鸦片(膏)。最初的计划仿照“采用西法十一条”内官收洋药的设想,由膏捐局开设官膏店垄断生土(包括

①张通宝:《湖北近代货币史稿》。

②《考查铜币大臣陈璧措——考查各省铜元铸造情形》,载于中国人民银行总行参事室金融史料组编:《中国近代货币史资料》第 1 辑“清政府统治时期”,北京:中华书局,1964 年版,第 884～889 页。

③刘力:《晚清彩票述论》,四川大学博士论文,2007 年。

洋药和土药),熬膏发售,一两征税百文。嗣因商情不便,改为"就土预征膏捐",在本省消费的土药与烟膏一次性合并征税,以筹措赔款,运往他省者免征膏税。光绪二十八年开征后,因土商绕道湖南,年增收不过二三十万两①。光绪三十年(公元1904年)元月,两湖合办土膏统捐,当年收入剧增,按两省平分的原则,湖北应得66万两。同年6月,张之洞又促成鄂、湘、赣、皖4省合办土膏统捐,岁收更巨。次年,清廷要求两广、江苏、福建加入,扩充为8省统捐,设总局于宜昌②。光绪三十二年(公元1906年),改归户部征收,每年返还湖北120万两,付新案赔款③。

以上几项,是张之洞筹款的得意之作,气魄大,视野超出湖北一省。光绪二十九年(公元1903年)至光绪三十二年(公元1906年)间,年收入合计约在300万到400万两之间。

为增加财政自主权,更方便调动资金,张之洞对省级财政机构作出一定调整,官钱局变为湖广总督调度资金的枢纽。原来,直属湖广总督的善后局是"一半独立、半专业式的省财政收支总局",以牙税和厘金为大宗收入④。经清廷多次整顿,南方各省类似的地方财政机构运行随意性大为降低,督抚的操纵受到一定限制。就湖北而言,"银款俱存藩司外库,钱款俱存饷钱所。局中所存者,止有外销之银钱。凡动支善后局正款者,皆必须有部文奏案。不然,藩司固不允收支,委员亦不允也"⑤。故而,张之洞利用官钱局架空善后局。官钱

①《致荆州濮道台》,《张之洞全集》第11册,石家庄:河北人民出版社,1997年,第8747~8748页。

②刘增合:《八省土膏统捐与清末财政集权》,《历史研究》,2004年第6期。

③光绪三十四年九月起,因禁烟税绌,每月减拨银三万两。宣统元年九月后,每月只能拨银一二万两,渐至于无。

④苏云峰:《中国现代化的区域研究·湖北省(1860—1916)》,第195页。

⑤《致于次棠》,《张之洞全集》第12册,石家庄:河北人民出版社,1997年,第10256~10259页。

局是无本生意，为筹集官票兑现资金，他强令官款存入官钱局，先于光绪二十三年（公元1897年）“饬湖北善后局即将饷钱所归并官钱局掌管”，又于光绪二十六年（公元1900年）命令“嗣后无论何项局、厂、学堂，所有各项官款，应令尽数交官钱局存储”①。在此基础上，官钱局开始侵夺善后局的财政权，饷钱所“只管兑收，不管支发。所有向由饷钱所支发一要杂项钱款，统改由官钱局支放”②。光绪二十七年（公元1901年），复命官钱局坐办高松如兼任善后局总办文案兼收支事务，掌握实权，原来的总办文案被架空，同时规定两个机构的关系，即“善后局为筹款之来源，官钱局为运动之枢纽”③。次年，高松如又兼任新兴盈利大户——铜元局的提调，从筹拨铜元铸造工本、购买铜料到铜元推广行销，“均责成官钱局经理”④。

综上，湖北财政收入（不计关税）从光绪二十五年（公元1899年）起急剧膨胀，光绪二十九年（公元1903年）越过千万两大关，光绪三十年（公元1904年）和三十一年（公元1905年）因铜元利润丰厚，又有土膏统捐的大宗进项，收入达到顶峰，岁入应该超过1 400万两⑤。

---

①《札铁政局等所领官款只存官钱局不准存钱店》，《张之洞全集》第5册，石家庄：河北人民出版社，1997年，第3879页。

②《札北善后局将饷钱所归并官钱局兼管》，《张之洞全集》第5册，石家庄：河北人民出版社，1997年，第3385页。

③《札委高松如为善后局总办文案兼收支事务》，《张之洞全集》第6册，石家庄：河北人民出版社，1997年，第4144～4145页。

④《会札委高松如兼充铜币局提调》，《张之洞全集》第6册，石家庄：河北人民出版社，1997年，第4220～4221页。

⑤这一约数，可由前述各种收入笼统相加而得，亦可从此后的岁入数字倒推而得。光绪三十四年（公元1908年）湖北省财政收入（包括海关税收）为1 654.5万两，宣统元年（公元1909年）收入1 718万两（包括海关税收、汇丰银行50万两贷款及少量公债），除去关税（300万两左右）及贷款，正常收入为1 300多万两。时任湖广总督陈夔龙考虑鄂省较从前的减收因素，再考虑到光绪三十四年（公元1908年）川淮盐加价增加40多万两的盐税，此前鄂省财政收入最高达到1 400万两并不为过。（《湖北通志》卷51，经政志9“盐法”，第32～33页；卷53，经政志11“新政一”，第37～38页。《晚清财政与社会变迁》，第385页）。

三

清末,湖北的财政收入至少半数用于本省公务与新政开支。其中,藩司、粮道、盐道掌管的收入,湖广总督不能随意支配,但可依照收入的规定用途进行指派,如向日本订购舰艇经费"系就川淮盐价练兵新饷项下暂行凑拨"。其他收入,除指定偿付赔款洋债的款项外,多系外销资金,决定权基本在张之洞手中。在筹巨款、办大事思路的指导下,湖北新政走在各省前列,而开支膨胀的速度比收入更快,大大超出本省的承受力。练兵、兴学为新政两大项,经费增长颇具代表性。

张之洞以湖北一省之饷源,编练成一镇一协(第8镇和第21混成协)的湖北新军,规模仅次于北洋新军,是中国南方最好的军队。光绪二十八年(公元1902年),湖北洋操各营9 500余人,年需饷银687 000两,杂支款项不详,省内其他军队开支不详。光绪三十年(公元1904年),湖北常备军有减练两镇共计12 959人,年需饷银与衣履银约110万两,训练修缮等杂支款项不详,省内其他军队开支不详。光绪三十一年(公元1905年)年底,张之洞按练兵处营制改编湖北常备军为一镇一混成协,共17 259人,年需饷银和杂支款项约170万两[①]。光绪三十三年(公元1907年),又根据陆军部新章稍作调整,仍为一镇一协,人数减至16 188人,饷项减省77 938两。以上军费开支,尚不包括购置装备、修建营房等费用,也不包括临时开支,如光绪三十二年(公元1906年)彰德秋操和三十四年(公元1908年)太湖秋操共用银145万两。事实上,编成一镇一协新军的各种费用甚

①《筹办练兵事宜酌议营制饷章折》,《张之洞全集》第2册,石家庄:河北人民出版社,1997年,第1504页;《拟编湖北常备军制折》、《遵照新章改编营制饷章并设督练三处折》,《张之洞全集》第3册,石家庄:河北人民出版社,1997年,第1623页、第1680～1681页。

巨，宣统二年（公元 1910 年），湖广总督瑞澂说建立一个混成协需银 140 万两①。

湖北省内另有督署卫队、巡防营和水师。此外，张之洞于光绪三十年（公元 1904 年）九月奏准耗银 2 947 500 两从日本川崎船厂订购浅水兵船 6 艘、鱼雷艇 4 艘，以扩充水师。

总体估算，从光绪二十八年（公元 1902 年）至三十三年（公元 1907 年），张之洞投入军费一千数百万两。常年经费开支的压力也越来越大，光绪三十二年（公元 1906 年）的军务费支出高达255.62万两。其中，薪俸口粮214.22万两，包括第 8 镇 99.15 万两，第 21 混成协 41.23 万两，水师11.65万两，各地防营 38.86 万两，北上常备军营 23.33 万两；杂费 41.1 万两②。

兴办新式学堂是新政的另一大开支。张之洞向来重视教育，光绪二十八年（公元 1902 年）与湖北巡抚端方会衔上奏《筹定学堂规模次第兴办折》，拟定了湖北学制体系，湖北新式教育迅速开展。据苏云峰研究，光绪二十六年（公元 1900 年）以前，用于省城新教育的经费，每年不超过 10 万两。光绪二十七年（公元 1901 年）为 64 万两，光绪二十八年（公元 1902 年）增加到 68 万两以上，光绪三十年（公元 1904 年）为 75 万两，是年又将各州县厅的赔款捐 60 万两改为学堂捐，留在地方专办学堂。因此，光绪三十一年（公元 1905 年）全省教育经费增至 128 万余两。光绪三十三年（公元 1907 年）更升至 200 余万两③。

新政开支名目繁多，除练兵、兴学之外，派员出国考察和公派留学生、新办警务、兴办实业、堤防工程、武汉三镇的市政建设、新设各种机构等，皆需大笔经费。随着军队、学堂、警察、新机构不断增加，

①《湖北通志》卷 53，经政志 11，“新政一”，第 39～40 页。

②湖北省地方志编纂委员会：《湖北省志·财政》，第 41 页。

③苏云峰：《中国现代化的区域研究·湖北省（1860－1916）》，第 272～273 页。

常年经费也日益增长。至光绪三十四年(公元 1908 年),“军政一项,已需六百十余万两”[①]。由于张之洞只能在落伍的清朝财税体系上叠床架屋,缺少统一的财政筹划,所兴之事愈多,财税收支越乱,军费尚有厘金收入支撑[②],其余教育、实业、警务、堤防工程等,没有正常经费渠道,往往东挪西凑[③],或临时为某事指定某些新税捐[④]。这样,政出多门、税制紊乱、收支不统一、财税分配不当等弊端在所难免[⑤]。

湖北新政成于理财,亦困于理财。张之洞所筹某些款项,并非稳定的收入来源,不可久恃。当土膏捐、铜元余利、签捐彩票收入丰厚之际,他大肆开销,如新修学堂、赔款捐改学堂捐、超额认解练兵经费,以致财政仍十分紧张。他也承认:“鄂省各款,皆系随筹随用,向无存储,往往寅支卯粮。若欲于一月内提数十万两现银,断办不到。虽欲移缓就急,亦实无款可筹。盖急款尚多,虚悬借垫,安有缓款可供挪移?”[⑥]一旦非经常性收入减少,财政立时左支右绌,“鄂省自铜元减铸后,本省指拨要需,皆苦无从应付。加以膏捐改章,鄂省进项骤失巨款,更有何法可以筹抵?”光绪三十二年(公元 1906 年),才至

---

①《湖北通志》卷 53,经政志 11,“新政一”,第 37 页。

②长江水师经费由两湖分摊,汉口厘局每年拨银 16 万两,汉阳船厂 1 万两,亲兵飞划 4 000 两,连同湖南厘金盐茶局每年提拨水师经费 12 万两和新兵飞划银 2 800 两,解交盐库转给水师。(《湖北财政说明书·岁入部》,第 1 页)在湖北各军中,新编第 21 混成协却无经费来源,只能靠挪借维持饷需。

③比如铜元盈利畅旺时,就成了湖北财政的“救火队员”。各种新政项目(包括学堂、图书馆、各局所经费,堤防工程费用,代垫企业股本,购买民地,各学堂局所祠宇及铁路工程,赴豫秋操,浅水轮船价,兵工厂经费,公家花园开办费,修造官窑经费,马路工程等等),经费不足的部分,多从铜元余利支出弥补(《中国近代货币史资料》第 1 辑“清政府统治时期”,第 884~889 页)。

④参见《湖北财政说明书·岁入部》,杂捐,杂收。

⑤江满情:《张之洞主持湖北新政的财政基础》,《江汉论坛》,2003 年,第 4 期。

⑥《致外务部、户部,天津袁宫保等》,《张之洞全集》第 11 册,石家庄:河北人民出版社,1997 年,第 9229 页。

八月，已统计出“本年入不敷出者二百余万”①。从此，湖北财政年年亏空甚巨。光绪三十三年（公元 1907 年）八月张之洞离鄂赴京履新后，留下一个混乱的财政摊子，亏空之外，另积欠华洋各款 240 余万两。如继任总督陈夔龙所说：“（湖北）历经前任督臣积年擘画，百务俱兴。维新之政，视各省较先；需用之财，比各省尤巨”②。迄宣统年间，清廷欲行财政集权，湖北奉命设清理财政局和度支公所，清理财政，试图将本省财政收支纳入新式预算体系。宣统二年（公元 1910 年）年底，湖北完成《宣统三年湖北预算岁入岁出表册》及《湖北财政说明书》。根据这一预算，湖北超支达 224 万两，修正之后仍有 140 万两的缺口。由此可见，清末湖北的财政扩张，过于重视开源而轻视节流，失之于急进，因未能充分考虑社会的承受力，缺少可持续性。

①《致练兵处》，《张之洞全集》第 11 册，石家庄：河北人民出版社，1997 年，第 9527 页。

②《湖北通志》卷 53，经政志 11，“新政一”，第 35～36 页。据光绪三十四年全国 25 个地区的岁出岁入统计，湖北收入居第五位，亏空为 197.6 万两，高居第二。只有四个地区亏空超过百万两（《晚清财政与社会变迁》，第 385 页）。

地理自然环境与人类社会发展的辨证关系

丁长清[①]

摘　要：地理自然环境与人类社会发展的关系应该是一种辨证的关系。地理环境决定论，绝对地强调了地理自然环境对人类的影响，忽略人类对地理自然环境的反作用，从而走向了极端。但是另一方面人类源出于自然，地理自然环境必然会对人类及其社会发展产生一定的作用和影响，尤其是在人类社会发展的初始阶段。因此，无视具体时空的地理自然环境对人类社会的影响，同样是偏颇的、不正确的。

关键词：地理自然环境、人类社会发展、影响、辨证关系

从唯物辩证法的观点来看，无疑地理自然环境对人类社会发展具有重要的影响和作用。但是自第二次世界大战结束以来，地理环境决定论在世界各国受到学者们的广泛批评。这些批评主要集中在两个方面：一个是地理环境论本身，即认为它过分简单夸大地理自然环境对人类社会发展的决定作用，而忽略了人类社会发展的自身规律及其地理自然环境变化的反作用。另一个是地理环境决定论衍生的错误，即晚近以来，地理环境决定论被有些西方学者、政治家利用发挥成殖民主义、霸权主义侵略扩张的理论依据，如英国麦金德的陆心说、美国马汉的海权论和德国纳粹御用学者豪斯浩弗的生存空间

①丁长清(1951—　)男，湖北黄陂人，湖北大学历史文化学院副教授，主要从事中国近现代史研究。

论等，以至后来人们在论及人地关系问题上都不愿再提起“地理自然环境影响”之类的话。对于在人地关系问题上出现的这种偏颇现象，笔者以为根本上还是人们对地理自然环境与人类社会发展，这两者之间的辨证关系缺乏足够的了解。故而笔者拟就这个问题谈谈自己的一点看法和认识。

首先，我们来看看地理环境决定论是如何形成的。

地理环境决定论的前身或者说初始形态是地理唯物论，具有悠久的历史。早在古希腊罗马时代，便有一些学者如希波克拉底、苏迪西斯和斯特拉波等人试图用地理自然环境的影响来解释当时地中海周围不同区域的民族体格特征、性格特点、文化区别以及国家强弱等社会问题。譬如，希腊学者亚里士多德在解释希腊城邦国家繁荣强盛时，认为不同纬度的地区居民具有不同的性格。寒冷地区的居民勇敢，但“没有政治组织和统治其邻国的能力”。小亚细亚地区一带居民缺乏勇气，长期遭受别国奴役。而希腊人占有“中间的地理位置”，具有最良好的品质，所以地理自然环境本身就决定了他们要统治一切国家①。

进入中世纪，宗教神学居于一统地位。地理唯物论由于否认神或上帝具有支配人类命运的力量，因此被教会视为异端邪说，禁止其流传承续。到文艺复兴后期及启蒙运动阶段，随着资产阶级成长及登上政治舞台，地理唯物论又作为资产阶级反对宗教神学的思想武器重新复活起来，并涌现出一批颇有影响的思想家，如让·博丁、约翰·赫尔德等人。而其中最具代表性的是法国启蒙学者孟德斯鸠。孟氏在探讨法律的形成和本质精神时指出，一个民族的道德面貌、法律性质以及政体特点取决于地理自然环境，尤其是气候。他说，居住在炎热天气之下的民族秉性怯懦，必然引导他们落到奴隶的地位。

---

①转引自[苏]库德里舍瓦：《现代苏联地理学的理论问题》，北京：科学出版社，1987年版，第168～169页。

而寒冷的气候则赋予人们的精神和肉体以某种力量。这种力量和勇气使他们能够从事持续的、艰难的、伟大的和勇敢的行动,使他们保持住自由的状态。他还说,"专制国家都是接近赤道的;差不多所有自由的小民族在过去和现在都是接近两极的"①。但是到19世纪下半叶及20世纪初,资本主义的自由竞争已从经济领域向政治军事领域转变,地理唯物论在逐步演变为地理环境决定论的同时,它也在一些资本主义国家被有些学者有意识地引申发展成为殖民主义、霸权主义提供侵略扩张的理论工具。而这方面最为典型的是德国地理学家拉采尔。拉采尔作为一位颇有成就的学者,一生著述甚丰,影响甚大。然而在他众多的著作中,有两部特别引起人们的争议。一部为《人类地理学》,一部为《政治地理学》。在前一部著作中,他强调地理自然环境对整个人类社会在生理、心理、社会组织、经济发展乃至民族迁徙方面的决定影响。他说,人是地理自然环境的产物,"人和生物一样,他的活动、发展受环境的严格控制,环境'以盲目的残酷性统治着人类的命运'"②。在后一部著作中,他提出了国家有机体和生存空间说,认为有机体的国家和简单的有机体一样,有生存或死亡,而不可能长期停滞不前。当一个国家侵入邻国领土时,这就是它内部生长力的表现。强大的国家为了生长必须要有足够的生存空间③。他说:"地理的扩张,更加如此的是政治的扩张,是运动的物体的所有特征:交替的前进扩张和倒退收缩。这种运动的目的是为了建立国家而征服空间。"拉采尔的这一理论后来为德国纳粹党的御用学者豪斯浩弗袭用并加以改造,成为德国法西斯侵略扩张和发动第二次世界大战的地缘政治理论。

---

①孟德斯鸠:《论法的精神》上册,北京:商务印书馆,1982年版,第273页。

②李旭旦:《中国大百科全书 地理学 人文地理学》,北京:中国大百科全书出版社,1984年版,第3页。

③转引自刘盛佳:《地理学思想史》,武汉:华中师范大学出版社,1990年版,第201页。

从上述地理环境决定论形成、演变的历史，我们可以看到：在其初始形态地理唯物论阶段，地理自然环境只是用来解释具体时期和地方的某些人类社会现象。这些解释虽然存在着明显的简单化倾向，但是其中仍包含着一些唯物主义的积极因素和合理成分。此外，这些解释只是针对具体时空的人地关系，还没有达到完备的理论形态，尚不具有普遍性意义。以后经过拉采尔等人的发挥升华，地理唯物论演变成为地理环境决定论。这时地理自然环境不再只是用来解释具体时空的人类社会现象，而是用来解释一切时代任何地方的人类社会现象。于是地理环境影响的解释便有了理论的普遍性意义，成为地理环境决定论。

由于地理环境决定论在解释地理自然环境对人类社会的影响上走向了极端，走向了错误，那么我们是否就应该完全否认地理自然环境对人类社会的影响呢？马克思说：“人们为了能够‘创造历史’，必须能够生活，首先就需要衣、食、住以及其他东西。因此第一个历史活动就是生产满足这些需要的资料”[①]。而这些资料必须从自然界获取。所以马克思又说：“任何人类历史的第一个前提是有生命的人的存在……以及受肉体制约的他们与自然界的关系”[②]。由此可见，马克思认为地理自然环境是人类一切活动的前提或基础，人类创造历史的活动必然受制于人与地理自然环境的关系。不仅如此，进一步说，从人类也是由动物进化而来言之，人及人类社会简直就是自然界的一部分。因而恩格斯说：“我们必须时刻记住：我们统治自然界，绝不像征服者统治异民族一样，绝不像站在自然界之外一样——相反地，我们连同我们的肉、血和头脑都是属于自然界，存在

---

①马克思：《德意志意识形态》，《马克思恩格斯选集》第1卷，北京：人民出版社，1972年版，第32页。

②马克思：《德意志意识形态》，《马克思恩格斯选集》第1卷，北京：人民出版社，1972年版，第24页。

于自然界的”[①]。

然而综观整个人地关系的历史，我们又看到：人类并不总是停留在从属于地理自然环境的阶段。自从脱离动物界以来，人类总是不断通过自己创造性的劳动来改变自己、改变地理自然环境。所以从这一点来讲，人类又超越了地理自然界的束缚，站在地理自然界之上，成为地理自然界的统治者。因此作为地理自然界的主人，人类又利用地理自然，改造地理自然，使地理自然从属于人类，并为人类的目的服务。这正如恩格斯所说：“只有人才给自然界打上自己的印记，因为他们不仅变更了植物和动物的位置，而且也改变了他们所居住的地方的面貌、气候，他们甚至还改变了植物和动物本身，使他们活动的结果只能和地球的普遍死亡一起消失”[②]。因而从这一点来讲，人与地理自然环境的关系，就不同于地理环境决定论者认为的“只是自然界作用于人，只是自然条件到处在决定着历史发展，它忘记了人也反作用于自然界，改变自然界，为自己创造新的生存条件”[③]。

所以，从以上经典学者对人地关系的论述我们可以得知：从理论上讲，全部的人与地理自然环境的关系，不仅应是地理自然环境影响决定人类的历史发展，而且也应是人类创造历史的活动在改变着自身的同时，也决定着地理自然环境的改变。所以，全部的人地关系的历史，应该是人类与地理自然环境相互影响决定的历史。这里既不存在人类将地理自然环境作为自己完全的对立物，去统治它，从而随心所欲地为自己服务，也不存在地理自然环境主宰人类的命运，决定

---

①恩格斯：《自然辩证法》，《马克思恩格斯选集》第3卷，北京：人民出版社，1972年版，第518页。

②恩格斯：《自然辩证法》，《马克思恩格斯选集》第3卷，北京：人民出版社，1972年版，第457页。

③恩格斯：《自然辩证法》，《马克思恩格斯选集》第3卷，北京：人民出版社，1972年版，第551页。

人类的历史发展。因此很清楚，地理环境决定论那种片面强调地理自然环境对人类社会发展的决定作用，而忽视人类对地理自然环境改变的反作用的观点，既违背客观历史事实，也不符合马克思主义在人地关系问题上的对立统一辨证法则。

虽然我们说：从全部人地关系的历史来看，片面强调地理自然环境决定人类社会发展，或片面强调人类决定地理自然环境变迁，都是违反客观规律、违反辩证唯物主义和历史唯物主义法则的，但这绝不是讲，在具体时空或特定条件下，我们都不能说地理自然环境决定人的社会历史发展。恰恰相反，在具体分析具体时空条件下的人地关系时，我们能够说地理自然环境决定人的社会历史发展。譬如，当恩格斯在具体论述新旧大陆从野蛮时代开始走向不同社会发展道路时，他指出了“生活的领域”、“自然条件上的差异”具有决定性的作用。恩格斯说：“野蛮时代的特有标志，是动物的驯养、繁殖和植物的种植。东大陆，即所谓旧大陆，差不多有着一切适于驯养的动物和除一种以外一切适于种植的谷物；而西大陆，即美洲，在一切适于驯养的哺乳动物中，只有羊驼一种，并且只是在南方某些地方才有；而在一切可种植的谷物中，也只有一种，但是最好的一种即玉蜀黍。由于自然条件的这种差异，两个半球上的居民，从此以后，便各自循着自己独特的道路发展”[①]。还有，马克思对地理自然环境于人类社会的生产发展方面所具有的决定性影响，也作过类似的精彩论述。马克思说：“撇开社会生产的不同发展程度不说，劳动生产率是同自然条件相联系的……外界自然条件在经济上可以分为两大类：生活资料的自然富源，例如土壤的肥力，鱼产丰富的水等等；劳动资料的自然富源，如奔腾的瀑布、可以航行的河流、森林、金属、煤炭等等。在文化初期，第一类自然富源具有决定性意义；在较高的发展阶段，第二

①恩格斯：《家庭私有制和国家的起源》，《马克思恩格斯选集》第4卷，北京：人民出版社，1972年版，第19～20页。

类自然富源具有决定性的意义”[①]。接着马克思举例说明，古代埃及之所以能够创造出灿烂的文化和宏伟的建筑，主要得益于充沛的第一类自然富源，提供了足够的劳动力。然而也正由于第一类自然富源的充沛，它也限制了埃及以后进一步的发展。马克思说：“资本主义生产方式以人对自然的支配为前提。过于富饶的自然‘使人离不开自然的手，就像小孩子离不开引带一样’。它不能使人自身的发展成为一种自然必然性。资本的祖国不是草木繁盛的热带，而是温带……是它的差异和它的自然产品的多样性”[②]。换句话说，古埃及因为具有过于“草木繁盛”的富饶自然条件以及大河平原地理环境，而缺乏地貌对比的差异性和自然产品多样性的自然条件，所以使得它后来不能成为“资本的祖国”。这里马克思对“文化初期”或“较高发展阶段”人地关系的不同论述，尤其以埃及为例的人地关系的具体分析，再一次向我们表明：在分析研究具体时空或特定条件下的人地关系时，我们是能够说地理自然环境影响或决定人类的社会发展的。

同时我们看到：尽管全部的人类社会历史，都是人们通过自身创造历史的实践活动改变、推动的，但是具体到某一个地方某一个时期的社会历史，人们都受到前人既有的物质生产水平、社会关系以及地理自然环境的制约。因此人们对环境及自身的改造，“无论从改造的意图、方向，还是改造的成效，也都要受制于他们所生活的环境，服从环境的性质、特征和发展规律。所以，就整个具体历史阶段而言，就整个具体历史阶段的具体民族而言，不是人决定环境，而是环境决定人”[③]。当然这里所说的环境，既包括我们讨论的地理自然环境，同

①马克思：《资本论》，《马克思恩格斯全集》第 23 卷，北京：人民出版社，1956 年版，第 560 页。

②马克思：《资本论》，《马克思恩格斯选集》第 23 卷，北京：人民出版社，1956 年版，第 561 页。

③毕道村：《人与环境的辨证关系和历史研究的辨证方法》，《史学理论研究》，1994 年，第 4 期，第 25 页。

时也包括人类的社会环境。然而无论是地理自然环境还是社会环境，具体生活于其中的人们在创造他们的历史时，都得要受到既定环境的制约和影响。因此从这一角度上说，地理自然环境可以决定人类的社会历史发展。但是需要指出的是，我们所说的地理自然环境决定人类的社会发展，同地理环境决定论所说的地理自然环境决定人类社会发展具有明显的不同。前者只是在具体分析特定时空的人地关系时，从地理自然环境的角度强调其对人类社会发展的决定作用，并且认为这种决定作用仅仅只是适用于此种环境和条件，不具有普遍性意义。而后者则不然，它宣称地理自然环境可以不受人类社会物质生产水平发展的限制，在任何时候任何地方都以不可抗拒的自然规律，主宰人类的命运，决定人类社会的发展，具有普遍性意义。因此很明显，前者是符合客观历史事实的，是正确的，而后者是违反客观历史事实和对立统一辨证法则的，是错误的。

此外还需要指出的是：我们说地理自然环境可以影响人类、决定具体时空的人类社会发展，但是它却并不像早期地理唯物论者所作的解释那样，直接对人们的心理、国家强弱等方面起决定作用，而是通过一定的中介，决定或影响人类的社会发展。譬如，地理自然环境对早期游牧民族粗犷彪悍性格形成的影响，是通过“来自草原多变的恶劣气候提供的‘射生饮血’的游牧生活方式”①作为中介。这种中介具体为何，论者说法不一。或曰“生产力”②，或曰“物质生产及技术系统”③，或曰“社会生产发展水平”④。但不管怎么样，它们都同人们的物质生产生活方式有关。普列汉诺夫更详细地列举了地理自然环境通过中介决定人类社会发展各个层次的递进关系。他认为，“地

①冯天瑜等：《中华文化史》上册，上海：上海人民出版社，1990年版，第29页。

②列宁：《普列汉诺夫“马克思主义的基本问题”一书批注》，《列宁全集》第38卷，北京：人民出版社，1959年版，第459页。

③冯天瑜等：《中华文化史》上册，上海：上海人民出版社，1990年版，第29页。

④辛敬良：《历史唯物主义教程》，杭州：浙江人民出版社，1985年版，第36页。

理环境直接影响生产力的发展;通过生产力间接影响社会关系,并通过生产力和生产关系等中间环节间接影响社会意识形态的发展”①。这里我们姑且不论普列汉诺夫列举的影响层次是否正确,然而很清楚,他像早期地理唯物论者那样过于简单地将民族的心理、国家的强弱等直接归因于地理自然环境,而忽略了中介所起的作用,不仅不能很好地说明地理自然环境对人类社会发展的决定作用,而且很容易被人们误以为是地理环境决定论的附会解释。总之,地理自然环境与人类社会发展的关系应该是一种辨证的关系。地理环境决定论,绝对地强调了地理自然环境对人类的影响,忽略了人类对地理自然环境的反作用,从而走向了极端。但是另一方面人类源于自然,地理自然环境必然会对人类及其社会发展产生一定的作用和影响,尤其是在人类社会发展的初始阶段。因此,无视具体时空的地理自然环境对人类社会的影响,同样是偏颇的、不正确的。

①转引自何梓琨:《普列汉诺夫哲学思想述评》,广州:中山大学出版社,1987年版,第155页。

宋代传播唐人别集述略

王勋敏　刘华天[①]

摘　要：唐人文章有其自身魅力，而宋政府所推行的"崇文"政策，以及宋代政治、经济、文化诸层面出现的新格局，增强了宋人对唐人别集的认同感，使宋代社会产生对唐人别集的文化需求，形成传播唐人别集的深厚土壤和便利条件。宋人传播唐人别集，十分重视以整理、编订的方式对文本进行修复与加工，赋予学术含量。在传播渠道方面，作为新兴传播方式的版刻优势明显，传播唐人别集的业绩突出；抄写这种传统方式作为补充，亦同样发挥着传播作用。在传播主体方面，民间版刻系统发挥了重大作用，是传播唐人别集的中坚力量。唐人别集在宋代传播的地域特点表明，南方甚于北方，这正与宋代业已形成的中国传统社会政治、经济及文化重心南移的历史发展大趋势相吻合。

关键词：宋代、唐人别集、传播、版刻

中国历史上的宋代文化无疑具有大格局、大气象。陈寅恪先生曾说："华夏民族之文化，历数千载之演进，造极于赵宋之世"[②]。在宋代文化的演绎历程中，宋人传播唐人别集现象值得关注。统计《中

---

①王勋敏（1953—　），男，湖北武汉市人，湖北大学历史文化学院副教授，历史学博士，主要从事历史文献学研究。刘华天（1979—　），男，湖北武汉市人，湖北大学历史文化学院中国古代史2006级硕士研究生。

②陈寅恪：《邓广铭宋史职官专考证序》，见（《陈寅恪集》）《金明馆丛稿二编》，北京：三联书店，2001年版，第277页。

国丛书综录》的著录信息，现存唐人别集[①] 200 多种，这其中既包括唐人、宋人的编订，也包括直至近代以来人们的收编。经查考宋代几部重要书目的著录情形，宋代存世的唐人别集竟有 240 余种。据此，我们不能不惊讶文献在经历了唐末五代社会动荡与战乱的厄运之后，宋人保存与传播唐人别集之功。众多唐人别集在宋代存世并得以传播的原因是什么？宋人传播唐人别集具有怎样的形式和特点？这都是本文想要探究的问题。思考这些问题，将有助于我们丰富对宋代社会特点的认识，有助于我们深化对宋代文化演进轨迹的把握。

一、宋代逐渐形成传播唐人别集较为充分的条件

文献的传播不能脱离特定的历史条件和土壤。大量唐人别集能够在宋代存世并传播，除了唐人文章具有自身魅力之因素外，原因还在于宋代社会在其自身的演进中，产生对唐人别集的需求，并逐渐形成了传播唐人别集的诸多有利条件。

首先，从政治层面看，宋代的右文之政有利于形成重视接受与传播唐人别集的浓厚氛围。赵宋建国，为了实现其统治的稳定，力避唐末五代藩镇割据，尾大不掉的历史重新上演，实施了旨在加强中央集权的文官政治：右文抑武、强干弱支、守内虚外、分权制衡。宋政府所建立的文明体制，犹如一把双刃剑，在收到稳定社会方面一时成效的同时，亦埋下了日后产生某些深层社会危机的根源。不过，仅从与本文主题相关的方面看，宋政府推行“以文化成天下”的基本国策，其明显的重文倾向导致全社会之心理向“崇文”倾斜，促成宋代文化的复兴与繁荣。

宋开国君主太祖“性好艺文”，宋太宗“锐意文史”，朝廷非常重视历代图书和当代典籍的收藏、整理，以政府之力组织诸多大部头文献

①别集：中国传统图书分类“经、史、子、集”中集部的分目，与总集相对而言，即收录个人诗文的集子。

的编纂，并刊印了大量书籍，其业绩为人们所熟知。宋初几代君王“稽古右文”之政策与政府行为，不仅有利于包括唐人作品在内的文化典籍的存世与流传，而且对民间搜集、整理乃至刻印唐人别集起到鼓励和引导作用。宋代教育的振兴和普及前所未有。宋代曾几次兴起办学热潮，各层次的官办学校和私人书院遍布各地，教育对象扩大到社会各阶层，“人人尊孔孟、家家诵诗书”①，社会形成对科举制导向下的知识体系的极大需求。宋代大力发展科举制以扩大其统治基础，“取士不问家世”，四民趋之若鹜，科举取士数量惊人。宋代科举考试的内容中，无论是诗赋还是策论，都是一个制文的写作问题。于是唐人作品成为宋人学习、模仿的重要依据和借鉴的对象，宋人学习唐人诗文成风，唐人别集也就大有市场。而且，由教育、科举为先导所形成的宋代庞大的知识群体与士大夫阶层，出于表达思想感情的需要，自觉向唐人文章学习表达方式、语言技巧，这种风气成为接受与传播唐人别集的温床。

其次，从经济层面和技术层面看，宋代出版业的活跃与印刷术的发展成为出版唐人别集的重要助推力。众所周知，宋代的商品经济活跃，其中出版业异军突起，促进了印刷术的发展，印刷术的发展对唐人别集的传播也起到了推动作用。印刷技术的改进加快了书籍传播速度，降低了书籍的流通成本，改变了以前唐人别集多靠写本传播的状况，及至宋代多有刻本刊行。

再次，从思想和学术层面看，宋代儒学的复兴与新儒学的产生，本身就形成吸取和借鉴唐人精神资源的内在需求，对于唐人别集在宋代的传播产生十分重要的影响。古文运动和恢复儒学道统的运动，是贯穿北宋文坛及意识形态领域的主流。欧阳修、王安石、苏轼等北宋文坛巨匠，不满北宋文坛充斥着唐末五代以降的卑弱文风，接过唐代韩愈、柳宗元古文运动的薪火，力挽狂澜，倡导“文化革新”。

①陈傅良：《正斋集》卷3，《送王南强赴绍兴签幕四首》四部丛刊本。

上述北宋文坛的领袖们凭借主持文坛的影响力，并以自己杰出的创作实践，最终确立了具有“长于议论，平易畅达”特点的宋文在宋代文坛的权威。宋代的古文运动与儒学复兴运动互为表里，伴随着宋代古文运动的丰获，一个不同于汉、唐儒学面貌的宋代新儒学亦登上了历史舞台。在这股思想、学术潮流中，唐人的古文运动和复兴儒学的努力，是宋人可资借鉴的重要精神资源，可谓一脉相承。比如欧阳修写散文，便是以学习韩愈相标榜，苏轼称他为“今之韩愈”，在他的倡导下竟致士人学者“非韩不学”。宋人对唐人诗文的重视与学习，无疑也促进着唐人别集在宋代的传播。

二、传播方式：传统与时尚并存

宋人传播唐人别集，在传播方式上体现出传统与时尚并存的特点。如果说“整理”、“抄写”属于传统的传播方式，那么“版刻”则可视为时尚的传播手段了。

（一）整理

中国自古便有整理文献典籍的传统。整理文献是对文本进行修复和加工，使之完整，接近原貌，既是一项学术工作，同时也是文化传播事业。在历史长河中，无数的典籍因为经过人们的整理，才得以流传后世。宋人编辑整理唐人别集付出了艰辛劳动，有不可磨灭之功。它包括搜集佚文并编订、校勘、音释注解等方面的工作。

1. 佚文搜集及编订

如前所述，经历了唐末五代社会动荡与战乱的摧残，唐人别集亡佚惨重。北宋刘麟声称：传到宋时的唐代“名公巨人”的诗文集，只占唐集原来数的十之一二[①]。唐人作品传至宋代，大量的整部集子亡佚，即便是某些集子幸存，其卷帙、篇目以及内容的亡佚同样十分严

①万曼：《唐集叙录·元氏长庆集》，北京：中华书局，1980年，第395页。

重。对此，宋人对唐人别集进行了艰难的、卓有成效的搜求汇集和编订工作。宋代存世的200多种唐人别集，不同层度地由宋人进行搜集佚文予以增补并重新编定。其中像颜真卿、杜甫、李白、柳宗元、韦应物、元稹、卢仝等唐代名家的作品，均经过几代宋人多次、反复的佚文增补与编订。

2. 校勘

唐代雕版印刷未流行，书籍传播多赖手写，宋代所见流传的唐人别集文本；文字上的错讹极多，如字体的缺缪、语句的脱落，乃至衍文增字、前后颠倒等等。宋人在对唐人别集的整理编辑过程中，对许多文本进行了校勘同异、订正错讹的工作，有的文本甚至经过多次校勘。比如韩愈的集子，便凝聚着众多宋人的心血，从北宋至南宋间，穆修、欧阳修、方崧卿、朱熹等，都对韩愈的《韩昌黎集》进行了校勘，使得韩愈的文集有一较为纯正的、忠实原貌的文本传世。

3. 注解

为了方便人们阅读唐人作品，宋人对唐人别集还做了大量的注解工作，尤其是在南宋时期，为唐人别集作注十分流行。其中围绕着杜甫、韩愈、柳宗元等名家作注的著述数量很多。如对《韩昌黎集》作注的著名注家有樊汝霖、韩醇、文谠、祝弃、魏仲举、廖莹中等。为《柳宗元集》作注的著名文本有张敦颐、童宗说、严有翼、潘纬、韩醇、魏仲举等人的注本。而为杜甫《杜工部集》作笺注者则在百家以上。

(二)抄写

尽管宋代印刷术十分流行，图书出版事业空前繁荣，然而“抄书”这种书籍的传播方式并未消失。苏轼曾说：“余犹及见老儒先生，自言其少时，欲求《史记》、《汉书》而不可得。幸而得之，皆自手书，日夜诵读，唯恐不及。近岁，市人转相摹刻诸子、百家之书，日传万纸，学者之于书，多且易致如此”[①]。可见，由于印刷技术的进步，版刻书籍

①《东坡七集·东坡集》卷32，《李氏山房藏书记》。

易得是北宋中叶及其后来的事，而北宋初人们获得书籍主要靠抄写。即便是版刻书籍大行的年代，“抄写”这种书籍的传播方式仍然发挥着作用。经查考《直斋书目解题》、《郡斋读书志》、《文献通考·经籍考》等宋元时期的重要书目所著录的唐人别集版本情况，宋代存世的唐人别集240余种都有手抄本。上述书目还明确标明其中的70余种有版刻之本，由此我们可以认定唐人别集的这七十余种在当时是写本、刻本并传的。据此我们还可以认为，除去70余种写本、刻本并传的唐人别集，另外的170余种唐人别集则主要是以“手写”的形式在传播。

(三)刊印

我国雕版印刷图书的技术，起步于唐末，有幸至宋代，迎来一场“信息革命”，不仅雕版印刷获得极大发展，而且有活字印刷的发明和运用，使信息传递和储存的方式发生了历史性变革，图书的复制成为一件颇为简便之事。缘于这场“信息革命”，唐人别集在宋代拥有了时尚、先进的传播方式——刊印。

宋人版刻图书的范围，自然是十分广泛的，版刻对象遍布中国传统图书分类的经、史、子、集各部。不过本文所重点关注的则是宋代版刻唐人别集的情形。如上所述，综考几部产生于宋、元时期重要书目所著录的宋代存世的唐人别集版本，多达70多位唐人的诗文集被版刻刊印在宋代传播。同样是在这几部书目所提供的版本信息中，我们除了能梳理出宋人所版刻的唐人别集作家的大概人数，还可能稽考出宋人版刻唐人别集另外的一些特点。如宋代所形成的官刻、坊刻与私刻这三大版刻体系都有刊印唐人别集的业绩。又如，将几部唐人诗文集合刻，体现了宋代版刻书籍的多样性、灵活性。再如，一批唐代文坛名家的作品，分别在不同的地域又分别有多家版刻主体刊刻，因此形成多种版本。像张九龄、刘长卿、颜真卿、李白、杜甫、元结、韦应物、王维、韩愈、柳宗元、元稹、姚察、杜牧等唐人的诗文集即是如此。

三、宋代的民间版刻是传播唐人别集的中坚力量

宋代雕版印刷技术的迅速广泛运用，使版刻书籍一跃成为当时传播图书文献的主流形式。支撑宋代图书出版业的是官府版刻系统和民间版刻系统，而民间版刻系统又包括坊刻与私刻，因此人们一般认为宋代存在官刻、坊刻和私刻这三大版刻体系。在刊行唐人别集的实绩方面，则是民间版刻系统比官府版刻系统刊行唐人别集的态度更为积极，包括坊刻和私刻在内的民间版刻是传播唐人别集的中坚力量。

（一）关于宋代官府刻书系统刻印唐人别集

宋代官府版刻图书的刊印单位分为中央和地方两个层次。中央机关及政府衙门所刻印的图书，多为经、史著作，此外还大规模刊刻子书，该朝新编了许多大部头类书，以及医学书、算学书等自然科学方面的书籍，所刻印的集部书则有《文选》等。地方政府衙门、地方官学以及书院刻书遍及经、史、子、集各部，另外，地方行政在十分重视刻印宋代人著作的同时，也刻印了一批唐人别集，不过宋代官府版刻唐人别集，主要限于唐代名家传世文集和对当时影响较深的文人文集之作，如韩愈、柳宗元、白居易、李白、杜甫、元结、元稹等人的作品。

（二）关于宋代坊刻系统刻印唐人别集

唐人别集在宋代的传播，其出版多出自坊刻。宋代坊肆刻书异常活跃。坊肆即书坊和书肆，也称书林、书铺、文学铺和经籍铺等，所刻书籍习惯称之为坊刻本。宋代坊刻主人多拥有写工、刊工、印工，可以自编、自刊，因此，坊刻在刊行书籍上具有刻印快、行销广、赢利大的特点。宋代著名的坊刻遍及全国各地，其中以浙、蜀、闽三地为盛。终宋之世，坊刻兴盛为书籍的传播提供了极大便利，许多书坊坊主为适应市场需求，热衷刊刻唐人别集，促进了唐人别集在宋代的流传与分布。如浙江临安的书坊坊主陈解元，素有刊遍唐人诗之志向，

所刊行的唐人别集范围广泛。陈氏刊行的唐人别集可考者，计有王建《王建集》十卷；韦应物《韦苏州集》十卷；李群玉《李群玉诗集》三卷，又《后集》五卷；张蠙《张蠙诗集》一卷；周贺《周贺诗集》一卷；李中《碧云集》三卷；鱼玄机《鱼玄机诗》一卷；李贺《李贺歌诗》四卷、《集外诗》一卷；孟郊《孟东野诗》十卷；韦庄《浣花集》十卷；罗隐《罗昭谏甲乙集》十卷；朱庆余《朱庆余诗集》一卷；李咸用《李推官披沙集》一卷；常建《常建诗》一卷等。

又如蜀地，作为宋代三大刻书中心之一的四川，其刻书地主要集中在成都和眉山等地。在这里刻印了不少唐宋文学家的著述。宋蜀刻唐人别集业绩十分突出，据陈振孙《直斋书录解题》所载，宋蜀刻唐人别集达到 60 余种，其中属于书坊所刻的唐人别集，可考者计有王绩《王无功集》、陆贽《陆宣公文集》、权德舆《权载之集》、骆宾王《骆宾王集》、张说《张说之集》、孟浩然《孟浩然集》、李白《李太白集》、张籍《张元昌文集》、皇甫湜《皇甫持正文集》、韦应物《韦苏州集》、孟郊《孟东野诗》、王建《已建集》、李贺《李长吉文集》、周贺《周贺诗集》、李群玉《李群玉诗》、郑守愚《郑守愚文集》、张蠙《张蠙诗集》、韦庄《浣花集》、许浑《许用晦文集》、唐求《唐求诗》、元稹《元微之文集》等。

（三）关于宋代私刻系统刻印唐人别集

宋代的私刻也有不凡的刻印唐人别集的业绩。私刻又称为家刻，是由个人出资或雇请工匠，再经刻书作坊进行书籍的印刻。私刻书籍又分为家刻本、家塾刻本。宋代私宅家塾刻书较为普遍。据叶梦得《书林清话》记载，宋代著名的私宅家塾刻主有 30 多家。在刻印书籍的范围方面，“私宅刻书侧重子、集二部”[①]。宋代私刻刻印唐人别集，十分讲求刻书质量，如廖莹中的世彩堂于南宋咸淳年间（公元 1265—1274 年），刊刻《昌黎先生集》与《河东先生集》，皆为廖氏亲自校订，成为两家文集版本中之上品。宋代私刻亦很重视刻印宋人注

①李致忠：《宋代刻书述略》，《文史》14 辑，北京：中华书局，1982 年。

释、研究唐人别集的新成果,如建安魏仲举家塾于南宋庆元六年(公元 1200 年)刊刻多家集注韩愈、柳宗元作品的诠释性文本。姑苏郑定刻有《重校添注柳文》四十五卷、《外集》二卷等。总体上看宋代私刻唐人别集的范围也远较官刻广泛,如南宋蜀本《唐六十家诗文集》,多是坊刻与私刻并存。

四、从宋代版刻唐人别集之地点看其传播地域范围

宋人传播唐人别集的地域范围问题亦是笔者想要探讨的。而宋人版刻唐人别集之地,必然是唐人别集的传播之地,这里,我们主要对《直斋书录解题》、《郡斋读书志》与《文献通考·经籍考》中宋存唐人别集版刻地点的些许信息试作稽考,以证唐人别集传播的影响范围。

四川:蜀地以蜀中为代表,从五代到两宋,一直是出版印刷中心。蜀本亦称川本,刻印精良,极受时人重之。如前所述,蜀中坊刻、私刻曾刻印唐人别集 60 余种,是传播唐人别集的重要地域。

江西:宋代江西刻印唐人别集的地域稍广,如建昌,曾刊印王维《王右丞集》十卷、刘长卿《刘随州集》十一卷等,其本被称作建昌本。吉州,其地所刻印之唐人别集被称作吉州本,该地曾于南宋乾道元年(公元 1165 年)刊印杜审言《杜审言集》。庐陵永丰,所刻印之唐人别集被称作庐陵永丰本,永丰人曾时杰于南宋淳熙四年(公元 1177 年)刊印黄韬《黄御史集》十卷。赣州,刊行韩愈《昌黎先生集》等。江州,刊行白居易《白氏长庆集》七十一卷、元结《元次山集》十卷等。饶州,于南宋乾道三年(公元 1167 年)刊刻颜真卿《颜鲁公文集》十五卷。袁州,于南宋绍兴三十年(公元 1160 年)刊刻郑谷《云台编》、卢肇《文标集》。袁州赵希弁刻韩愈《昌黎先生集》五十一卷。临江军学于南宋绍定六年(公元 1233 年)刊刻《朱文公校昌黎先生文集》十卷等。

福建:建阳刊有《集千家注杜工部诗集》二十五卷等。泉州刊有

欧阳詹《欧阳行周文集》等。建安魏仲举家塾刊刻韩愈、柳宗元等唐人文集。南剑州郡斋曾刊印《朱文公校昌黎先生文集》。

浙江：如前所述，临安坊刻刻主陈氏曾刊印大量唐人别集。两浙东路安抚使于南宋乾道四年（公元1168年）刻印元稹《元氏长庆集》等。

江苏：姑苏郑定刻印柳宗元的文集。

广东：广东漕司曾刻印杜甫的诗集。

为史料所限，我们尚不能网尽宋代刻印唐人别集之版刻地点的全部，即便是所梳理出的上述版刻唐人别集的大致地域，亦无法知道这些地区当时各自究竟刊印了多少家唐人别集。然而上述这些覆盖当时南方地区的唐人别集刊印地，至少说明在宋代的南方地区具有传播唐人别集的深厚土壤，唐人别集在宋代的传播南方甚于北方，正好与宋代业已形成的中国传统社会政治、经济、文化重心南移的历史发展大趋势相吻合。

五、结语

宋代是一文化大发展时期，有其诸多自身特点。宋代文化的特点之一就是注重多方位接受、吸取、借鉴，并加以发展宋以前自先秦以来的文化遗产、思想资源，其中便包括着唐代文化、唐人别集。综上所述，因受多种条件的作用，宋代逐渐培植出传播唐代文化、唐人别集的土壤，使得社会产生对唐代文化、唐人别集的需求。这种需求拉动了对唐人别集的传播，加以出版的兴盛，唐人别集的传播更为便利，所至之地域也更为广阔。宋人在传播唐人别集中，一方面不懈地搜集佚文、整理成书并加以注解，这种用文献学的学术传统来传播唐人别集，可视为传播手段对传播对象的“包装”。另一方面，抄写与版刻方式大行其道，其中坊刻和私刻在刻印唐人别集上其功甚大。用今天的话来说，就是适应了社会的广泛需求。宋人对唐人别集的悭惺相惜，既源于社会氛围的孵化，又因于唐人文章自身的创造力。韩愈和柳宗元在唐代举起了古文运动的大旗，复兴儒学，主张“文以载道”、“文以明道”，开辟了儒学的新时代。宋代欧阳修和苏轼等薪火相传，倡导诗文革新运动，掀起了一场文化革新。仅从文化层面看，宋代的文化革新正得益于唐人别集的传播，得益于唐人的思想资源。宋代文化革新的声势，也使得唐人别集在宋代的传播更具有规模，与宋代文化的演绎互为因果，互促互进。由此看来，唐人别集在宋代的传播与宋代文化变动的关系尤为紧密。当然，唐人别集在宋代的传播也是唐宋之际政治、经济等层面变动的折射。

近现代文献文化景观初探

周德美①

摘　要：近现代文献本身的文化景观具有种种不同特点：其不仅载体形态变化很大，而且知识形态发展成为基本特征。知识形态的诞生与发育，经历了科技文献的文化独立、科技文献中知识体系的建构和科学思维方式的不断完善、科技文献传播促使科学知识与科学思维方式在整个近现代文献系统中广泛蔓延与深刻渗透等一系列复杂的过程。近现代文献文化功能的空间分布极为奇妙，这主要表现为功能重心的位移和功能结构的区间性转移、分流与扩张等趋向。

关键词：近现代文献、文化景观、文化形态、知识形态、文化功能、重心位移

没有人能够否认人类文化发展到近现代所产生的剧烈变化。封建主义、资本主义、社会主义的递相更迭，宗教与科学的主客易势，硬文明对软文明的颐指气使，文化统一的强求退避于文化多元的对峙与共存等，都是近现代文化史上的奇观。而文化在近现代的变化发展自始至终和近现代文献相伴相生。尽管不是唯一的决定因素，但它在这一时期的文化建构过程中显然产生过深刻的影响。举凡文化

①周德美(1961—　)，湖北麻城市人，湖北大学历史文化学院副教授，主要从事训诂学史、文献学史研究。

的失衡[1]、文化的构型及其趋势等，都与其有着千丝万缕的联系。

近现代文献的巨大文化能量是与其自身形态特征的变化和改良密切相关的。相对于古代文献而言，近现代文献文化景观具有种种不同特点[2]：不仅载体形态变化很大，而且在文化形态上表现出以知识形态为基本特征，在文化功能方面呈现出区间性转移、分流与扩张的趋向。近现代文献的种种变化愈来愈有利于它在文化中发挥职能作用。

的确，当人们涉猎光怪陆离的近现代文献，他们会为文献在转瞬300年间发生这么多显著的改变而惊异。人类的文献在朝着高保真、多功能和高度系统化的方向大踏步挺进。音频、视频、多媒体等符号系统，胶卷、磁带、光盘等载体类型，光记、磁记、微缩等制作方式，机读、放音、放影等使用手段，都是文明史上前所未有的。文献载体形式的种种改良为文献的文化影响提供了更坚实的基础。

不过，作为一种文化实体，近现代文献最深刻的变化莫过于文化形态的改良。这突出表现为知识形态的诞生与发育。据我们考察，人类文献的文化形态大致由规范形态、智慧形态和知识形态构成，古代文献中只出现前两种。这不是否认古代文献中存在知识，但其有限的知识或者依傍智慧形态，或者用规范形态，并没有形成独立的形态体系，所以古代文献的文化形态是不健全的。诚然，文献的规范形态确实具有重要的文化制衡功能，但正因为这方面的畸形发展酿成古代文献在文化上的惰性与保守。智慧形态以其特有的活性与求新求异的趋向多少能对古文献文化形态的缺陷有所拗救，然而效能极为有限。因为智慧形态的求异，毕竟只是一种同中求异，并且它往往不是建立在科学的基础上因而容易被人们坚信不疑的信条与规范所

①周德美：《近现代文献与近现代文化的失衡》，四川社会科学院（编）《中华文化论坛》，2000年专辑。

②周德美：《古代文献文化形态初探》，台北：《孔孟月刊》，2005，（5～6合卷）。

击破。文献中僵死的规范形态保守着沉寂的缺乏生气的古代文化的态势,加速了古代文化模式在功能上的老化与僵化。近现代文献诞生以后,传统文献文化形态的僵死格局随即大为改良。近现代文献是在理性主义思潮和科学主义精神的基础上产生的,它反映了近现代文化理性的而不是神权的、科学的而不是规范的时代风尚,并充分显示了人类追求真理的韧性,因而能够锐意打破传统文献的规范形态,努力克服智慧形态的主观随意性,形成以求新、求实、求真为终极目标的文化形态体系。

大致说来,近现代文献知识形态的形成,经历了科技文献的文化独立、科技文献中知识体系的建构和科学思维方式的不断完善、科技文献传播促使科学知识与科学思维方式在整个近现代文献系统中广泛蔓延与深刻渗透等一系列复杂的过程。科技文献的文化独立是近现代文献知识形态的前提与基础。古代科技文献没有独立的文化地位。它隶属于哲学,受制于神学,所以实质上是哲学文献和神学文献的一种无足轻重的附庸成分。它通常对哲学理论和神学规范提供解释、佐证和补充。当其中的科学知识与哲理及神学教谕发生冲突时,就会遭到轻率的奚落与严酷的禁毁。直到哥白尼的《天体运行论》问世以后,人们才逐渐意识到科学应该完全具有一种独立于哲学与神学的价值。随着近现代数学、天文学、力学(物理学)、化学、生物学、地质学、解剖学、生理学等学科的诞生,原始科学开始具有自己充实的体系。近现代科技文献在反映科学体系不断充实的过程中也不断壮大了自身的阵容,从而激励自己逐步在文化上取得最后的独立。许倬云指出:“在基督教会力量强大时,欧洲的科学思想囿于神学的约束,发展并不健全。近世以来,科学的追寻,却以浮士德的精神,为了知识而寻求知识。”如果说近现代科学是“为了知识而寻求知识”的话,那么,近现代科技文献则是为了知识而存贮知识和传播知识。这也意味着科技文献已基本摆脱哲学的思辨与猜测以及神学目的论,摆脱了主观的、片面的哲理和反科学的教条。它再也不必到哲学家那里提心吊胆地接受智力测验，也不必到教堂之中惊恐万状地等待教父的判决。它自身就是它合理存在的证明。从此，科技文献就作为一种相对独立的文化系统进行文化生产、行使文化职能。科技文献的文化独立是近现代文献文化形态改良的重要转机。以求实求真为特征的知识形态只有在这种文化独立的前提下才会在文献中扎根与繁衍，古代科技文献凄惨的文化遭遇也从反面说明了这一点。

科技文献所具有的科学知识体系所表现的科学思维方式，是近现代文献知识形态建立的关键环节。科技文献的文化独立促使科技文献在近现代以惊人的速度发育和膨胀。哥白尼的《天体运行论》以后所涌现的科技文献是无法累计的。其中，开普勒的《光学》和《新天文学》、牛顿的《光学》和《自然哲学的数学原理》、拉瓦锡的《燃烧通论》、道尔顿的《化学哲学新体系》、法拉第的《化学亲和力、电、热、磁以及物质的其他物质动力的联系》和《电学实验研究》、麦克斯韦的《论电和磁》、拉马克的《动物哲学》、达尔文的《物种起源》、门德尔的《植物杂交实验》、波尔的《原子和分子的结构》及《量子公设和原子论的最近发展》、海森堡的《物理学的哲学》、爱因斯坦的《关于光产生和转化的一个启发性观点》、《物理学的进化》、《广义相对论的来源》和《根据广义相对论对宇宙学所作的考查》、薛定谔的《关于波动力学的四次演讲》、马赫的《发展中的力学》、彭加勒的《科学与假设》，等等，都是近现代科技文献的扛鼎之作。堆积如山的近现代科技文献以集约的、日趋精密的符号系统将一座座拔地而起的科学大厦轮廓分明地展现在我们眼前。天体学、经典力学、光的波动学说、电磁学理论、热力学、能量守衡与转化理论、原子论与分子学说、元素周期律、细胞学说、达尔文进化论、化学键理论、现代天体演化理论、大陆漂移与板块学说、解析数论、基因理论等重大科学理论体系，以及分析思维、归纳思维、联系思维、辨证思维、相对思维等科学思维方式，都相互激发、相互依存，在近现代科技文献中频频放射夺目的光彩。近现代科技文献在人类数千年文明的科学空谷中传送着震聋发聩的时代强音，科技文献的知识体系与科学研究突飞猛进的发展形成一种良性的文化激励和循环。这种激励与循环促使近现代文化的知识形态日臻严密、日益引人注目，以至绝大多数现代人认为科学才是知识的唯一源泉。近现代文献知识形态的全面发育也正是基于这种客观基础与文化心态。

的确，科技文献所拥有的严密的知识体系和新型的思维方式构成了近现代文献文化形态的客观基础。不过，这还仅仅是近现代文献知识形态的一个层面。由这一层面出发，纵览整个近现代文献系统，可以强烈感觉到其间弥漫着浓郁的科学气息。这股浓郁的气息是其间所蕴含的广泛的科学知识与深刻的科学思维散发出来的。尽管近现代不同时期的文献蕴含的科学知识成分和表现的科学思维方式都有一定的区别，尽管一个时期的文献对另一个时期的文献中的科学理论及科学思维方式可能进行过理由充分的否定，尽管还存在相当一批具有非科学倾向或伪科学色彩的文献，但这些都无损于近现代文献文化形态科学求真的基调，无损于近现代文献选择知识形态作为时代特征的必然趋势。

如果把近现代文献划分为自然科学文献（科技文献）、社会科学文献和哲学文献三个部类，那么，其中无论哪一部类在文化形态上都呈现出知识形态的特征。自然科学文献已毋须赘述。就近现代哲学文献而言，自然科学知识的镶嵌早已蔚然成风。举凡笛卡儿理性主义，牛顿主义，洛克经验主义，拉美特利唯物主义，康德主义，谢林客观唯心主义，黑格尔哲学，孔德、斯宾塞的实证主义，罗素、维特根斯坦、石里克的逻辑实证主义，马赫主义，生命哲学，詹姆士和杜威的实用主义等近现代主要的哲学流派，其著作中随处可见自然科学知识与发现在其间为各自的理论体系苦苦支撑，天文学、数学、物理力学、热学、电学和光学、化学、生物学的进化论和遗传学、生理学、心理学等各种科学知识几乎是应有尽有，粲然可掬。当然，仅仅在哲学文献中堆砌自然科学知识还不足以构成哲学文献的知识形态，这些知识必须有先进的科学思维的融贯，所以近现代哲学文献还具有与各时期自然科学思维共趋的特征。比如16世纪至18世纪哲学文献的经验主义和机械论特征与这一时期物理学(特别是经典力学)孤立、静止的科学思维方式是同步的；19世纪的康德主义、黑格尔哲学、实证主义、马克思主义的哲学著作则与当时的能量守衡与转化说、达尔文进化论所具有的联系的、发展的、辨证的思维方式也一脉相承。事实上，近现代哲学著作中的科学知识基础与科学思维方式维系着它们的文化生命。在介绍斯宾诺莎时，敦尼克等编著的《哲学史》指出："斯宾诺莎非常关心自然科学问题，他深刻地贯彻了17世纪在笛卡儿、惠更斯、博伊尔以及其他科学家的著作中得到光辉发展的新的力学——数学的精神。他力图把这门科学的原理推广去研究存在和认识的整个领域。在《伦理学》一书中，他甚至用"几何学的方法"来阐述哲学问题，就像阐述不同几何学问题和证明定理一样"[①]。可以毫不夸张地说，如果驳离近代自然科学知识成分，斯宾诺莎的哲学著作将是一纸空文、一堆废纸。总之，就近现代大量的哲学文献而论，自然科学知识的摄取几乎已经陷入取消传统哲学独立性，把曾经长期称霸的思辨哲学变成寄生的"科学"哲学的境地。

近现代哲学文献的科学知识风尚是备受近现代文化青睐的。因此，即使是那些顽固不化的宗教哲学著述，也不得不折服，甚至不得不东施效颦，披上科学的外衣。在一些宗教哲学著作中，为了逃避达尔文进化论对神学上帝造人说致命打击的锋芒，高唱"科学与宗教联合"的怪调，诡称"宗教和科学乃是同一完整的认识活动的两个密不可分的方面或阶段。只有这一活动能够包括进化的过去与未来，对它们加以研究、测量和完成"[②]。近现代宗教哲学文献中类似这种把科学与神学连缀起来的、狗尾续貂式的伎俩是不胜枚举的。在人格

①(苏)敦尼克等(编)《哲学史》(中译本)，北京：三联书店，1972年，第257页。

②(法)德日进着，范一 译：《人的现象》，沈阳：辽宁教育出版社，1997年，第231页。

主义著作中，人们还可以目睹科学和宗教“休战”“和解”的烟幕。福留耶林的《人格主义》自我标榜“人格主义一直是严格依从科学的最新发展”[①]，但它在论及《圣经》上帝创世说与世界末日论所套用的却是19世纪中叶克劳西斯提出的、后代科学家早已证伪的“热寂说”。甚至是罗马教皇，像庇护十二世(Pius XII)在1951年11月22日发表的一篇题为《现代自然科学与上帝》的演讲词中，从宏观宇宙到微观世界，从电子到核能，从热力学第二定律到天文学星系红移，历历道来，如数家珍，但最后仍然断言：科学越往前发展，对上帝的证明就越充分[②]。不过，宗教哲学文献歪曲科学或别有用心地引证伪科学，恰恰暴露出神学在科学面前的胆怯与心虚，科学的外衣无非是它们自欺欺人、苟延残喘的避难所。我们当然知道，近现代宗教哲学文献所披上的这种科学的外衣并不等于知识形态，但它毕竟也是以知识形态的面目出现的，它从反面显示出近现代文献知识形态所向披靡的文化张力。

近现代社会科学文献的文化形态无疑也是以知识形态为归依的。近现代社会科学文献不仅直接接受科技文献、科技文化知识体系的濡化，而且还间接受到哲学文献知识形态的影响。所以它所涵括的科技知识成分，所表现的科学思维风格同样也是非常突出的。社会科学著述普遍重视调查与考察、强调内在规律的揭示，许多社会科学文献不仅有定性论证、还有数理描述，这些都表现出知识方法的典型特征。近现代社会科学文献还普遍具有求实、求真的时代风尚。史学文献追求史实吻合，政治学文献热衷于政治体制的合理性(而不是合目的、合规范)的探究，文艺作品、新闻报道以写真实、求典型为

---

①(美)R. T. Flewelling, Personalism: Dagobert David Runes(ed.): Twentieth century philosophy; living schools of thoughtImprint, New York: Philosophical Library, 1943, P326.

②Pope Pius XII., P. J. McLaughlin(ed. & tr.): Modern science and God. New York: Philosophical Library, 1954, P69～89.

基准，这些都显示出知识形态特色。我们可以以近现代史学文献为例进一步具体分析。在这里，我们可以看到同样丰富的自然科学知识。近现代天文学、地质学、古生物学、古人类学，特别是达尔文的进化论，在其中占据着极为重要的地位。近现代史学文献的知识形态突出表现为历史叙述与历史结论以自然科学研究方法为基础。史前史不再是神话与传说。古地磁法、热释光法、碳素测定法、X射线荧光分析法、计算机处理方法等的应用，使近现代史学文献的知识性与科学性大为加强。而且，越来越多的史学文献开始注重数学方法。马克思的《资本论》、列宁的《帝国主义是资本主义的最高阶段》等著作为数学方法和统计学方法的广泛应用树立了光辉的榜样。现代计量史学更是以数理统计为其根基。近现代史学著作著述方法向科学迈进的划时代步伐恐怕就是对达尔文进化论方法的吸收。从此，对历史进化规律的研究与叙述成为史著的基本任务（在此以前的史籍限于叙述史实），并且还诞生了便于这种叙述的章节体体裁。由近现代史学文献的文化形态分析可以看出，近现代社会科学文献的知识形态特征也是何等的鲜明！

需要补充说明的是，近现代文献的文化形态并不等于知识形态。传统的规范形态与智慧形态不仅依然活在现存的古代文献之中，而且在严格意义上的近现代文献（主要指近现代人的著述）中，仍然有不少表现为规范形态与智慧形态。前文所论及的宗教哲学文献即可为证。不过，从根本上说，近现代文献的规范形态与智慧形态已经远远不能与近现代文献的知识形态同日而语。知识形态才是近现代文献文化形态的典型特征。

近现代文献文化功能的空间分布仍存在许多值得探胜的奇妙景观。我们知道，人类文明虽然都已踏上近现代化的征程，但不同的文明圈的基点、起点是各不相同的。尽管古代文化在形态方面存在一定的共相，不同文明本身的模式却是千差万别的。千差万别的文化模式决定着文化发育及文化格局的千差万别。因此，各种文明走向近现代化这一共趋现象并不意味着文化轨迹的重合。恰恰相反，不同文明的变迁通常是同归而殊途。在考察近现代文献文化功能的状况时，如果对文化系统适当地进行区间划分，就会发现特定文化区间的文献文化功能分布往往因时间或空间的差异而有所不同。这突出表现为近现代文献文化功能重心的位移。以特定的文明圈而论，古代文献极为关注的文化区间，近现代文献可能熟视无睹；古代文献弃置不顾的文化区间，近现代文献反而流连忘返、克尽厥能。比如西方古代哲学著作中极力宣扬的"静观的人生"，柏拉图、亚里斯多德等均以"静观瞑思"作为人生的最高境界。这种境界极力排斥世俗生活与公共事务，所以西方古代哲学文献（尤其是古希腊、罗马时代的哲学著作）的文化功能重心倾注在隐性文化区间从而滋润着西方文化的理论思维模式。但是，在现代西方哲学文献中，文化功能的重心却从隐性文化区间转移到显性文化区间，"行动的人生"的积极参与取代了"静观瞑思"的自我陶醉，对行为文化的强烈影响成为主攻方向。这正如狄德罗所言，在我们这个时代，哲学已从制象观念的世界降到现实的世界。因此，他甚至进一步要求艺术也必须这样，应该把它从仙境降到人间。马克思更鲜明地指出："哲学家只是以不同的方式解释世界，而问题在于改变世界"①。马克思深刻地揭示了康德以来西方文献文化功能重心从内隐区间转移到外显区间的时代特征。相映成趣的是，东方的中国近现代文献文化功能重心位移的趋向恰巧与西方形成对流的态势。中国古代文献的规范形态最为发达，这种规范主要是关于文化行为的，人伦道德及修身、齐家、治国、平天下的种种条例构成它的全部真谛。所以中国古代文献以干预人生、控制文化实践行为为己任，因而强烈地影响了中国古代的显性文化区间。但在近现代这种情形曾经出现过刻意的逆转。思维方式的变革成为

①《论费尔巴哈纲领》第十一条，《马克思、恩格斯全集》，北京：人民出版社，1960年版，第3册，第2页。

近现代文献的主攻方向。中国近现代文化在理论思维方面的迅速发育就是明证。这也就意味着中国近现代文献文化功能重心已经转移到隐性文化区间。对照中西方文献文化功能重心分布的状况即可看到,一方是由显到隐,另一方则是由隐到显,二者位移的轨迹形成对流,重心却刚好相反。当然,这种对流趋势可能是一种巧合。就诸文明本身而论,它大概与文化转型期相联系。转型期的文化通常带有矫枉过正的特点。就异质文明间的关系而论,其本质原因可能还是各种文明近现代化的基点存在反差。文献的文化功能与这种文化反差通常是辨证互补的。

近现代文献文化功能结构与古代文献也大异其趣。近现代文献作为一个文献系统是具有系统功能的。但如果把具体的文献与具体的文化职能联系起来即可发现,文献系统文化功能的条块分割趋向于日益繁复,文化功能的分流愈演愈烈。诚然,古代文献系统内部的文化分工也是客观存在的,但一般表现为粗线条,而且,相当一部分文献几乎对整个文化系统的任何区间都存在至关重要的影响。事实上,往往就是这部分文献控制着古代文化的整体形貌。譬如中国的《十三经》、西方的《圣经》、印度的《吠陀书》,在政治、军事、经济、思想、道德、行为、艺术等不同的文化区间具有同等重要的文化地位。所以古代文献对古代文化思想主要表现为跨区间的模糊控制与综合控制。近现代文献的文化功能特性明显不同。随着近现代文献知识形态的迅速发育与膨胀,文献的专化趋势愈来愈突出,专业理论及行业知识的纵深发展将近现代文献切分为愈来愈多的专业文献丛,这些文献丛之间的文化屏障在日益扩大,特定的专业文献丛通常只与特定的专业文化区间相联系,只能在特定的专业区间产生文化效应。就其所司的专业文化区间而言,专业文献丛虽然具有相当高的信息利用率;但如果脱离特定的文化区间,比如让许多尖端科学的专业文献脱离本专业区间,像射电天文学论著离开射电天文学区间,核物理学论著离开核物理学区间,遗传工程学论著离开遗传工程学区间,则几乎根本无从实现文化效能。这也就是说，专业文献丛一般只是相应专业区间的一种小群文化，在特定专业区间以外，它就仅仅表现为一种理论、一种几乎是谁也不能认读的符号集，因而不具备文化化或者说社会化的特性。

关于这一情状，有人或许会争辩说，近现代自然科学文献深刻地影响到哲学与社会科学，而其内部的专业文献丛对自然科学的不同学科往往也会出现种种不同程度的渗透，这些似乎都应该属于跨区间属性的。我们认为这是问题的另一面。我们也承认这种现实，有些专业文献丛确实会形成跨区间影响。比如牛顿的经典力学著作、爱因斯坦的狭义相对论与广义相对论的著述等，其文化影响的确跨出各自的专业文化区间以外，从而在文化功能上呈现出区间性扩张的趋势。但这类情形实在有限，而且，无论是经典力学论著还是相对论著作，我们当中的绝大多数只是间接地了解其中相当有限的一部分。我们说间接了解，是因为另外还有各种著作在专门致力于文献加工①，致力于这些专业理论或命题的通俗化与社会化。即便如此，我们许多人还有这样的经历，对自己所熟悉的专业的文献中间或一闪而过的源于其他专业的新名词头痛不已。当我们在自己的专业域读到一篇一连串地出现自己似懂非懂的新名词的文章时，我们常常格外窝火、不能卒读，感到被愚弄或被出卖。这是一种典型的、抗拒专业文献跨区间影响的自然心态屏障。事实上，我们每个人文化习得方面所能发挥出来的潜力早已在前人的所有成就面前捉襟见肘。在我们这个文献无休止地膨胀、知识疯狂无状地爆炸的时代，有谁胆敢宣称自己能够直接阅读各种专业文献。即使本专业的文献，人们往往也不敢轻易夸口能在有生之年一举通览。在现有的条件下我们只能把所谓的"通家"永远视同可望而不可及的彼岸偶像，而所谓的

①周德美：《文献系统化加工与文化演进》，东北师大古籍所（编）《古籍整理研究学刊》，2002(4)。

“专才”也只能愈来愈专，像逼入牛角的老鼠一样被迫一步又一步地退缩到丁点儿大小的空间。在许多情形下我们只有靠晃悠前人的小辫子讨生活。

此外有相当多的状况，与其说某些专业文献丛存在跨区间性影响，不如说那是文化区间的机械划分所造成的错觉。文化区间之间往往存在着复杂的重叠交叉地带。而且专业文化区间不会是恒久不变的，它可能扩缩与转移。文化区间的机械划分通常不能反映这些特殊现象。因此，人们常常简单地把实质上重叠交叉的地带划归诸方的某一方、而无视其他文化区间对这一地带的拥有。在这种情形下，关键在于对特定文化区间的真正界限的清醒认识。有了这种清醒认识，我们就不会轻率地把近现代文献系统中某文献丛在其所司的文化区间与其他文化区间处于重叠、交叉和扩缩等情状时的文化影响误作跨区间性影响。

从辛亥革命到第一次世界大战中德关系的演变

张尊健　王　扬[①]

摘　要:辛亥革命(1911)至第一次世界大战结束(1918年)的这段时间是中德关系发展的重要阶段,也是中、德两国及世界历史发展的重要时期。在内外各种因素的交互作用下,中德关系急剧变化,辛亥革命时期德国扶植清政府和袁世凯镇压中国革命,辛亥革命后德国支持袁世凯夺取政权,镇压革命力量,一战期间中德关系历经中立、绝交、交战三个阶段。

关键词:辛亥革命、一战、中德关系

一、辛亥革命时期德国先后扶植清政府和袁世凯镇压中国革命

19世纪末期,德国经济迅速发展,在世界各国间的贸易地位到1900年上升到世界第二位[②],中德贸易也得到快速发展,中德贸易总额从1883年的4 470千海关两增至1911年的36 552千海关两[③]。

---

①　张尊健,男,湖北大学历史文化学院世界史专业2007级研究生;王扬,男,湖北大学历史文化学院历史系副教授,主要从事德国史、中德关系史研究。

②夏炎德,欧美经济史,上海:三联书店,1911年版,第491～492页。

③1883年数据据施丢克尔,19世纪的德国与中国,上海:三联书店,1963年,北京,101～102页整理计算,1911年据中国第一历史档案馆,光绪末年中德贸易史料,历史档案,2003年4期整理计算。

在华洋行不断增加，在华贸易地位不断上升，德国在华经济利益不断扩大。为维护德国在华的政治、经济利益，德国试图维护清政府统治。早在武昌起义前夕，德国驻汉口领事获悉起义密谋后，立即向湖广总督瑞澂告密。武昌起义爆发后，德国积极保护从武昌逃到汉口德租界的湖广总督瑞澂，协助他电奏清廷速派重兵来鄂并向驻汉口各国领事求援。驻汉口的英、美、法、俄、德 5 国领事为此于 10 月 10 日举行领事团会议，德国领事在会上视革命军为义和团，主张向革命军开战。德国并派海军舰队前往武汉，其中“老虎”号、“祖国”号、“水獭”号 3 艘炮舰直接配合清军，卷入了对革命军的“热烈战争”①。同时，德国德华银行向清政府提供 100 万两白银的贷款②，德国还鼓动消除币制实业借款中的障碍，使清政府得以从中提取经费镇压革命。

与此同时，日本与俄国尤其是日本乘机将大批军队开进中国，意欲浑水摸鱼，趁火打劫。德国意识到，列强间新的瓜分争斗必然会危及实力明显不够的德国远东利益。为了牵制日本与俄国，再加上革命军已宣告不进犯列强在华权益，德国便与其他尚在观望中的列强于 10 月 18 日宣布“局外中立”。但是，德国援助清政府的宗旨并没有改变，只不过在手法上由明变暗。当清军在汉口近郊刘家庙溃败，急需军费时，德国德华银行立即表示愿意暗中配合。湖广总督瑞澂据此致电清政府：“兵费紧急，请速拨银百万两，交德华银行电汇”③。

此后，德国向清军大量供应军火，为清军装运军火和运送部队。同时，汉口德国租界大量掩护清军的客货车进行军需运输和人员掩护，租界内仓库里存储的大量大米专供清军之需，还掩护清军向武昌

①孙瑞芹：德国外交文件有关中国交涉史料选择，第 3 卷，上海：商务印书馆，1960 年版，第 231 页。

②陈旭麓：辛亥革命前后——盛宣怀档案资料选辑之一，上海：上海人民出版社，1979 年版，第 203 页。

③陈旭麓：辛亥革命前后——盛宣怀档案资料选辑之一，上海：上海人民出版社，1979 年版，第 213 页。

城区开炮。在德国的暗中支持下，得势的清军直扑汉阳。在战火中，德国不仅向清军大量供应军需物资，而且还派遣德国军官积极协助清军作战，帮助清军架桥以强渡汉水，使清军顺利地攻占了汉阳。同年底，德国驻奉天领事和德国驻华大使先后请求本国政府援助尚在清廷统治下的奉天，以防止该地政府滑向革命军。由于这一切做得太露骨，引起了其他列强的注意，尤其是日本和俄国，为此，德国政府不得不出面解释：这一切均系德国民间个人所为，与德国政府无关[①]，以此蒙混过关。从1911年10月下旬开始，武昌起义在全国大多数省份获得响应。为了遏制革命，德国与其他列强一起派兵到已爆发革命或可能爆发革命的地区，加强在中国领水和领海的军事警戒，对革命势力进行武力威胁。德国还参与其他列强劫夺各地关税的行动，并以偿付“庚子债务”为名控制革命区域内许多重要税收，根本否认革命军政府的借款资格，企图对革命政权进行经济制裁。

德国也寄希望于清政府重用铁腕人物来镇压革命，实力雄厚且对帝国主义友好的袁世凯便成为德国及其他列强所选中的目标。德国与袁世凯的关系早在天津小站练兵聘任德籍教官时就开始密切起来。袁世凯通过在山东镇压义和团，赞同“东南互保”，后来又曾赞成过未成功的“中美德同盟”计划[②]，自然给德国留下了非常良好的印象。因此，辛亥革命一爆发，德国驻华公使立即支持美国驻华公使要求清廷起用袁世凯的倡议，认为“袁世凯必须得到支持，因为只有他是稳定的保障”[③]。在德国及其他列强的敦促下，清廷于11月1日任命袁世凯为内阁总理大臣，全权代表清政府镇压革命。德国闻讯

①陈旭麓：辛亥革命前后——盛宣怀档案资料选辑之一，上海：上海人民出版社，1979年版，第212页。

②［美］李约翰著，孙瑞芹，陈泽宪译. 清帝逊位与列强——第一次世界大战前的一段外交插曲，南京：江苏教育出版社，2006年版，第11页。

③孙瑞芹. 德国外交文件有关中国交涉史料选择：第3卷，上海：商务印书馆，1960年版，第208页。

欢欣鼓舞，其驻华公使立即到清政府外务部“道贺”，并与其他列强电促袁世凯即日到京商讨对付革命军的办法。鉴于清廷国库空虚，德国驻华公使积极鼓动“四国银行团”向袁世凯提供贷款，并在给本国宰相的报告中强调指出：不必在乎革命党人对侨民的“暴动”和抵制德货运动，“无保留地立即予袁世凯以金钱协助是应该的”①。由于革命党人的强烈反对，英国等列强害怕因此危及其侵华权益，致使这一贷款计划搁浅。德国对此十分不满，担心“倘使他（袁世凯政府）得不到钱，他不能镇压革命，欧洲将首先受害”②。于是，德国决定单独行动，通过德商瑞记洋行慷慨地贷款资助袁世凯。

然而，到 11 月下旬，中国大部分省份纷纷脱离清廷而“独立”。为了阻止革命势力进一步发展，德国与其他列强极力敦促袁世凯与起义各省议和。1911 年 12 月 18 日，南北议和谈判在上海举行。德国一方面与其他列强一起照会和谈双方，声称他们有义务非正式唤起双方代表的注意，必须尽可能迅速地达成足以防止目前冲突的协议，实则迫使革命党人让步；另一方面，德国又替袁世凯打实力牌，鼓动驻山东的北洋陆军第 5 镇和其他清军尽可能利用德国控制的津浦铁路北段运兵南下，以便与驻扎在徐州的张勋残部一同进逼南京③。德国驻华公使后来索性将“中立”幌子放到一边，公开声明：赞同内阁总理（即袁世凯）所代表的政府和策略。但是，革命形势势不可挡。1912 年元旦，中国第一个全国性的资产阶级革命政权——中华民国临时政府在南京正式宣告成立，享誉海内外的革命领袖孙中山正式就任临时大总统。

---

①孙瑞芹：德国外交文件有关中国交涉史料选择：第 3 卷，上海：商务印书馆，1960 年版，第 208 页。

②孙瑞芹：德国外交文件有关中国交涉史料选择：第 3 卷，上海：商务印书馆，1960 年版，第 213 页。

③中国科学院历史研究所近代史资料编辑组：山东假独立资料，北京：中华书局，1956 年版，第 105 页。

此时，袁世凯后院起火，滦州兵变，秦皇岛不稳。德国及其他列强迅速出兵，借口铁路有遭受破坏的危险，分头占领北京至山海关一线的铁路，帮助袁世凯稳定后方。同时，德国又单独行动，借口不平等条约中关于胶州湾100里内中国驻军应与德国"会商办理"的规定，威逼刚刚起义的山东即墨革命势力后退，并严禁革命军通过胶州湾附近100里之地，而后暗中放入清军，杀害革命党人30多名，阻止革命向北发展①。此外，德国积极劝阻英国等其他列强贷款给南京临时政府，还伙同其他列强借口他们劫夺的全部海关税还不足以抵充到期的外债和赔偿，向南京临时政府和各省军政府一再催索，企图使经费奇缺的革命势力陷入绝境。另一方面，为了解决袁世凯经费紧缺的问题，德国积极鼓动"四国银行团"将一笔大约8亿马克的贷款提供给袁世凯政府。由于慑于革命势力和各列强之间的勾心斗角，贷款搁浅。德国对此非常不满，德皇威廉二世怒斥英国：这是"不顾道义地抛开清室的好听的借口"②。为此，德国通过德商瑞记洋行连续两次向清政府贷款75万英镑(合银730多万两)以购买精良的德、奥军火③，而德国"细勒细亚"号军舰早已装运大批军火开往华北，随时供清政府备用。

二、辛亥革命后，德国试图通过支持袁世凯，维护自己在华利益

清朝垮台后，德国及其他列强转而扶植势力强大的袁世凯。1912年2月15日，袁世凯被南京临时参议院选举为中华民国临时大总统。德国与其他列强立即改变原来对临时政府的敌视态度，纷

①张忠绂：中华民国外交史(一)，南京：正中书局，1945年版，第54页。

②孙瑞芹：德国外交文件有关中国，交涉史料选择：第3卷.上海：商务印书馆，1960年版，第214页。

③徐义生：中国近代债史统计资料(1853—1927年)，北京：中华书局，1962年版，第108页。

纷向袁世凯道贺。应袁世凯“善后大借款”的要求，德国积极赞助“四国银行团”与袁世凯洽商。银行团决定垫款 700 万两白银[①]，德商瑞记洋行还另外提供 45 万英镑[②]，以应袁世凯急需和解散革命军队。当孙中山与袁世凯就南下南京任职问题发生争执，南京临时政府决定从汉口、浦口和烟台调兵北上平定袁世凯部队叛乱时，德国立即与其他列强出兵北京和天津，决定“以强有力的外国军队在通衢大道上担任巡逻”，“对现存统治当局给予道义上的支持”[③]，借以向革命势力施压。同时，德国与其他列强一起照会袁世凯，将 1911 年暂允中国军队进驻天津周围 20 华里的变通办法作废，“不允许任何类型的中国军队进入天津周围的禁区”[④]，实质是用武力阻止南方革命军队北上。为了稳住阵脚和增强实力，袁世凯向“四国银行团”请求提供一笔垫款。德国驻华公使积极赞助，主张：“迅速给袁世凯款项，俾他发放兵饷以防再有兵变及扰动事项是迫切的”[⑤]。德国的倡议获得有关列强的支持，“四国银行团”遂于 3 月 9 日向袁世凯垫款 110 万两白银[⑥]，从而稳住了袁世凯的后方。在中外反革命势力的联合压力下，南方革命势力在内外交困中屈服，袁世凯于 3 月 10 日在北京正式就任中华民国临时大总统，临时政府也随之北迁北京。袁世凯就任临时大总统后，为报答帝国主义的支持，要求国人对于列强，尤须讲信修睦。鉴于袁世凯政府的财政危机仍很严峻，德国参加的“四

---

①孙瑞芹：德国外交文件有关中国交涉史料选择，第 3 卷，上海：商务印书馆，1960 年版，第 217 页。

②贾士毅：民国财政史：下册，上海：商务印书馆，1917 年版，第 35 页。

③胡滨：英国蓝皮书有关辛亥革命资料选择：下册，北京：中华书局，1984 年版，第 494 页。

④胡滨：英国蓝皮书有关辛亥革命资料选择：下册，北京：中华书局，1984 年版，第 502 页。

⑤孙瑞芹：德国外交文件有关中国交涉史料选择：第 3 卷，上海：商务印书馆，1960 年版，第 216 页。

⑥张忠绂：中华民国外交史(一). 南京：正中书局，1945 年版，第 62 页。

国银行团”于3月中旬决定分期向袁世凯政府提供1 300万两白银的垫款，总数为6 000万英镑的“善后大借款”也将尽快启动。在商洽“善后大借款”的过程中，银行团向袁世凯政府提出了包括监督原则在内的严苛条件，意在控制中国财政，被袁世凯政府严拒。德国担心此举不利于稳定袁世凯政府而有害于自己的既得利益，于5月上旬由德华银行出面表示：“必须给中国政府充分的垫款以支付军饷”，认为此事比“四国银行团”规定的监督原则“还要重要”[①]。之后，“四国银行团”总共垫款5次，共计白银1 210万两，其中650万两用于遣散南方革命军队，余数充作袁世凯政府的军政费用[②]。然而，这种临时性的垫款只能是杯水车薪。1912年7月至9月，由于“善后大借款”的谈判仍无转机，袁世凯政府的财政处于极端困难的时期。德国除积极清除大借款的障碍和主张放宽贷款条件外，德商曾利用各种名目向袁世凯政府紧急提供了300万两白银和800万马克的贷款[③]。1913年3月，德商瑞记洋行第三次向袁世凯政府贷款30万英镑，德商捷成洋行也向袁世凯政府陆军部贷款京公砝银20多万两；同年4月10日，由德商瑞记洋行经手，奥国第一次向袁世凯政府贷款120万英镑[④]。这些贷款虽然能给袁世凯政府解决燃眉之急，但是不能从根本上解决问题。恰在此时，宋教仁在上海被刺身亡，南方革命党人决心武力反袁。德国利用其他列强共同敌视革命的因素，因势利导，促成“善后大借款”合同于1913年4月26日成功签订，贷

①孙瑞芹：德国外交文件有关中国交涉史料选择：第3卷，上海：商务印书馆，1960年版，第296页。

②徐义生：中国近代债史统计资料（1853－1927年），北京：中华书局，1962年版，第108页。

③张忠绂：中华民国外交史（一），南京：正中书局，1945年版，第99页。

④徐义生：中国近代债史统计资料（1853－1927年），北京：中华书局，1962年版，第118页。

款总数达 2 500 万英镑[①]。袁世凯以出让中国财政控制权为代价，用借得的这笔巨款向德国及其他列强购买新式武器，借以加强他的亲信部队和解散或改编南方革命军队，并于 5 月中旬完成了监视南方革命军队的军事部署。德国与其他列强密切配合，出动海军分布长江中下游一线，对南方革命势力进行武力威胁。同时，应袁世凯之约，德国克虏伯炮厂准备在 3 个月内提供大批野炮、快枪，加强袁世凯的武装力量。反袁的"二次革命"爆发后，德国及其他列强虽然均宣称"不介入"，却已无法协调一致地发布"中立"声明了。德国外交大臣甚至公然宣称："德国因它的重大经济利益，不得不要求立即扑灭(二次)革命"[②]。为此，德国在向袁世凯供应大量军火和经费的同时，还派遣军官直接参加段芝贵率领的北洋军进攻江西[③]。在德国及其他列强的扶助下，袁世凯的战事进行得相当顺利，毫无准备的革命势力很快被打得七零八落。"二次革命"失败后，德国及其他列强一方面在经济上大量援助袁世凯，借以巩固他的统治地位，另一方面借正式承认中华民国之机希望袁世凯正式确认他们的侵华利益。德国一开始是追随其他列强共同行动的，但它很快发现，日、俄、英正乘机向中国政府敲诈勒索，这是德国所不容的，况且此种争端易引发列强间在华新的争斗，不利于保护德国的既得利益。因此，德国迅速改变立场，申明：中华民国正式总统一经选举产生，德国立即承认中华民国[④]。然而，袁世凯抵挡不住日、俄、英三国侵略势力，表示严格遵

①孙瑞芹：德国外交文件有关中国交涉史料选择：第 3 卷，上海：商务印书馆，1960 年版，第 377 页。

②孙瑞芹：德国外交文件有关中国交涉史料选择：第 3 卷，上海：商务印书馆，1960 年版，第 270 页。

③孙瑞芹：德国外交文件有关中国交涉史料选择：第 3 卷，上海：商务印书馆，1960 年版，第 270 页。

④孙瑞芹：德国外交文件有关中国交涉史料选择：第 3 卷，上海：商务印书馆，1960 年版，第 277 页。

守一切不平等条约及帝国主义列强新近获得的侵华权益。由于侵华现状得以维持,出于共同扶植袁世凯的目的,德国与其他列强在袁世凯于10月6日正式当选为中华民国正式大总统的次日,向袁世凯政府外交部递交了文字措词相同的承认国书,德国外交部就选举结果向中国驻德国大使馆表示热烈祝贺①。当然,对于德国的帮助,袁世凯是非常感激的。德国为此欢欣鼓舞,并自信"最近之将来可能特别适宜于保证德国愿望从中国政府得到一个顺利的接受"②。

德国要保障其既得的在华权益,还须维持帝国主义列强在华的侵略现状,避免因新的纷争而危及其既得在华权益。在整个辛亥革命的过程中,日本试图利用西方列强正在准备世界大战而无力东顾之机欲大举独吞中国。为此,德国的对策是:利用其他列强也不愿意日本独吞中国而不利于其自身利益的动机,巧妙地联合其他列强制止日本的单独侵华行动。辛亥革命刚爆发时,德国试图实行直接干涉政策,后来看到日本军队源源不断开进中国,德国立即警觉地联合其他列强打出"中立"旗子,并利用英国向日本施加影响和压力,阻止了日本单独干涉的企图。在南北议和期间,日本以"换防"为名,派遣500名士兵前往汉口,同时不怀好意地资助南北双方,企图在中国内战中浑水摸鱼。德国为此与美国紧急磋商,确定了各列强"在华一致行动"的原则,迫使日本放弃武力干涉中国的计划③。1912年1月,日俄两国秘密协定:由日本出兵中国东北,以防止满洲地区卷入到长城以南的混乱。德国闻讯立即联合英国重申不干涉政策。当日本借口"革命党在满洲的骚扰"非常严重,向日本军队发出了准备随时出

①孙瑞芹:德国外交文件有关中国交涉史料选择:第3卷,上海:商务印书馆,1960年版,第385页。

②孙瑞芹:德国外交文件有关中国交涉史料选择:第3卷,上海:商务印书馆,1960年版,第271页。

③孙瑞芹:德国外交文件有关中国交涉史料选择:第3卷,上海:商务印书馆,1960年版,第102页。

动的命令。德国立即宣布将采取军事措施保护在华德侨，以示对抗。同时考虑到自身力量有限，德国再次与美国紧急磋商，德国代理外相还直接警告日本："难以同意日本国此时对中国采取单独行动"①。美国从一贯推行"门户开放"的宗旨出发，于1912年2月8日将美国给德国的复函同时在华盛顿和柏林发表，并分别送达英、法、俄、荷、奥、匈等国政府，重申不干涉中国的原则，得到各国政府的一致赞同，被完全孤立的日本只得被迫同意。1913年9月，发生了张勋杀害日本人所引起的南京事件，日本立即借此提出种种勒索要求，并准备动用武力。德国立即联合英国牵制日本，加上袁世凯已答应了日本的要求，日本武力干涉的企图才没有得逞。正是由于德国利用了协约国之间的矛盾和美日之间的矛盾，才形成了帝国主义列强间彼此相互制约的局面，从而避免了新的瓜分中国狂潮的出现，确保了德国的既得权益。

三、一战期间中德关系经历了由中立继而绝交最后宣战的演变

1914年7月28日，萨拉热窝刺杀事件点燃了第一次世界大战的导火线，列强相继宣战。刚刚掌握政权不久的北洋政府正全力加强集权，巩固统治，为了避免祸及中国，殃及其身，遂于8月6日颁布《局外中立条规》24款，对外声明中国恪守中立，对内晓谕国民遵行中立义务。11日，北洋政府又决定设立中立办事处，并电令各省筹办中立事务处，地点设在通商口岸或省城，处长由本省交涉员或关监督担任②。但是，"弱国无外交"决定了这种局外中立只能是有名无实，得不到列强的保证而流于一纸空文。其中，日本政府趁欧美列强无暇东顾之机，跃跃欲试，企图确立日本在东亚的独霸权。8月15

①[日]信夫清之郎：日本外交史：上册，上海：商务印书馆，1980年版，第372页。

②许指亚：《民国十周记事本末》上册，《近代中国史料丛刊续编》第80辑。

日，日本向德国发出最后通牒，并旋即出兵山东，占领青岛。在此之前，国内一些有识之士曾向北洋政府建议先下手为强，收回青岛。与此同时，德国驻华代办马尔参也提议将胶州租地直接归还中国[①]，但由于日本从中作梗而没有实现。

随着战事的进展，协约国对中国对德参战的态度发生了转变。一方面，英公使朱尔典、法公使康浵和俄公使鹏斯基对北洋政府继续支付德国庚子赔款，从而使德国人利用这笔款在中国境内进行不利于协约国的活动，特别是德华继续进行商业贸易往来表示极大不安。此外，在战争过程中，在华的德国商人从物质上支援德国在欧洲的军事行动，如德商汉纳根就曾购进大批诸如牛皮和皮靴等军用物资转道运往德国。

因此三国于1915年11月上旬向北洋政府提出，要求中国对德宣战，以驱除德国在远东的势力，并且使中国成为劳力、粮食供应等战争资源的基地。另一方面，北洋政府也想倚恃列强遏制日本，并藉此获得列强的财政支持，停付德国的庚子赔款，以大大舒缓财政窘况。但日本害怕一旦中国加入协约国，势必不利于日本控制中国，强烈反对中国对德参战，迫使中国仍持中立态度。

综观一战初期，北洋政府的局外中立最终流为一纸空文，实是由于列强，其中特别是日本，不仅扼制了中国的政治、经济命脉，而且还左右着中国的外交，中德关系虽然还没有破裂，但这并不是作为列强羽翼的北洋政府所能决定的。特别值得一提的是，在欧战方酣之际，交战国双方劳力奇缺，北洋政府以输出劳工的变相形式或多或少地已卷入了一战。由于北洋政府当时仍旧保持形式上的“中立”，不便出面主持此事，故由商人出面代办。1915年1月，梁士贻、叶恭绰筹办惠民公司，开始招募华工赴欧参战。“唯事实上华工不仅参与军火制造及后勤支缓，且于战火下担任运输、挖掘战壕等工作，并有实际

①王安娜:《第一次大战后的德中关系》,《近代史资料》,1983年,第3期,第122页。

参加作战、辅助战事之进行者”①。

德国政府认为北洋政府此举破坏了中立立场，是对德国不友好的举动，因此接二连三地向北洋政府提出抗议，要求禁止华工继续赴欧。但北洋政府未理会德国的抗议，声称招募华工对交战国双方都一律平等，断难因为德国未能招工而禁止协约国。一战期间赴欧华工前后达 20 万人，他们对协约国最后战胜德奥联盟有着不可忽视的作用。它也是北洋政府在日本反对中国参战的情况下不得已而为之的一种变通手段，随着一战双方力量的消长，特别是美国对德宣战，北洋政府也由局外中立走向对德绝交。

1917 年 1 月 9 日，德国御前会议决定施行无限制潜艇战。31 日，柏林宣布绝对禁止中立各国与英、法等协约国通商，声称从 2 月 1 日起，一切船只无论挂何国旗，载何货物，均当用鱼雷击沉，且限各轮船于 5 日内回到各中立国口岸。美国以此为口实，于 2 月 3 日宣布同柏林断绝外交关系。“美国进入战争不仅是因为德国的潜水艇，而是因为奉行扩张主义的美国人最后想参加战斗，以便使美国提供的最好的原则和商品进入旧世界”②。

因此，美国在一开始便急于在战争中发挥主导作用。2 月 4 日，美驻华公使芮恩施分别会晤了黎元洪与段祺瑞进行游说，力劝北洋政府仿效美国与德绝交，并向中国政府保证，美国将保卫中国，发展更为积极的对外政策，帮助中国获得参加战后和会及在远东问题上拥有发言权，以提高中国的国际地位。2 月 5 日，北洋政府召开外交特别会议，议决对德绝交之事，但众说纷纭。6 日，北洋政府向芮恩施表达了意见。芮恩施隔日即予以答复：“唯本公使认为有理由足以代表敝国政府向阁下政府保证贵国政府所提出各点，将有适应办法，足使贵国能完成与敝国政府采取同一行动所负之责任；并避免损害

①陈三井：《欧战期间之华工》，《中国现代史专题研究报告》第五辑，第 359 页。

②马斯·帕特森等著：《美国外交政策》下册，北京：社会科学出版社，第 392 页。

其国家独立,军事自主,及行政完整"①。

外交总长伍廷芳主张响应美国的号召,以争取美国对中国在政治经济上的支援,来抵制日本的侵略并争取在战后和会上收回国家主权。中国驻法、比公使也致电北京外交部主张对德绝交,认为只有这样在战后才可"稍纾祸机"。此时,北洋政府的绝交倾向已甚明显。因为美国的参战,使交战双方胶着的局面为之一变,显然德国将失去这场战争。若不参加协约国对德作战,中国在战后的国际社会上难以拥有发言权,外交处境将更加孤立,被日本攫取的山东权益终难收回。于是,北洋政府以德国无限制潜艇战威胁华人生命财产安全为由,在2月9日由外交部正式向德国提出强烈抗议,并致电中国驻德公使,将抗议书转交德国政府。抗议书云:"……此项计划(指德国无限制潜艇战政策——引者注),违背现行之国际公法,而妨害中立国及中立国与交战国之正当商务,若隐忍任其施行,不啻使无理由之主张,列入国际公法,因此本国政府特向贵国政府于2月1日颁行之计划,严重抗议……。"并且表示,若抗议无效,"迫于必不得已,势将与贵国断绝现有之外交关系"②。同日,北洋政府照会芮恩施,告以"与贵国政府毅然附合,取一致行动"③。

德国政府虽然对中国迟早必将参战一事了如指掌,但是仍极力争取北洋政府,阻止两国关系的进一步恶化。德国驻华公使辛慈除代表德政府解释无限制潜艇战是为了迫使英国早日屈服,且中国将会从中获利外,并且多次表示:"中国如不参战,德方亦可予中国协约国所供之条件:如改善关税,停付庚款等"④。

私下里为备不测,辛慈还做了两手准备。一方面,对北洋政府要

①芮恩施:《一个美国外交官在中国》,第245页。

②《外交文牍·绝交》(民国元年至十年)(一),《近代中国史料丛刊》第8辑,第3页。

③《外交文牍·绝交》(民国元年至十年)(一),《近代中国史料丛刊》第8辑,第3页。

④李国祁:《德国档案中有关中国参加第一次世界大战的几次记载》,《中国现代史专题研究报告》第4辑,第322页。

员、国会重要议员和部分督军发起银弹攻势，如3月2日，辛慈通过中间人向段祺瑞行贿，表示如果段延缓中国参战，德国将给他100万元[①]；另一方面，德使则秘密与反段祺瑞势力勾结，表示愿将德华银行资本用来"协助张勋复辟"[②]以推翻段祺瑞政府。

他还秘密地向张勋提供了不少枪炮，并声称若张勋复辟实现，则德国"承认帝国新政府"，其交换条件是"新政府成立后，首宜开复中德复交，仍严守中立"[③]。

但段祺瑞、黎元洪等对德使的暗送秋波，虚与委蛇，均遣人密告德使："中国抗议之照会纯为一种形式，并无任何新意义，一切个人关系均仍照旧。"此外更解释中国追随美国政策，"实欲依美扼日。非如此做中国无法获得借款"[④]。

美国及其他协约国则纷纷赞扬北洋政府对德抗议之举，并一致要求北洋政府尽快与德绝交。日本因见美国对华政策已发生影响，唯恐落人之后，又恃其在二三月间已与英、法、俄、意签订战后接收山东德国权益的秘密协定，因此促使中国参战可谓不遗余力。一时间，是否对德绝交已成为北洋政府外交的焦点。段祺瑞手握军政大权，力主对德绝交，进而对德宣战，这样就可以借参战为名向列强取得借款，在政治、经济上巩固自己的地位，训练参战军，达到武力统一的目的。因此，段祺瑞做好与德绝交的准备。2月7日，外交部遂致电中国驻德公使颜惠庆，令其做好将中国在德的事务、侨民、学生等转移的工作。3日，段祺瑞召开内阁会议，通过对德绝交案。翌日，段率阁员晋谒黎元洪，要求签字。但黎以此事关系重大，须先获国会允准

①李国祁：《德国档案中有关中国参加第一次世界大战的几次记载》，《中国现代史专题研究报告》第4辑，第323页。

②《张勋藏札·金永函》，《近代史资料》，1965年9月总35期，第27页。

③《郑孝胥丙丁日记》，《近代史资料》，1965年9日总35期，第74页。

④李国祁：《德国档案中有关中国参加第一次世界大战的几项记载》，《中国现代史专题报告》第4辑，第322页。

才可为最后决定为由，加以拒绝。段愤而出京赴津。这就是第一次“府院之争”。它以段祺瑞获胜而告终。10 日晚，德使辛慈把对中国 2 月 9 日抗议的复文送达外交部，表示难以取消德国的无限制潜艇战，措词婉约地解释了德国采取此策略的“苦衷”，并称“德国曾予与中国有良好友谊之凭据，因此交谊，德国允愿将恫吓之言视为末道，故此本帝国政府，据此渴望中华民国政府修正此问题之意旨……”。不然“中国不但失一真实良友，且中国冒不堪设想之转葛”[①]。次日，辛慈会晤段祺瑞，以等待德国政府为由，盼再延长 4 周，段表示此种延缓毫无意义，说：“刀放在我们喉头上，我们不允许再等待，相信我，纯粹系因国家的需迫，促使我们采此步骤”[②]。

13 日，段祺瑞成立“国际政务评议委员会”以研究战时外交问题，主要关于处理德侨、对协约国应提的条件、供给物质、改订关税、巴黎经济同盟以及将来在议和大会上应提出的各项问题。14 日，北洋政府宣布与德断绝一切外交关系，称：“……不幸抗议已愈一月，德国之潜艇攻击政策并未撤销，各国商船多被击沉，我国人民因此致死者已有数起。昨十一日接德国正式答复，碍难取消其封锁战略，实出我愿望之外。兹为尊崇公法保护人民生命财产计，自今日始与德国断绝现有之外交关系”[③]。

外交部于 3 月 14 日即发给德使出境护照，并按国际通例，请求英、美、日、法 4 国发给该使通行券；同时致电中国驻德公使颜惠庆，促其即日离开德境，辛慈及馆员和眷属 3 月 25 日由北京起程赴沪离华，黎元洪亲自送别，特派专车送德使到上海。而颜惠庆及馆员，直

---

①《外交文牍·参战案》(民国元年至十年)(一)，《近代中国史料丛刊》第 87 辑，第 4 页。

②李国祁：《德国档案中有关中国参加第一次世界大战的几项记载》，《中国现代史专题研究报告》第 4 辑，第 325 页。

③《外交文牍·参战案》(民国元年至十年)(一)，《近代中国史料丛刊》第 87 辑，第 4 页。

到5月1日才获准离开德境赴丹麦归国。

中国对德绝交后，德国一方面指责中国受美、日及协约国的引诱；另一方面想力挽狂澜，以免中国进一步对德宣战。但是，此时中国的对外方针已不是德国的几句恫吓能改变的。在中国参战的问题上，美国除了怀着与日本同样的目的，希望趁中国参战之机捞取市场外，还想和日本争夺优势的地位。4月5日，美国外交部向中国驻美大使顾维钧许诺说："如果中国向德国作战，美国允接济"[①]。

但面对着日本独占中国，操纵参战的现实，美国政府"构思出金元外交作为阻止日本扩张，支持中国独立，并刺激海外投资和贸易的手段"[②]。因此，它希望中国对德绝交而不是宣战。虽然日本政府极力怂恿中国参战，但此问题却在北洋政府里掀起轩然大波。黎元洪不愿看到段祺瑞因受日本扶持而势力膨胀，便拉拢政客来对抗段祺瑞，而以段祺瑞为首的院方"不仅是参战问题，正好借此外交武器为倒黎"[③]。4月25日，段祺瑞召集八督军、二督统、一省长、一镇统在北京召开"督军团会议"，其用意显然是用督军的声势来弹压黎元洪。5月1日，内阁国务会议通过宣战案；7日，向国会提交宣战案。在国会开会讨论时，段重演袁世凯的故伎，组织了3 000多人，挥舞小旗，散发传单，声言必须当天通过"宣战案"。段又唆使督军团呈请政府解散国会。黎未从段旨，反而将段免职。29日，安徽督军倪嗣冲首先发难，应声四起。黎欲倒段，反而骑虎难下。随后，段祺瑞与张勋共演出"清帝复辟"和"再造共和"的双簧戏。黎段之争再次以段祺瑞告捷而终了。8月13日，北洋政府密电驻外各领事馆，称将定于14日对德宣战。14日，颁布大总统令，正式宣布对德作战。宣战书云：

①《1917年4月5日顾维均致北京政府报告》，《近代史资料》；1979年，第1期。

②马斯·帕特森等著：《美国外交政策》下册，北京：社会科学出版社，第323页。

③张国淦：《中华民国内阁篇》，《北洋军阀史料选辑》上册，北京：中国社会科学出版社，1981年版，第206页。

"……中国政府,犹希望德国政府所采违背公法,伤害人道之计划,或因世界之公愤,而有所变更,今则并此亦已绝望矣。中国政府本其尊重公法,保护人民生命财产之宗旨,对此情形,不能久置不顾。兹中国政府,特声明自中华民国六年八月十四日上午十时起,与德国人于战争之状态[①]。并明确宣布废止中德两国 1861 年 9 月 2 日所订的中德条约和 1880 年 3 月 31 日的中德善后章程,等等。同日,北洋政府照会各国驻京公使,告之对德奥两国宣战经过。广州军政府也在 9 月 22 日获国会非常会议通过宣战,26 日军政府正式宣告对德作战。至此,中国对德宣战在法律上已付诸实施。

综观从辛亥革命到第一次世界大战,德国对华政策的根本目标在于维护在华既得利益,但是,由于欧洲多事,且其实力不足以保持在华强大影响,故终未能达到目的。而此时的中国仍为弱国,外交自主有限,与德修好的政策难以贯彻,故中德关系终难逃脱断交之厄运。不幸此种状况后来在 30 年代竟又重演,可见中德关系发展之艰难。

①《外交文牍·参战案》(民国元年至十年)(一),《近代中国史料丛刊》第 87 辑,第 205 页。

亨利八世的婚姻与英国宗教改革

宋佳红①

摘　要：英国宗教改革的历程贯穿于整个都铎王朝，历经亨利八世、爱德华六世、玛丽女王和伊丽莎白女王四任君主的统治才最终完成，其中既有新旧的调和、也有新教的全面挺进，还有天主教的卷土重来。这一切都与亨利八世的历次婚姻有密切关系。因此，亨利八世的婚姻对英国宗教改革的影响并不仅限于他与阿拉贡的凯瑟琳的“离婚案”。

关键词：英国、亨利八世、宗教改革、婚姻

英国宗教改革以亨利八世与凯瑟琳的婚姻纠纷为契机而开始，这已是众所周知的事实。不过，亨利八世的婚姻与英国宗教改革的关系并不仅于此。其实，他的婚姻对英国宗教改革的整个进程影响都非常重大，也是形成独具英国特色的改革之路的原因之一。在亨利八世一次又一次姻婚过程中，在他的子女嗣位问题上，都掺杂着新旧势力的角逐。可以说，亨利八世的婚姻是透视都铎王朝宫廷政治的一面镜子。关于英国宗教改革，学术界已经从政治、宗教、经济和社会生活等各方面进行了比较深入的研究，而对亨利八世的婚姻往往仅作为一个偶然因素稍作论述，而他的后几次婚姻就更加不为人们所注意了。本文拟对亨利八世的婚姻进行全面阐述，探讨其对英

①宋佳红（1976—），女，湖北仙桃人，湖北大学历史文化学院讲师，主要从事西方近代社会转型研究。

国宗教改革的整体影响。

从1509年亨利初婚到1547年去世这30多年里，亨利八世先后共结了6次婚，在他的6位妻子中，有两位被砍头，两位被废，一位死于产褥热，只有最后一位幸免于难，得以善终。其中，有3次在自己仍然还是有妇之夫时，亨利就又看上了王后的侍女，因而迫不及待地要解除自己既存的婚姻。在他充满悲欢离合的婚姻生活中，各派政治与宗教势力也卷入其中，既有微不足道的人物成为了耀眼政坛的新星，也有权倾一时的人被推上了断头台。为了便于说明问题，先来看看亨利八世历次婚姻的简要情况。

1501年11月，亨利之兄亚瑟王子与阿拉贡的凯瑟琳完婚，这纯粹是一桩政治婚姻。正是由于这场政治联姻的重要性，即便是亚瑟王子新婚不到半年就因病去世，英国也仍然不愿意放弃与西班牙的联姻，而是开始商讨凯瑟琳与亨利王子的婚事。1503年6月23日，英西双方就17岁的凯瑟琳与12岁的亨利王子的婚姻达成协议。两天后，举行了正式的订婚礼。1509年6月11日已经继承王位的亨利八世与凯瑟琳举行婚礼。但是，作为政治联姻，他们的婚姻显然是失败的。从结婚直到凯瑟琳在1518年11月最后一次生产将近有10年的时间，期间凯瑟琳只在1516年2月产下一个健康的婴儿，只可惜是一女婴，即后来的玛丽女王。因此作为王后而言，凯瑟琳是失败的，她没有为王室生育男性继承人。其父在与亨利结盟对付法国过程中，只是自私地利用英国，根本不顾及英国的利益，最后还与皇帝马克西米利安一世一起和法国单方签定了和约。所以她也没有起到加强英国力量的作用。此外，由于亨利八世与凯瑟琳曾是叔嫂关系，这桩婚姻在缔结过程中所存在的缺陷也是一种潜在的危险。最后在多方因素的作用下，亨利八世终于下定决心要解除自己与凯瑟琳的婚姻。

1522年，安·博林从法国回到英国，进入宫廷成为凯瑟琳的一名侍女，她在勃艮第和法国的宫廷中得到的训练立刻使她在英国宫廷中脱颖而出。亨利写给安·博林的情书可能始于1524年，所以安·博林一进入宫廷应该就吸引了亨利八世的注意。1527年，亨利八世开始为了解除他与凯瑟琳的婚姻而努力。1532年12月底，安·博林怀孕了。1533年1月24日，克兰默就任大主教。第二天，为了保证安·博林腹中婴儿的合法性，亨利在还没有解除与凯瑟琳的婚姻的情况下，就与安·博林秘密结婚。5月，克兰默宣布亨利八世与凯瑟琳的婚姻无效，与安·博林的婚姻才是有效的。1534年的《嗣位法》规定每一个人都要宣誓承认亨利与安·博林的婚姻有效，而与凯瑟琳的婚姻无效。但安·博林也没有给亨利生育儿子，只产下一女，即伊丽莎白。1536年1月，安·博林流产，是一个畸形胎。由此，亨利付出巨大代价才得以缔结的婚姻又失败了。与此同时，凯瑟琳去世。5月17日，克兰默再次宣布亨利的婚姻无效，两天后安·博林被处死。

其实，早在安·博林被处死之前，亨利就看上了简·西蒙。简·西蒙曾是凯瑟琳的侍女，大约1529年进宫。1533年夏的时候，由于亨利裁减凯瑟琳的随从人员，简·西蒙可能一度离开宫廷。不过1534年的时候，有记录表明她以安·博林侍女的身份得到亨利八世赠与的新年礼物。1536年5月20日，就在安被处死后的第二天，亨利与简正式订婚，5月30日，举行婚礼。1537年10月12日，简产下一子，即后来的爱德华六世。这次婚姻终于给都铎王朝带来了一个男性继承人，但这却是以简的性命为代价换来的。

在简·西蒙死后，亨利又四处派出使者为自己找寻合适的结婚对象。在克伦威尔的运筹帷幄下，1539年9月，亨利与克利夫斯的安妮订立婚约。1540年1月，亨利与安妮结婚。但亨利对这位他称之为"弗兰德斯母驴"的王后毫无兴趣，虽然他们举行了婚礼，但根本就没有圆房。7月10日，这次婚姻被宣布无效。安妮接受亨利的一切条件，放弃了自己的王后宝座，与亨利兄妹相称。在此期间，克伦威尔于6月10日被捕，7月28日被处死。

就在克伦威尔被处死的同一天，亨利娶了他的第五任妻子：凯瑟琳·霍华德。凯瑟琳·霍华德是诺福克公爵的侄女，与安·博林是表亲。她在1539年12月进宫，成为安妮身边的一名侍女。据说，亨利对她是一见钟情。1540年4月，亨利不断对凯瑟琳·霍华德大加赏赐，恩宠有加。到6月时，亨利与凯瑟琳·霍华德已经是如胶似漆。因此，一旦他从第四次婚姻的束缚中解放出来，就迫不及待地与凯瑟琳举行了婚礼。可惜凯瑟琳·霍华德并非其亲属所夸耀的纯洁而且正派。早在她入宫前，就先后与乔治·门诺克斯、弗朗西斯·德勒姆有染。甚至在贵为英国王后后，还与后者在宫中偷情。1541年11月，亨利得到了凯瑟琳·霍华德通奸的证据，只有哀叹自己"真是时运不济，竟娶些不成器的东西"①。1542年2月，凯瑟琳·霍华德被处死。

1543年7月，亨利最后一次再婚，娶了凯瑟琳·帕尔。帕尔是个结过两次婚又没有生育的寡妇，看来已过天命之年的亨利此时已经对为都铎王室生育男性继承人不再抱希望了。在帕尔的影响下，亨利的三个子女：玛丽、爱德华和伊丽莎白首次在宫廷中团聚。虽然帕尔一度因为自己的新教信仰而险遭不测，不过最终还是得以陪伴亨利走完人生中的最后几年。1547年1月，亨利八世驾崩，把仍然悬而未决的政治、宗教问题留给了年幼体弱的爱德华六世。亨利死后与简·西蒙合葬，对这位唯一给自己生了儿子的女人，又在自己厌倦之前就先撒手人寰的女人，亨利确实是情有独钟。

那么，亨利八世的婚姻到底与英国宗教改革有什么样的关系呢？首先，亨利八世与安·博林的婚姻必然要导致英国与罗马的决裂，而安·博林要想成为亨利名正言顺的妻子就必须依靠新教。另一方面，阿拉贡的凯瑟琳要维护自己的英国王后的地位就必须仰赖天主教的力量。因此不论她们自己的信仰如何，安·博林和凯瑟琳分别

①John Guy, Tudor England, Oxford: Oxford University Press, 1988. P. 189.

代表了新教和天主教势力。

自从1527年亨利八世正式开始要求解除他与凯瑟琳的婚姻后，他一直在寻求传统的解决方法，即由教会宣布他们的婚姻是无效婚姻，其理由则是他们之间的叔嫂关系。这确实是天主教禁止结婚的亲属禁忌，但是之前教皇朱利叶斯二世已经给了他们特许状，扫除了这一障碍。现在亨利八世要求教皇克莱门宣布朱利叶斯二世的特许状是无效的，这无疑是要求教皇自己否认自己的权力和权威。由于事关大统的继承问题，亨利八世为了确保自己与安·博林婚姻的有效性以及所生子嗣的合法性，又进一步要求教皇特许他可以和任何女人结婚：即使该女人与他有第一亲等的姻亲关系，即使这种关系是由于婚外性关系所产生的，即使他与这个女人在婚前就已经有了夫妻之实①。但是，教皇根本就不可能满足亨利八世的这两个要求。

与凯瑟琳比较，亨利与安·博林之间存在着更严格的第一亲等的姻亲关系。他却还以这种理由要求废除与凯瑟琳的婚姻关系，以便与安结婚。教会所规定的姻亲关系可以通过是否发生性关系来确定。也就是说，如果某男与某女发生了性关系，即使他们没有正式结婚，那他们也与对方的血亲存在着姻亲关系。这种情况正适合亨利与安。因为在此之前，安的妹妹玛丽·博林早就已经做了亨利的情妇，甚至还有传言说他们生下了私生子。凯瑟琳虽然与亚瑟王子正式结婚，但却没有圆房。所以在教会看来，凯瑟琳只是亨利名义上的嫂子，他们之间存在的结婚禁忌并没有亨利与安之间的严重。而且他们的婚姻还是经过教皇特许的。而亨利在没有解除与凯瑟琳的婚姻时，就已经和安发生了性关系，这也是天主教会所谴责的。但是，亨利为了达到自己的目的却要求克莱门七世宣布朱利斯二世的特许无效，这就是要教皇自己否定教皇的权威。不仅如此，他自己还要求借助教皇的权威来保证和安再婚的正当性，这就是要教皇在否定自

①Scarisbrick, J. J., Henry VIII, London: Eyre Methuen, 1981. P. 160.

己的权威之后又行使自己的权威。

此外，安·博林是个新教徒，她自己支持宗教改革，她周围的人也是些主张改革的人。教皇如果帮助安·博林，简直就是自掘坟墓。亨利八世要想废掉凯瑟琳，与安结婚，就只有一条路可走了，即通过否认罗马教皇本身的权威来否认教皇对他的婚姻的裁决权，并且在国内依靠议会和改革者的支持来解决问题，由此也引发了英国的宗教改革。由于对国王的支持而得到赏识，新教徒克兰默从一位剑桥大学的教师逐步登上坎特伯雷大主教的职位，托马斯·克伦威尔也由沃尔西的一名属下而一跃为国王身边的红人。1532 年底，安·博林怀孕，之后亨利与安秘密结婚。这使亨利的婚姻问题到了刻不容缓的地步。因此 1533 年 2 月，议会通过《禁止上诉法案》否认了罗马教廷在英国的司法权，规定所有的宗教案件都只能在国王的司法权威下终审判决①。该法的直接目的就是要使亨利的婚姻案在坎特伯雷大主教法庭审判。5 月克兰默宣布亨利与凯瑟琳的婚姻无效，而与安的婚姻是合法有效的。所以除了政治、经济和宗教等因素外，亨利八世婚姻本身的问题注定了英国要与罗马的决裂。

其次，其他几位王后也因自己的宗教倾向或所代表的宗教势力对亨利八世时期的宗教政策有所影响。在亨利八世时期，婚姻和亲属关系是构建庇护网络的重要基础。随着王权的逐步强化，大小贵族和地方乡绅都将靠近、拉拢国王或国王身边的人视为获取经济利益和政治资本的最有效途径。因此依靠各种纽带和关系将家族中的女子送入宫廷就成为贵族孜孜以求的事。女子通过家族的影响力进入宫廷后，无论是否担任具体职务，都会成为为家族建构庇护网络的重要角色。如果有幸蒙国王宠幸，那么其家族都会因此而获益。如果有幸能够贵为王后，那其家族就更是显赫不已了。因此总会有一批人围绕在王后身边，甚至她的侍女也成为宫廷政治的工具。与此

①24 Henry VIII, c. 12, Statutes of the Realm, vol. III, P. 428.

同时，亨利为了生儿子又一次次再婚，这样就更给那些野心勃勃的人创造了机会。这在三个由王后侍女而成为王后的三个人身上表现得非常明显，即安·博林、简·西蒙和凯瑟琳·霍华德。

安·博林的父亲是托马斯·博林，其母是诺福克公爵二世的女儿，伊丽莎白·霍华德。在父亲和外祖父的帮助下，安进入宫廷成为凯瑟琳王后的侍女。在安入宫前，其妹妹就已经是亨利八世的情妇。当亨利又看上安后，安不想走妹妹的路，而采取了极其策略的手段，一方面取悦于亨利，一方面在没有得到结婚承诺时拒绝亨利的性要求，装出一副贞洁正派的样子。这令亨利八世对她痴迷不已，最后历尽艰辛娶了她。由于两个女儿先后都得到国王的宠幸，托马斯·博林也不断加官进爵，得到一些肥差。他在 1525 年受封为洛奇福德子爵，1529 年又受封为威尔特与沃蒙德伯爵。安的弟弟乔治也得到重用。1528 年 9 月，乔治成为亨利的贴身侍卫，1529 年 2 月，任博里厄总管，10 月率团出使法国。随着博林家族逐渐得势，主张宗教改革的人以及想扳倒沃尔西的人就成为安·博林背后的势力。安加冕为王后之后，亨利八世加快了英国宗教改革的步伐，在 1534 年和 1535 年通过了一系列的改革法案，摧毁了教皇在英国的权威，确立了自己在英国的至尊地位。

1535 年，亨利厌倦了安，并打算废除与安的婚姻。但是，此时凯瑟琳还尚在人世。废掉安，就必须重新迎回凯瑟琳做英国王后，因为亨利不能同时与天主教势力和新教势力为敌，否则很容易导致严重的国际国内危机。如果亨利八世重新迎回凯瑟琳，这无异于承认自己从前的做法是错误的，亨利八世绝对不希望这样，因此只好等待时机。但他对安的厌倦又给宫廷中的野心家以及那些敌视安·博林的人以机会。简·西蒙由此登上英国的历史舞台。简·西蒙曾是凯瑟琳的侍女，后来又入宫成为安的侍女。1535 年夏，亨利八世巡游西南各郡时，曾驻跸在约翰·西蒙的宅邸，简·西蒙当时就在她父亲家里。很可能就是这次显然是故意安排的见面使亨利八世看上了简·

西蒙。几周后，法国大使就报告说国王另有新欢。简在宫中很有人缘，国王身边的近臣把安·博林当年诱惑亨利的计谋教给了她。随着凯瑟琳的去世，亨利甩掉安的障碍不复存在。1536 年 2 月底，简的兄弟爱德华·西蒙被任命为枢密院成员。克伦威尔在宫中有一间房，该房与国王住所有密道相通。亨利为了能够与简幽会，下令克伦威尔将该房间让给爱德华·西蒙及其妻子住。4 月，宫中所有人都知道，西蒙家族的势力要取代博林家族了。

简·西蒙的宗教信仰倾向保守，她自己虽然没有影响亨利八世的宗教政策，但她间接地影响了英国宗教改革的进程。她的兄弟爱德华·西蒙是坚定的新教徒，儿子爱德华王子从小就受到新教思想的影响，也成长为一名虔诚的新教徒。所以当年幼的王子继位后，爱德华·西蒙成为护国公后，英国宗教改革的进程迅速加快，深入到亨利八世没有涉及的教义改革和仪式改革。

在安·博林去世后，亨利的宗教政策越来越倾向于保守。有了国王的支持，国内的保守势力开始占据上风。1539 年 6 月，议会通过《六条法案》。而此时，简·西蒙已经去世一年多了，亨利八世还在四处寻找合适的结婚伴侣。如果他与天主教国家联姻，势必会将天主教的势力引入宫廷，对国王产生影响，由此一来，英国的改革事业将前途未卜。因此，克伦威尔和克兰默等改革者开始采取行动。结果亨利八世娶了新教国家的公主，即克里夫斯的安妮。由于亨利八世对这次婚姻极度不满，改革派的计划落空，而且还导致了克伦威尔的垮台。由此，英国宗教改革陷入低潮。

当亨利公开自己对安妮的不满后，又一个女人成为了宫廷政治的棋子，即凯瑟琳·霍华德。她是安·博林的表妹，安妮王后的侍女。保守派和嫉恨克伦威尔的权势的人有了新的中心。斯蒂芬·加德纳主教和诺福克公爵（指诺福克三世，安·博林的舅舅，凯瑟琳·霍华德的叔叔）拼命巴结凯瑟琳和亨利，不断在自己的府邸宴请他们。堂堂的主教和公爵竟如皮条客一样利用一个女孩去诱惑国王。

在亨利解除与安妮的婚姻后，这两人还伙同其他人觐见国王，恳求他“说出尊贵心灵中的爱”以确保“得到更多的子嗣、使大统有继”，以慰国民。在加德纳和诺福克的影响下，亨利八世的宗教政策主要是积极贯彻《六条法案》。保守派又得势了，只可惜好景不长。此时改革派虽然遭到了打击，但是一直在等待机会，他们不会放过任何可以使凯瑟琳失宠的机会。一名坚定的新教分子，约翰·拉塞尔斯从他妹妹玛丽口中得知了凯瑟琳婚前胆大妄为的放浪行为，并汇报给克兰默。经过与赫特福德伯爵爱德华·西蒙和大法官奥得利商议，他们决定将实情汇报给国王。这三人都支持改革，而且反对加德纳和诺福克的政策。11月，克兰默给亨利八世递交了书面报告。亨利虽然不愿意相信自己纯洁的妻子婚前竟如此放荡，但还是下令进行调查。结果是拔出萝卜带出泥，不仅很快证实报告属实，而且还发现凯瑟琳在婚后的通奸行为。整个霍华德家族都受到牵连，诺福克虽然没有受到惩处，但失去了国王的宠幸，他在宫中的势力就一落千丈了。

亨利的第六任妻子，凯瑟琳·帕尔是新教的支持者。她运用自己的影响力减轻了《六条法案》的作用。她密切交往的圈子以皇家保育室为中心。其中，约翰·奇克、理查德·柯克斯、安东尼·库克以及其他改革派的人文主义者被任命为伊丽莎白公主和爱德华王子的老师。凯瑟琳与克兰默交往密切，她还任命了一个改革者，沃尔特·巴塞勒为自己的秘书。凯瑟琳庇护过的激进分子有科弗代尔和雷帝默。她的交际圈子对伊丽莎白和爱德华的宗教信仰都产生了很大影响[①]。此时，赫特福德伯爵爱德华·西蒙与莱尔子爵约翰·达德利在宫廷中的势力增强。而王后的兄弟埃塞克斯伯爵威廉·帕尔是枢密院的成员，王后的姐夫威廉·赫伯特是她的地产总管。这两人在议会和地方都有自己的追随者，而且他们都支持赫特福德伯爵。因此，在亨利八世晚年，宫廷中的改革派逐步打垮了加德纳和诺福克。

①John Guy, Tudor England, Oxford: Oxford University Press, 1988, P195.

1546 年，他们首先把加德纳从枢密院除掉，然后逮捕了诺福克公爵以及他的儿子萨里伯爵。因此，当亨利八世驾鹤西归，把国家留给年幼的爱德华时，改革派完全掌握了实权，由此为爱德华六世时期的全面改革奠定了基础。

最后，亨利八世的前两次婚姻都事关玛丽与伊丽莎白出生的合法性问题。在亨利生前虽然承认了她们的王位继承权，但并没有明确恢复其合法身份。因此，当这两位女王继位后，她们必须依靠其母所代表的宗教阵营来说明自己的合法身份。

正是由于亨利八世的婚姻纷繁复杂，都铎王朝的王位继承问题也显得格外棘手。亨利八世在位期间，分别于 1534 年、1536 年和 1544 年先后三次颁布《嗣位法》。1534 年，议会通过的《嗣位法》援引了克兰默的判决，规定国王与凯瑟琳的婚姻无效，而与安的婚姻是合法有效的，安所生的子女是国王的合法子嗣和继承人①。该法明确承认了伊丽莎白的合法身份，却没有明确否认玛丽出生的合法性。根据教会法，父母的婚姻被宣布无效后，其子女仍然可能是合法子嗣，即只要当事人双方在结婚时对于婚姻无效的前提并不知情。而 1534 年的《嗣位法》没有明确这一点，所以，此时玛丽的身份是模糊不清的。1536 年，形势发生了巨大变化。在这一年，凯瑟琳和安先后去世。克兰默宣布亨利与安的婚姻无效，理由是安的姐姐曾是亨利的情妇，亨利与安之间因此存在第一亲等的姻亲关系。之后，亨利与简·西蒙结婚。结果，1536 年《嗣位法》规定亨利的前两次婚姻都是无效婚姻，所生子女都属于私生子，不享有任何的继承权②。简·西蒙在生下爱德华王子后去世。后来亨利又再婚了几次，不过再没有生育，而爱德华又体弱多病。所以，1544 年《嗣位法》规定王位的继承顺序是爱德华、玛丽和伊丽莎白。该法案虽然恢复了玛丽和伊

①25 Henry VIII, c. 22, Statutes of the Realm, vol. III, P. 472.

②28 Henry VIII, c. 7, Statutes of the Realm, vol. III, P. 658.

丽莎白的继承权，却并没有明确恢复她们的合法身份。

1553年，当玛丽继位后，首要的事情就是恢复自己的合法身份，这必然要肯定亨利八世与凯瑟琳婚姻的神圣性，并废除一切与之相抵触的法案。再加上自己虔诚的天主教信仰，玛丽上台后，就开始了激进的复辟天主教的活动，英国宗教改革的道路全面逆转。1558年，玛丽女王病逝，伊丽莎白继位。虽然早年伊丽莎白一直小心地隐藏自己的宗教倾向，以致有人怀疑她的信仰是传统的天主教。实际上，即使她没有虔诚的新教信仰，但是她的出生问题使她无可选择地站在新教改革派的立场上。承认天主教就等于否认自己的合法地位，就等于否认自己母亲曾拥有的王后身份。当1559年1月，伊丽莎白加冕，而天主教主教拒绝为她主持仪式时，伊丽莎白就再无其他选择了。英国终究还是回到了宗教改革的道路上来。不过伊丽莎白是一位有策略的政治家，面对国内仍然存在的天主教与新教之间的矛盾，她采取了其父亨利八世的调和政策，最后形成了有英国特色的安立甘宗，由此也产生了英国清教。

因此，综观亨利八世的历次婚姻，他的6位妻子和3个子女都以自己的方式影响了英国的宗教改革。亨利八世自己作为一个统一国家的君主，不希望自己的国家因为政治和宗教的分歧而分裂，因此，一直奉行折中主义的政策，甚至是左右摇摆的政策。但是他的继承人爱德华和玛丽使英国宗教改革走上了两个极端的方向。不过他们统治的时间都比较短，到了伊丽莎白时期，虽然她的出身使她无可选择地站在新教的一边，不过，她的宗教情感是理智的。作为一名伟大的政治家，她贯彻了其父所采取的折中策略，很好地驾驭了国内的保守派和改革派，为英国的稳定和强盛奠定了基础。

论反教权运动与墨西哥的现代化

顾 蓓[1]

摘 要:反教权运动是基督教世界民族国家现代化的必经之路。如同在宗主国西班牙一样,天主教在墨西哥的势力十分强大,反教权运动因而具有了反殖民统治和迈向现代化的双重意义。这场由自由派主导的运动经过了近百年的努力,最终实现了政教分离的目标,为建立资本主义民主制度和墨西哥现代化奠定了基础。但这一过程也经历了许多曲折,付出了惨重的代价,这些经验教训对其他国家如何寻找适合本国特点的现代化之路、如何正确处理政教关系将具有重要的借鉴意义。

关键词:墨西哥、反教权运动、自由派、现代化

一

殖民地时期墨西哥的政教关系基本上是欧洲的翻版。15世纪、16世纪天主教会的权威与中世纪的鼎盛时期不可同日而语,特别是受宗教改革的冲击,令其在欧洲失去了大片的信仰领地,即使在天主教国家内部,由于专制君主制的发展,教会的世俗权力也受到极大的削弱。就西班牙而言,与穆斯林长期的斗争使这里成为天主教信仰最坚定最狂热的地区,但同时西班牙王室也不断加强着对教会的控

①顾蓓(1972—),女,江苏南通市人,湖北大学历史文化学院讲师,主要从事世界近代史,世界宗教文化的教学科研工作。

制，并将之延伸到殖民地。1501 年，他从教皇手中争取到在新发现地区征收什一税的权力，1508 年又取得推荐殖民地神职人员的权力，前提是承担保卫和传播天主教的责任。“教会政策成为 1524 年以后由西印度事务委员会协调出来的殖民政策的又一个方面。王室保留为教会各级任命提名候选人的权利，并承担以农牧产品什一税支付薪金以及建造和资助大教堂、教堂修道院和医院的义务。王室还保留让传教士去西印度群岛的批准权；1538 年还公开命令，要罗马和西印度群岛之间的一切联系取得西印度委员会的认可”①。简而言之，政府在政教关系中起主导作用。

当然，作为历史悠久、经验丰富的宗教组织，天主教会自有一套运作体系——特别教区制，主教是教区活动的核心，拥有很大的权力，而教区本身是一个具有宗教、政治和经济职能的自治中心，将这一完善而有效的制度移植到新大陆，无疑有利于在较短时间内建立迅速而稳固的统治。到 16 世纪中叶，几乎有一半的美洲教区已经成立。一方面，教区负责举行各种宗教仪式、传教、教区法规的制定、神学院神父的教育以及教会的审判等工作；另一方面，教区有权“推荐各项任命的候选人，与各级民政机构相互影响，并负责执行行政当局——西印度事务委员会、总督和检审法庭所订的法规”②。此外，由于拥有较高的知识水平和政治经验，教会人士常常在殖民地政府中担任要职，从而在某种程度上形成政教合一的局面，即当局为传教活动和教会财产提供保护，协助防范新教“异端”，教会则为政府的统治辩护，通过宣扬忍耐服从腐蚀印第安人的思想，瓦解其斗志。总之，尽管在诸如是否应善待印第安人、非白人能否担任教职等问题上存在着分歧，对某些利益有所争夺，政府与教会的关系还是相当融洽

①[英]莱斯利·贝瑟尔(主编)：《剑桥拉丁美洲史》(第一卷)，北京：经济管理出版社，1995 年，第 494～495 页。

②贝瑟尔前引书，第 500 页。

的，双方相互渗透、相互利用；更重要的是，本身就占有大量财富的教会“在16世纪完成对印第安人的信仰转变（至少是表面上）工作后，转而注重从事组织工作和积累财产等俗务”①，成为墨西哥乃至美洲最大的封建主，其基本利益与西班牙殖民统治息息相关，这决定了教会在独立、改革等问题上不可避免的保守以至反动的态度，而由此引起的诸多反应也对墨西哥的现代化进程产生了深远的影响。

1810年，“多洛雷斯呼声”拉开了墨西哥独立运动的序幕，这一事件是由克里奥尔人出身的伊达尔戈神父发动并领导的。克里奥尔人与来自西班牙的“半岛人”都是白人，仅仅因为出生在当地而为后者轻视，在政治经济权利方面遭到排挤和压制，即使在教会内部，他们也多处于教阶的中下层。随着时间的推移，克里奥尔人对这一状况日益不满，于是当西班牙殖民统治危机来临时，他们就成为墨西哥独立运动的领导者。不过需要指出的是，克里奥尔人的反抗更多是出于“半岛人”对各种权益垄断的厌恶和痛恨，目的在于取而代之，他们并不想与墨西哥社会另外两个较低的阶层——混血的梅斯蒂索人和土著印地安人分享权利，因此在对待西班牙殖民统治遗产的态度上更多的是继承而非改造。

这一不彻底性的表现之一就是天主教会连同其财产和影响力被保留下来，并未受到实质性的触动；尽管当时不乏对教会的批评，但针对的并不是宗教本身，反抗和背弃天主教信仰在当时以至现在都是难以想象的，人们所忧虑的是教会巨大的权力和影响。作为超越国家的宗教组织，天主教会组织严密、团结高效，资金来源广泛；更重要的是，它垄断教育，因而可以操纵舆论、控制民众。新的共和国希望能对教会实施一定的世俗控制，如限制其势力和特权，削减教产等，使之从属于国家，而这事实上与西班牙王室的政策并无根本区

①［美］E. 布拉德福德·伯恩斯：《简明拉丁美洲史》，长沙：湖南教育出版社，1989年，第91页。

别。

然而教会的反应却与之大相径庭：墨西哥教会上层几乎全由“半岛人”组成，他们绝大多数是坚定的保皇派，反对独立运动，由于拒绝效忠新国家，大批高级教士出走或被驱逐，加之死亡而无继任者，结果1822—1840年间，墨西哥大主教辖区主教职位出现空缺，到1830年教士的总人数下降了1/3，1810年世俗教士为4 229人，到1834年为2 282人，属于修会的教士1810年有2 112人，到1831年则下降为1 726人①；而罗马教廷公开支持西班牙，对新政府提出的继承西班牙王室行使的圣职授予权的要求不予理睬(直到1827年该政策才有所松动)。

教会的上述做法产生了消极的影响，许多地区出现了因宗教活动停顿所引发的骚乱，给新成立的共和政府造成了极大的困扰。教会希望通过施加压力来打击民族解放运动，维护并扩展其在墨西哥的权利，但这种将自身置于政府对立面的做法无疑是非常不明智的，为后来政府的反教权运动提供了借口。

当然，在建国初期，政府对教会权利的削弱是有限的：1812年的宪法宣布取消包括宗教裁判所在内的一切司法特权和特别法庭；1813年的法令减少了捐税、什一税和教区捐款，规定任何人都可以担任教会和政府的职务②。这反映了从西班牙人手中接管政权的克里奥尔人的保守性。事实上，天主教会在经过短暂的打击后不仅迅速恢复，而且权力有所增长，由于“西班牙国王原来控制任免教会人员的护教权(patronato)已不复存在，教会乃完全脱离国家而独立”；因享有免税权，教会在战争中获得大量土地和抵押品③；教士们不受

①袁东振、徐世澄：《拉丁美洲政治制度研究》，北京：世界知识出版社，2004年，第284页。

②[苏]阿尔彼罗维奇、拉甫罗夫(主编)：《墨西哥近代现代史纲1810—1945年》(上册)，北京：三联书店，1974年，第126页、第135页。

③[美]派克斯：《墨西哥史》，北京：三联书店，1957年，第143页。

世俗法庭的审判，他们集中住在城里，不到乡镇去履行宗教职责，还“强行征收高额税收，限制人们的自由”①，教会作为“国中之国”的倾向愈加明显。反教权的形势日益紧迫。

二

1833年，政府通过了一系列改革法案：不得强制征收什一税；“男女僧侣可以自由撤回他们的誓愿；教会职位由国家任命”②；一切户籍登记（出生、结婚、死亡）由国家从教会中接管③；停办教权主义的堡垒墨西哥大学，成立公众教育部以发展教育；北方传道团均予撤销，将其总值1 500万比索的教会贵重物品收归国有，以抵偿内外债务④等，这是新国会在自由派代表法里亚斯推动下进行的一次全面的反教权运动，也是墨西哥国内保守派与自由派的一次较量。

19世纪二三十年代，墨西哥分成保守派和自由派，前者希望保持殖民时代的旧秩序，不愿国家冒险走上前途未卜的新路，因而“反对联邦政体，反对代表选举制，反对任何群众选举”⑤，在宗教问题上则保护天主教的权威，反对思想自由；自由派认为必须效法北方的邻居美国，“采用完全新颖的方法领导国家，即实行就业自由、经商自由、教育自由、宗教信仰自由，教会服从国家领导，实行代议制民主，分散权力，实行联邦制，裁减武装力量……发展科学，开办学校，争取美国的保护”⑥等。可以说，在很大程度上对天主教会的态度是区分

①[墨西哥]丹·科·比列加斯等著：《墨西哥历史概要》，第67页，北京：中国社会科学出版社，1983。

②派克斯前引书，第161页。

③阿尔彼罗维奇、拉甫罗夫前引书，第194页。

④同上。

⑤比列加斯前引书，第72页。

⑥比列加斯前引书，第73页。

自由派和保守派的标准。

自由派虽然目标一致，但在改造国家的具体方法上却存在着分歧，其中最激进的“极端派”（puros）厌恶和排斥西班牙人遗留的一切，要求把集中在教会手中的财产分配给世俗土地所有者，并坚决主张完全废除高级僧侣和军人的特权[①]，法里亚斯就是极端派的代表。系列法案引起教会和富裕的克里奥尔人的极大不满，提出“宗教和特权”的口号进行反击，利用自由派内部争论不休的机会夺取了政权，并于 1834 年将之全面废除，之后历届政府几乎都为保守派把持，教会则恢复了特权地位。这次失败表明：克里奥尔人无法单独完成民族民主的革命任务。而政府的急进政策加重了教会对自由派一贯的敌视，进一步促成了教会与保守派的合作，无形中增强了改革的阻力。

法里亚斯改革在总体上是失败的，但并非全无成效，它对墨西哥历史的影响之一是打破了教会对教育的垄断，世俗教育在教授科学知识的同时传播了来自欧美的民主自由思想；更重要的是，教育对象扩展到占人口大多数的梅斯蒂索人（西班牙与印地安人的混血儿），他们较之克里奥尔人更有爱国心，更富理想主义，相对廉洁能干，对改革墨西哥社会的设想也有了很大飞跃，如要求清除封建主义，建立立宪政府，废除教会与军队的特权，没收教产投放到流通领域以刺激经济发展等，其代表人物就是曾任总统的胡亚雷斯。随着越来越多的梅斯蒂索人进入政府，他们试图以“从来不曾表现过的一种力量和效率来治理国家”[②]，反教权运动的速度与规模因此在不断加强和扩大。

1855 年的“胡亚雷斯法”标志着反教权运动进入到新的阶段。根据该法案，军人和宗教法庭的特权受到限制，办法是停止他们对纯

①阿尔彼罗维奇、拉甫罗夫前引书，第 189 页。

②派克斯前引书，第 190 页。

民事案件的审判权[1];1856 年政府颁布“莱尔多法”,其最重要的条款是禁止教会团体拥有不动产,“剥夺教会占有土地、房屋和其他不动产的权利,教堂、礼拜堂和僧屋除外。至于未出租的不动产,教会可在法令颁布之日起的三个月内售予任何买主。教会财产获得者所付的钱均归僧侣支配”[2]。1857 年的新宪法将上述两部法令合并,并增添了废除强制性宗教誓约仪式和教育世俗化的条款。

上述法令的颁布引起保守派和教会的极大恐慌和仇视,两者迅速联合起来反对政府,墨西哥为此分裂,血腥的内战持续了 3 年(1858—1861 年)。随着战争的继续,自由派军官们意识到只有在自己的控制区内夺取教产才能供养军队和打击对手,因此出现了枪毙僧侣,抢夺和焚毁圣物、神像等“渎圣”行为。双方手段日趋极端,报复与反报复不断升级。

内战的爆发坚定了胡亚雷斯政府反教权的决心,一系列法案连续出台:一方面将教会财产收归国有、宣布政教分离和信仰自由、封闭所有的男女修道院和宗教团体、提倡教徒不必向教会缴纳强制性的苛捐杂税等;另一方面接管原来属于教会的民事权,如实行世俗婚姻并将户籍登记移交国家机构办理,改革国民教育制度等。内战结束后,胡亚雷斯政府追认了上述系列法案,宣布僧侣在政治上和物质上负责赔偿内战损失,并驱逐了教皇使节和 4 位主教,墨西哥政教关系跌至低谷。

历时 3 年的内战以自由派的获胜告终,但两败俱伤、代价惨重。战争耗费了大量的社会资源,极大地延误了墨西哥经济现代化进程的步伐;内战导致地方武装势力增大,中央在重建权威的过程中出现

①伯恩斯前引书,第 142 页。

②阿尔彼罗维奇、拉甫罗夫前引书,第 258 页。“莱多尔法”的本意是通过剥夺教产培养一大批小土地所有者,然而事与愿违,广大贫苦的民众缺乏购买能力,教产成为有产者投机的对象,原先就存在的大地产制得以加强,墨西哥社会的贫富分化进一步扩大。

拉美典型的独裁倾向，影响了政治现代化的发展；改革并未惠及广大民众，却要由他们承担战争的损失，造成阶级和种族矛盾激化，为教会和保守派散布反政府言论创造了条件。墨西哥的虚弱引发了列强的觊觎，特别是法国。拿破仑三世扶植马克西米利安的计划虽然最终失败，但法军的干涉及反法战争令混乱的墨西哥形势雪上加霜。

尽管如此，反教权运动仍取得重大进展，“莱尔多法”将收归国有的教会财产的出售，消灭了墨西哥教会的所有制；其他法案则打破了教会对教育和思想的控制；内战中自由派军官的一些极端的反宗教行为在某种程度上“是有好处的，它洗净了国家 300 年来教会的控制所积累的毒害；削弱了宗教迷信的力量，又教导了墨西哥人可以干犯教士而不致上干天怒受到打击”，教会成为“国中之国”的危险基本解除[①]。上述成果使墨西哥自由派看到了建设理想的现代化国家的希望，反教权因此成为以后历届政府的主要政策。

赶跑法国侵略者后，胡亚雷斯继续改革，他特别关注教育，“这或者成为他反对教会的首要理由”。原来的圣伊尔德方索的耶稣会学院改组为国立预备学校，准备训练教师，又下令各镇市委会与大农庄建立初等学校[②]。1857 年墨西哥有公立小学 2 424 所，到 1874 年达 8 103 所[③]。同法里亚斯改革一样，胡亚雷斯的教育改革也为后来反教权运动的进一步扩展奠定了基础。

然而，迪亚斯的独裁(1877－1911 年)中断了这一运动进程。建立威权统治需要舆论和精神上的支持，为此迪亚斯与教会达成和解：世俗化改革法案不再实行，归还部分教产，兴修一些教堂和修道院，允许教会积累财富；教会则以宣扬对独裁者的服从加以回报。经过

①派克斯前引书，第 200 页。

②同上，第 227 页。

③[英]莱斯利·贝瑟尔(主编)：《剑桥拉丁美洲史》(第五卷)，北京：社会科学文献出版社，1992 年，第 9 页。

改革与内战，教会无论是经济实力还是社会影响，都无法恢复到1857年以前的水平，“天主教执掌教务的各等级都注意到教会不应进行任何可能与政府敌对之事……(于是)又和从前在西班牙国王之下一般成为专制政治的工具了”[①]。可以看出，饱受打击的教会试图进行改变，以期跟上时代的发展，但这次又做出了错误的选择，并为此再次付出代价。

三

与迪亚斯独裁统治的合作，成为政府继续反教权运动的依据，1917年新宪法颁布，再次禁止教会占有产业(除地产外，教堂建筑物本身也被宣布为国家财产)；神父须到地方政府登记，禁止他们组织政党或控制小学；教堂之外禁止举行宗教仪式，外国人不得充当神职人员；邦议会有权限制可能在其辖境内领受教职者的人数[②]。在力图进一步将教会置于国家控制下的同时，政府增加教育支出，加大文化改造力度，破除迷信、反对巫术、宣扬科学理性的风气一度弥漫全国。不甘心失败的教会一方面继续在其传统领地乡村发展势力，恐吓农民，反对土地改革；另一方面开始对日益壮大的工人运动进行渗透，1922年4月，全国天主教劳工联合会成立，会员人数共有8万左右，该组织否定阶级斗争和政治斗争，不仅在工人中间宣传服从老板的思想，而且唆使他们反对“将自己的灵魂出卖给赤魔的叛教者”[③]。

政府与教会的紧张关系到1926年达到高潮。墨西哥城大主教声明教会不承认宪法第3条、第5条、第27条和第130条，政府认为

①派克斯前引书，第237页。

②派克斯前引书，第295页。

③[苏]阿尔彼罗维奇、拉甫罗夫(主编)：《墨西哥近代现代史纲 1810－1945年》(下册)，北京：三联书店，1974年，第518页。

这是在反对国家基本法，故下令驱逐大批外籍教士和修女，一部分修道院和教会学校被封闭。7月14日卡耶斯总统签署实施宪法第130条的法令，宣布违反者要罚款和处以6年以下的监禁；教会在7月25日发布告教徒书，声明在31日以后停止任何礼拜和圣礼，禁止教徒到电影院、剧院、音乐厅、舞厅和其他娱乐场所，一些宗教狂热分子还在建筑物上涂满"基督万岁"的标语[①]。抗议很快演变为叛乱，由原来的5个州蔓延到13个州，到其最终被平定的时候已经消耗了国家45%的预算，造成了10万多人的伤亡[②]。

经过美国的调停，1929年政府与教会最终达成妥协：政府承诺不干涉教会在精神方面的自主，前提是神父同意登记；允许在教会学校中开设宗教课；僧侣必须尊重法律和世俗当局的命令等。经过3年的中断，墨西哥上空再次响起弥撒的钟声。

1929年协议结束了国家与教会之间的长期冲突，基本实现了政教分离，双方从此各司其职，相安无事。墨西哥从20世纪30年代开始加速经济现代化的进程，并取得了突出的成就。今天的墨西哥是一个本土化程度很高的天主教国家[③]，教会在国家的监控下有效地运作。2000年，虔诚的天主教徒福克斯当选总统，有美国学者高度评论他"出人意料的胜利"，认为这"标志着天主教和革命政治传统的和解"，自1821年以来就一直折磨墨西哥的宗教冲突就此"划上了句号"[④]。

---

①阿尔彼罗维奇、拉甫罗夫前引书（下册），第540～542页。

②夏立安：《墨西哥革命新解——一种"小传统"的命运》，《世界历史》，2002年，第4期。

③墨西哥全国97种宗教刊物中，55种是天主教的；教会神职人员绝大部分是当地人，1972年除一人外，其他主教均为墨西哥人。1971年修士会及团体中，87%为墨西哥人，修女院及修女组织中，93%为墨西哥人。见宗教研究中心编：《世界宗教总览》，北京：东方出版社，1993年，第540页。

④夏立安前引文。

从19世纪20年代到20世纪30年代,墨西哥政府的反教权运动进行了100多年,其间历经波折,最终完成了政教分离的任务,建立了拉美各国中相对民主的资本主义政治体制,维持了此后几十年的政局稳定。就总的趋势而言符合了历史发展的必然规律。近代的反教权运动不仅是中古欧洲王权与教权之争的延续,更是基督教世界中新兴的民族国家反对封建主义,建立资本主义政治体系的必经之路,但由于历史等方面的原因,墨西哥在这条道路上走得格外艰难。这固然有天主教会的原因,其森严的等级、严密的组织以及对教皇"永无谬误"的强调,从根本上说是反民主、反自由以至于反现代的,而拥有的大量教产也使教会的立场难以与被压迫者一致。但因此将现代化的曲折发展完全归咎于教会是不正确的,应该考虑民族国家政府在对待教会问题上的失误。事实上,教权至上与反教权主义是相辅相成,相互影响的。

墨西哥作为本土印第安传统遭受重创的殖民地,在很长一段时间里从政治经济体制到思想行为都只是被动地接受欧洲的影响,同天主教信仰一样,近代资产阶级民主思想中的"民主"、"自由"、"理性"、"进步",包括反教权主义等观念都是舶来品。而宣扬和推行这些思想观念的自由派们(包括最早具有独立愿望的克里奥尔人,以及随后成为政权主体的梅斯蒂索人),无论有着怎样的雄心壮志,在很长时间里都在一个问题上犯着同样的错误,即在缺乏对墨西哥社会真实状况了解的情况下,天真地认为只要简单而直接地移植"先进的"思想和制度,就能建成欧美那样的强国;他们紧随时代,跟在欧美各种时髦理论身后亦步亦趋,却很少将目光转向下层,更少考虑那些外来物能否在墨西哥的土地上存活。

就反教权而言,它在欧洲经历了宗教改革、启蒙运动以及英荷等国资产阶级革命的不同历史阶段,逐渐成为自由主义思想的一个重要组成部分,但每一个国家的处理方式和结果各不相同,即使是像英美这样思想观念和政教关系发生变化的新教国家,也没有实现完全的世俗化，宗教在社会生活中仍发挥着重要的作用；大革命的法国并没有消灭天主教会，政教关系错综复杂，一直纠缠到19世纪末20世纪初才基本尘埃落定。但墨西哥的自由派们并没有考虑那么多，他们直接应用了欧美反教权的结论，从一开始就预先设定教会是民族国家天然的敌人，是社会进步必须克服的障碍，在进步的口号下，“要求取缔传统上由教会控制的家长式的组织体制，因为该体制已经窒息了进步所依赖的自主和经济自由精神”，他们“咒骂名目繁多的宗教节期和圣徒纪念日，因为它们既浪费时间又耗费经济资源”，此外，他们还宣扬没收教产，表面上是为了发展经济，“实际上往往旨在满足那些雄心勃勃的自由主义精英对土地的渴求”[①]。由于对天主教会巨大的社会影响力(特别是对广大下层民众)估计不足，也没有留下双方了解对话的空间，政府在社会条件并不十分充足的情况下推行激进的反教权政策，迫使天主教会退守传统，以强烈的反改革形式进行防御反击，结果在消极保守的道路上越走越远，不仅长期背负反动堡垒的恶名，也延误了自身开放改革的进程。教会和国家都付出了沉重的代价。

①[英]约翰·麦克曼勒斯:《牛津基督教史》，贵阳:贵州人民出版社，1995年，第306页。

拉美发展城市快速公交系统的成就与经验

程　晶[1]

摘　要：在城市化水平不断提高、交通日益拥堵的情况下，拉美一些城市为了缓解城市交通压力、构建高效率的城市交通系统，创造性地建设了各种各样的城市快速公交系统（BRT），有效地解决了城市交通拥堵问题，为全球树立了一种新型的交通模式。本文主要以拉美发展城市快速公交系统最为典型的两个城市巴西的库里蒂巴市和哥伦比亚的波哥大市作为参照，介绍拉美城市快速公交系统的主要构成要素、取得的主要成就以及给予我们构建资源节约型、环境友好型社会的经验。

关键词：拉美、城市快速公交系统、库里蒂巴、波哥大

一、拉美发展城市快速公交系统的背景和概况

拉丁美洲是发展中国家城市化水平最高的地区。1950 年拉美地区城市人口（2 万人口以上的市镇居民属于城市人口）占总人口的 41.6％；1980 年达到 65.6％；1999 年其城市化水平高达 75％，与世界高收入国家（77％）相接近，与上中等国家（75％）持平[2]。然而，在

①程晶，女，讲师，湖北大学历史文化学院，主要从事拉丁美洲问题研究。

②苏振兴：《拉美国家现代化进程研究》，北京：社会科学文献出版社，2006 年，第 5 页（前言）。

城市化水平不断攀升的同时，拉美许多城市尤其是大城市出现了交通阻塞、出行困难、机动车污染等一系列交通运输问题。那么，如何构建高效率的城市交通系统，解决日益拥堵的城市交通问题以及机动车迅速增长所带来的严重环境污染问题呢？拉美一些城市为了避免重蹈圣保罗市、墨西哥城等大城市发展的覆辙，创造性地开发了城市快速公共汽车交通系统（Bus Rapid Transit，BRT，简称城市快速公交系统），采用了公共交通优先的政策和措施。

城市快速公交系统（BRT）是一种介于轨道交通与常规公交之间的新型运营系统，它利用现代公交技术、道路专用路权并配合运营管理，使传统的公交系统达到轨道交通的水平，但是投资及运营成本又远远低于轨道交通，与常规公交接近，具有快捷、舒适、高效和成本低等特点，已得到国际认可。

世界上最早建成快速公交系统的城市是巴西的库里蒂巴市（Curitiba），1974 年该市修建了世界上第一个快速公交系统。库里蒂巴是巴西第七大城市，是巴西南部的重要城市，同时也是 20 世纪 60 年代到 90 年代以来巴西发展速度最快的城市之一。随着经济的高速发展、城市人口的迅速增加和私人汽车拥有量的大幅提高，库里蒂巴市交通日益拥堵。为了缓解城市交通压力，库里蒂巴市的决策者及城市规划人员创造性地开发了一种新型的公共交通方式，其措施就是用投入相当于轻轨的 1/4、地铁的 1/10 的资金来建设具有轨道交通运营特性的公共交通，于是城市快速公交系统应运而生。经过不断完善，库里蒂巴市的快速公交系统已日趋成熟，有效地解决了交通拥堵问题，其公共交通发展受到国际公共交通联合会（UITP）的推崇，并被联合国评为“最适合人类居住的城市”。

目前，快速公交系统受到世界许多城市的广泛重视和推行，其中最为成功的案例是哥伦比亚波哥大市的城市快速公交系统的建设。波哥大（Bogoda）是南美国家哥伦比亚的首都，被誉为哥伦比亚的政治、经济和文化中心。自 20 世纪 30 年代以来，随着工业的加速发展和人口的急剧增加，波哥大城市化进程不断加快。1938年其城市人口达到400万，占全国人口的4.1%；1981年其城市人口增至600万①。为了解决人口快速增长和工业化发展所带来的严重的交通阻塞和环境污染问题，从1998年起，波哥大吸取了库里蒂巴市的成功经验，实行了全新的交通改革策略，成功地建立了一套城市快速公交系统，为全球树立了城市快速公交系统的“波哥大模式”。

目前，拉美多个城市已成功建成各种各样的城市快速公交系统，如巴西的库里蒂巴、哥伦比亚的波哥大、厄瓜多尔的基多、墨西哥城等。可以说，拉美既是城市快速公交系统的诞生地，又是城市快速公交系统推行范围最广的地区。拉美城市发展的实践证明，快速公交系统具有多方面的优势，在改善交通、保护环境、促进城市可持续发展等领域发挥着重要作用。那么，拉美城市快速公交系统是如何构成的呢？主要成就有哪些？从中可以给予我们哪些经验？本文主要以拉美城市快速公交系统最为典型的两个案例——巴西的库里蒂巴市和哥伦比亚的波哥大市作为参照进行说明。

二、拉美城市快速公交系统的主要构成要素

1. 公交专用道

在城市快速公交系统中，拉美城市设置了公交专用道，使公交车辆主要运行在专设的公共交通车道上，从而提高了公交车辆的运行速度，解决混用路权给公共交通和私人交通带来的影响，保证了大多数人出行的畅通。

拉美公交专用道的设置方式主要包括巴西库里蒂巴的混合设计、哥伦比亚波哥大的中央公交专用车道和厄瓜多尔基多的逆向公

①Alan Gilbert, Housing, The State and The Poor: Policy and Practice in Three Latin American Cities, Cambridge: Cambridge University, 1985, P46～50.

交专用车道。1974年，库里蒂巴市建成了首个公交专用车道，现已增加到5个，总长为65千米[①]。库里蒂巴市公交专用车道有的设在道路正中间，专门留给公交车辆使用；有的是一条道路单独由公交车辆行驶。波哥大市的公交专用车道设置在道路中央，目前波哥大的中央公交专用车道总长为67千米。基多的无轨电车快速系统设置的是公交车辆逆向行驶的公交专用道，目前基多共有17千米的无轨电车专用车道和9千米的柴油公交专用车道。

2. 公交线路网

在建设公交专用车道的同时，为了满足城市各区域之间乘客快速往返市区的需要，缓解市区交通的压力，拉美在城市快速公交系统中设计了公共交通线路网，把分散的公交线路整合成一个集中便捷的网络，将主干道与区间线路有机地连接起来，从而大大避免和减少了公交线路彼此交错的几率，减轻了市区交通的压力，方便市民快速出行。

其中最先设计公交线路网的是库里蒂巴市。目前，库里蒂巴市已成功建立了一个以5条放射状的快速公交主线、3条环线和全长270千米的补给线三个层面组成的公共交通网络。其中，3条环线将5条放射状的快速公交主线连成网络状；而全长270千米的补给线则将周围的卫星小镇和快速公交主线有机地连接起来，从而使得市民可以通过快速公交方便快速地到达全市任何地点。

在借鉴库里蒂巴市经验的基础上，波哥大市结合自身情况，成功地建设了便捷的公交线路网。波哥大公交线路网主要由12条主干线和45条馈入线组成。主干线使用专用道，有快车线和常规线两种。其中，快车线只在指定的车站停车，已建成9条；常规线则在沿线所有车站停车，已建成3条。馈入线可到达城市的边缘，与主干线

①Gerhard Menckhoff, Latin American Experience with Bus Rapid Transit, Annual Meeting—Institute of Transportation Engineers Melbourne, August 10, 2005, P. 3.

相互衔接,从而形成了整体化的公交线路网。

3. 新型公交车辆

为了提高单车载客能力,库里蒂巴市设计出了一种容量大、速度快、舒适安全的双铰接公交车。车身全长 27 米,载客量可达 270 人,是普通公共汽车的 3 倍。该车安装了 5 个车门,每个车门外都有一个可控制的连接板,车辆行驶时连接板收起来立于车辆外侧,到站时连接板放平与站台衔接,呈一直线,从而方便乘客水平上下车。双铰接公交车自 1992 年 12 月投入使用以来,深受乘客和运输公司的欢迎。目前库里蒂巴市共有 100 多辆双铰接公交车,波哥大则有 470 辆双铰接公交车。

4. 便捷美观的公交车站

拉美城市快速公交系统的车站设计也独具匠心,便捷美观,充分体现了以人为本的理念。库里蒂巴市的公交车站尤为引人注目。该市的公交车站主要由候车亭和上下车平台构成。

其中,候车亭设计为透明的管状的有机玻璃罩,这种管状的候车亭一头为进站口,另一头为出站口。乘客可提前购票进入管状车站的一头候车,在另一头出站,从而使得整个系统如地铁一样运转,节约了车辆停站和乘客上下车的时间,提高了公共汽车运行的速度。另外,当两条公交线路交叉时两个管状候车亭则有通道相连,乘客无须出站就可换乘,从而节省了换乘时间,方便了乘客。此外,候车亭透明的有机玻璃罩的外观设计不仅漂亮大方,而且能够为乘客遮风避雨,且视野开阔明亮。库里蒂巴市一共有管状车站 374 个,站间距多为 500～1 000 米。

此外,车站上下车平台的设计也别具一格。平台很高,离地约 0.8 米,与公交车厢底面持平。当公交车到站时,车身贴近平台,车门与平台对接,呈水平状,让乘客上下车如履平地,轮椅进出没有障碍,年老者和残疾人都能方便乘坐。

5. 先进的收费系统

为了节省上下车时间，拉美城市快速公交系统的收费系统采取了类似轨道交通的方式，乘客可提前购票进站候车；此外，在快速线与接运线的换乘站，基本采用免费换乘模式。例如库里蒂巴市从1980年5月1日起在全市快速线、大站快车线及普通线路上（特殊线路除外）采用一票制，即购买一张车票可全天在换乘站、枢纽站上任意换乘，无需另购车票。

6. 公私合营的运营机制

拉美城市快速公交系统大多采用了公私合营的运营机制。其中，库里蒂巴市全市公共交通系统由城市公交公司（URRS）管理，该公司为公私合营（市政府占其股份的99%，私人占1%），由市政府管理，资金来自于市财政。城市公交公司（URRS）管辖10家私人运输公司，这些私人运输公司需要购置公交车队并负责完成具体的运营任务。公交运营的票款统一交给城市公交公司（URRS）的专门账户，城市公交公司（URRS）留存票款的4%作为管理费，其余部分则按私人运输公司完成的运营里程进行分摊，因此这些私人经营者的收入取决于每辆车的运营里程而不是乘客数量。这种公私合营的运营机制将政府机构的宏观管理与私人公司的积极运营有机结合，促进了城市快速公交系统健康有序地发展。

三、拉美城市快速公交系统的主要成就

1. 客运量高

拉美城市快速公交系统投入运营后，客运量保持高记录。目前，库里蒂巴市每天有2/3的市民使用公共汽车出行，公交日客运量高达190万人，其中快速线上客运量每小时达2.3万人次，与里约热内卢地铁每小时的客运量相当。波哥大市巴士快速交通系统一期工程的公交车每天运行18小时，工作日客运量为78.4万人次，客流最大

的区段满载率为82%,平均每辆公交车每天运送1 596人,比该市传统公交车高5倍①。

2. 速度快

快速公交系统合理的设计加之内部各要素的协调配合,保证了公交车辆的快速运营,被人们形象地称为"路面地铁"。库里蒂巴市公交车辆运营最高时速可达60千米/小时,其中快车平均运营速度可达32千米/小时,普通车平均运营速度为18千米/小时,发车间隔3~5分钟,公交车的出行比例为68%(私人小汽车出行比例为22%,出租车出行比例为8%)②。波哥大巴士快速交通系统主干线上的公交车辆运营速度平均达到26.7千米/小时,使用该系统的乘客,出行时间比以前平均可缩短32%③。由于道路使用的高效率,交通拥堵问题得到有效缓解。

3. 吸引力大,污染小

自快速公交系统投入运营以来得到乘客的亲睐,采用公交车辆出行的乘客日益增多,从而降低了私人机动车辆的使用率,减少了车辆污染物的排放,有利于保护环境,节约资源。目前库里蒂巴市每天有75%的通勤者约130万人搭乘公交车,这个比率在全世界所有城市中居首位,其使用的燃油消耗是同等规模城市的25%,每辆车的用油减少30%④。所以,尽管库里蒂巴市人均小汽车拥有量很高,但污染却远低于同等规模的其他城市。1990年库里蒂巴市获得了华盛顿国际能源保护机构的表彰,被联合国命名为"巴西生态之都";2001年被联合国评为巴西生活水平指数最高的城市;而波哥大的巴士快速交通系统也得到了大多数出行者的欢迎,且有利于改善环境。

---

①蔡君时:《波哥大的巴士快速交通系统》,《交通与运输》,2003年,第6期,第31页。

②高扬等:《库里蒂巴市的公共交通》,《城市公共交通》,2003年,第4期,第34页。

③蔡君时:《波哥大的巴士快速交通系统》,《交通与运输》,2003年,第6期,第31页。

④《巴西生态考察》,http://www.93.gd.cn/czyj/ShowArticle.asp? ArticleID=66。

根据指定的空气质量监测站测得的数据表明空气污染程度有所改善，有些污染成分减少了40％。

4. 成本低，见效快

拉美城市快速公交系统不仅速度快，客运量高，而且建设周期短，建设时间不到地铁的一半，建设造价更是大大低于轻轨、地铁，同时见效快，运营维护成本低。一般公交专用道每千米造价约为50万～100万美元，约为高架地铁系统的1％、地下地铁的0.5％[①]；快速公交系统的运营费用与地铁相比至少可以节省20％以上。库里蒂巴市的快速公交系统从1974年建成以来在财政上自负盈亏，无需市政府的任何财政补贴。波哥大巴士快速交通系统从最初的项目规划到系统投入运营仅用了3年时间，而且系统运营仅5个月后其运营效果已达到当初的设计目标，采用车票收入来承担运营开支，在系统投入第一年内即达到财政上的收支平衡。

四、拉美城市快速公交系统的经验

波哥大、库里蒂巴市等城市快速公交系统的建设和成功运营为城市的可持续发展树立了新型的交通模式。出席"2004年国际城市可持续发展市长论坛"的代表人物之一，美国能源基金会中国交通项目咨询专家徐康明有这么一个形象的比喻：快速公交系统好比血管"搭桥"，即使城市交通"血栓"发生大面积拥堵，快速公交仍然可以像侧枝循环那样快速流动起来[②]。城市快速公交系统在城市发展中的作用日益受到国际社会的重视和推广，目前我国的北京、上海、杭州、

①胡润州：《城市准快速公交系统的经济优势》，《综合运输》，2003年，第11期，第49页。

②古春晓：《快速公交系统破题中国——BRT：解困城市堵局》，《建设科技》，2004年，第23期，第10页。

成都等城市已经引入城市快速公交系统。2004 年 3 月 18 日，我国建设部发布的《关于优先发展城市公共交通的意见》指出，各地要大力发展公共交通，争取用 5 年左右的时间，基本确立公共交通在城市交通中的主体地位。那么，我们从城市快速公交系统的发源地及推广范围最广的拉美地区的一些城市实践中可以获得哪些经验呢？

1. 结合实际、勇于创新

为了缓解城市化水平日益提高所带来的城市交通压力，拉美一些城市并未按照常规思维去盲目加宽路面或者斥巨资修建地铁轻轨，而是结合城市的实际情况创新开发了一种介于常规公交与地铁之间的新型的城市快速公交系统，有效地解决了城市交通堵塞的老大难问题，走上了一条独具特色的城市可持续发展之路。亲赴巴西库里蒂巴市考察城市快速公交系统的公交业内人士感叹到："过去存在一个误区，就是认为只有轨道交通才能够担当城市公共交通的骨干，公共汽车只能作为接运系统而存在。库里蒂巴的经验证明，这是一种错误的认识。……库里蒂巴的快速公交系统，运能、运速与轻轨不相上下，与地铁接近，发挥着骨干公交的作用"①。因此，要解决城市交通堵塞的老大难问题并不是简单地遵循常规，也不是一味地模仿，而是必须结合城市的实际情况，勇于创新，大胆开拓，找到一条适合自身的可持续发展之路。

2. 系统规划、协调发展

库里蒂巴、波哥大等城市快速公交系统之所以区别于常规公交，真正做到"快速"，并不是简单地修建公交专用道、建设公路网、实行一票制就能实现，而是从总体上进行了系统规划，综合考虑，力争使系统内部各要素协调发展。首先，规划先行，即将城市公共交通规划纳入到城市总体规划中，使得城市建设与公共交通建设有机结合、互

①胡润州：《城市准快速公交系统的经济优势》，《综合运输》，2003 年，第 11 期，第 49 页。

相配合、相得益彰，为公共交通效能的有效发挥奠定了坚实的基础。库里蒂巴市的市长卡西欧·达尼古奇谈到库里蒂巴成功经验时讲到，“库里蒂巴市最早也不是这个样子，当时城市发展很混乱，没有像样的规划，到处是垃圾、臭水沟，城市的道路交通也很不发达。所以，30年前我们下决心要改变这一切。我们首先从城市规划开始，将城市布局建设得更合理，然后大力发展公共交通”①。在系统规划先行的同时，还必须综合考虑系统内部各要素的协调发展。快速公交系统的构成要素颇多，除了主体要素公交专用道、车站、车辆、线路、换乘点、收费站之外，还要考虑与之相关的配套设施，包括周围土地的利用模式、人行道、自行车道的设计、出租车的停车问题等。如何让这些要素协调发展，是保证城市快速公交系统成功运营的关键所在。否则，快速公交难以“快速”。

3. 解决交通与带动经济相结合

传统观念认为交通系统的建设运营是政府的财政包袱，是个“无底洞”。然而，拉美城市快速公交系统的成功运营不仅解决了交通拥堵等难题，而且基本上收支平衡，没有让政府进行财政补贴。更难能可贵的是，城市快速公交系统的成功运营也相应地带动了其他产业如商业、地产业的经济发展。例如库里蒂巴市在公共交通系统的总枢纽换乘站附近设有大面积的步行区、大型商场及娱乐设施，既方便了市民生活，又促进了商业的繁荣。

4. 实施以人为本的交通设计

城市交通建设的首要目的是为了满足人的需求，实现人的移动而非车的移动。拉美城市快速公交系统有效地贯彻了这一理念，实施“以人为本”的交通模式，最大限度地满足人们便捷舒适的出行需求。在车站、车辆、站台、车票、线路等多方面的设计上处处可体现出

①刘丽亚，邓大洪：《巴西的快速公交系统》，《中国建设信息》，2004年，第13期，第65页。

人文关怀。如透明的管状车站舒适明亮、视野开阔，而且能够为乘客遮风避雨；车站上下车平台的设计使得年老者和残疾人都能方便地使用公交系统；进站前预先购票节省了乘客上下车时间，经济实惠的票价及免费换乘模式节约了乘客的交通开支；公交车辆根据不同线路刷成不同的颜色以方便乘客辨识等等，诸多细节均彰显人文关怀。在 2004 年 1 月 30 日召开的“可持续城市交通会议”上，与会各国成员特别邀请了波哥大前市长恩瑞克·班纳罗萨(Enrique Penalosa)介绍该市的经验。恩瑞克·班纳罗萨认为：好的城市应该是更人性化、对老弱病残幼群体充满关爱的城市；在波哥大，我们选择城市为人民而建造，而不是为汽车①。

5. 重视环境保护

城市快速公交系统的运营既达到了经济效益、社会效益，也实现了环境效益，有利于构建资源节约型、环境友好型的社会。一方面拉美城市快速公交系统的成功运营吸引众多市民改乘公共交通，从而减少了私人汽车的出行率，降低了车辆污染物排放和燃油消耗。另一方面，拉美城市快速公交系统在公交车站附近设有大面积的步行区和自行车道，实行自行车和步行的优先，既方便市民出行、购物，也有利于减少汽车出行率，净化了空气。此外，在快速公交运营过程中，库里蒂巴等城市积极鼓励公交车辆使用乙醇，从而减少了车辆污染物的排放，还市民一片蓝天。

①《亚洲城市借鉴快速交通体系》，《中国环境报》，2005 年 1 月 4 日。

近代欧洲国家转型时期国家安全对比研究

刘馗[①]

摘　要：19世纪是近代欧洲国家发展史上的重要转型期，欧洲主要国家由绝对主义君主制国家通过革命等方式转变为民族民主国家，这种国家形态的变化给国家的安全带来一系列的影响，如安全主体由公民取代了过去的君主，安全内涵由原有的捍卫王权利益转变为捍卫民族利益，安全原则由过去的正统和均势原则转向以民族利益至上原则，安全手段由过去的军事加联姻变为以军事为主等内容。但这种国家形态变化并没有使这两类国家形态脱离主权国家概念范畴，其安全观都表现为传统的安全观念，都反映了当时欧洲资本主义的发展需要。

关键词：国家安全、绝对主义国家、民族民主国家、主权

国家安全是国际政治和国际关系学的一个重要的研究领域，不少中外学者对国家安全及其定义、内涵等进行了大量的、广泛的深入研究。由于国家安全本身具有的复杂性和丰富的内涵，其基本概念在中外的学术界一直众说纷纭，国内外的学者们有着不同的理解[②]。

---

①刘馗(1975—)，男，湖南省长沙市人，讲师，主要研究方向：世界现当代史、国际关系史。

②中外学者运用了不同的理论范式对国家安全进行了研究，得出了不同的解释，具体参见卢静：《国家安全：理论与现实》，《外交学院学报》，2004年，第5期；谢雪屏：《国家安全及若干相关概念的学术梳理》，《福建师范大学学报》(哲学社会科学版)，2007年，第5期等文章。

尤其是冷战结束后，西方主流国际关系理论对国家安全的解释和论证形成了多角度的认识，其分歧清晰可见。现实主义（包括新现实主义）、新自由主义、建构主义在国家安全方面形成了各具特色的理论范式①。这些理论范式从权力、经济合作、主体间建构等角度对国家安全是什么这一问题提出了各自的见解，但这些理论范式对国家作为国际社会利益分配的行为主体，为什么在不同的时期需要不同的安全没有给出详细而有说服力的解释。从历史角度看，国家作为国家安全的主体，并非是静止不动的，国家的发展和演进势必对其安全的需求产生影响和变化。19 世纪是近代欧洲国家发展史上的重要转型期。在民族主义浪潮的推动下，一些欧洲国家由原有的绝对主义君主制国家通过革命等方式开始转变为民族民主国家，直至第一次世界大战后欧洲形成了完全以民族民主国家为主体的国际体系。这种转变势必给国家的各个层面带来不同而深远的影响，也势必给国家安全带来全面的影响。因此，对该时期国家形态转型前后的国家安全进行对比研究，探讨与分析国家与安全之间的关系，将有助于进一步理解国家安全。

一、近代绝对主义国家的国家安全

欧洲 30 年战争之后于 1648 年签订的《威斯特伐利亚和约》是国际关系史上具有划时代影响的事件。它标志着近现代意义上的国际关系萌芽和形成，现代意义上的主权国家由此而产生。主权国家被作为近代国际政治唯一的主体而得到承认，并在近代国际社会中作

①王学军：《西方国际关系理论范式下的国家安全研究》，《当代亚太》，2007 年，第 9 期；靳利华：《西方国家安全理论之比较研究——新现实主义、新自由主义与建构主义》，《唐山师范学院学报》，2006 年，第 6 期。

为实体而开始活动[1]。30 年战争后国际关系中的主权国家主要为绝对主义君主制国家，这些国家是欧洲近代历史上继等级君主制之后发展起来的中央集权的“新君主国”，它们已具备现代国家意义的三大要素：①具有固定的领土和一定数量的居民；②具有一定的政权机构；③拥有至高无上的主权，即对内的最高管辖权和对外的独立权[2]。这些国家在事实上大多是君主独占统治权的君主国家，国家的最高权力是归于君主，国家利益实际上意味着君主的利益。因此，在国家安全上也体现着以下的内容。

1. 安全的主体

与中世纪的等级君主制和后来的立宪君主制不同，绝对主义君主制中君主的权力是唯一至高无上的权力，除君主一人外，无人能与之分享。以被多数学者视为绝对主义标本的路易十四统治的法国为例，路易十四就宣称“朕即国家”。1760 年，路易十五的朝臣拉莫农在致其君主的信中说：国王“独掌全部权力，一人制定全体臣民必须遵守的法律与规章，并决定法度的存废”。1766 年，路易十五公开宣示：“最高主权系于朕一人。王国的法庭和各级官吏的存在与权威源于朕一人[3]。整个行政机构以朕的名义履行职能。朕独享立法权。……整个公共秩序体系源于朕一人。”可见，在绝对主义君主制国家统治时期，最高权力是属于君主。虽然这些君主实际代表着本国新兴资产阶级和贵族的利益，但从表面上看，维护国家安全就意味着维护君主的安全。因此，国家安全的主体表现为那些绝对主义君主们。

①[日]星野昭吉：《全球化时代的世界政治》，北京：社会科学文献出版社，2004 年版，第 28 页。

②关于现代国家的定义，参见宋新宁、陈岳：《国际政治学概论》，北京：中国人民大学出版社，2000 年版，第 152 页。

③Michel Antoine, Le Conseil du Roisous le Regne de Louis ⅩⅤ, Paris, 1970, P. 9，转引自王云龙、陈界：《西方学术界关于欧洲绝对主义研究述要》，《史学理论研究》，2004 年，第 2 期，第 103 页。

2. 安全的内涵

维护主权是主权国家安全的核心，主权意味着国家的生存基础，对内它意味着统治的合法性，对外意味着与他国地位的平等。一旦国家丧失主权，这个国家也就不复存在了。因此，如何捍卫本国的主权，保护本国领土完整等问题是主权国家捍卫国家安全的核心和关键。对于绝对主义君主制国家来说，其国家形态既非典型的封建主义国家，也尚未过渡到成熟的近代资本主义国家，属于一种非典型化的或称过渡型的国家形态。因此，这一时期的国家安全利益比较特殊，它一方面包含了本国新兴资产阶级和贵族的利益；但作为封建贵族统治的一种特殊政治形式，国家安全的另一方面也意味着王权的安全，维护基于王权为核心的封建贵族统治制度也是国家安全的重要内容。反之，对于这种制度的任何反抗都会视为对国家的威胁。因此，在维也纳体系时期，捍卫王权的奥地利宰相梅特涅对民族革命的仇视就包含着为国家安全层面的担忧。

3. 维护国家安全的原则

在以绝对主义君主国为基础的欧洲王朝体系中，维护安全是有其原则的。在王朝争斗过程中，欧洲的专制王朝间逐渐形成整个欧洲共同的价值取向，这种价值取向建立在王朝性国际主义基础上，主要包括君权神授、王朝合法和欧洲君主共同体观念支配下的列强互不毁灭、互不干涉的“贵族国际”共同价值观和伦理观①。这种欧洲王朝性的国际主义，是王朝体系中各绝对主义君主国维护自身安全的重要原则。此外，传统上欧洲列强奉行多强均势，其要旨在于维护列强间权势大致均衡的分布，阻止其中任何一强取得压倒性优势，从而保持所有强国的独立生存和体系结构的多元性质。这种均势原则也是当时各国维护安全的重要原则。1814－1815 年的维也纳会议上所倡导的“正统原则”和“补偿原则”正是以上原则的重要体现。

①时殷弘：《现当代国际关系史》，北京：中国人民大学出版社，2006 年版，第 123 页。

4. 维护国家安全的手段

佩里·安德森在其著作《绝对主义国家的系谱》中提出，对于封建制度之下任何一个统治阶级来说，战争可能是取得剩余产品唯一的、最合理、最快捷的扩张方式。在这种社会结构中，战争有一个特殊的经济合理性：它使财富充分扩大，而贵族则是以战争为职业的土地所有者阶级，封建主义内部的典型竞争手段是军事的，战场上的胜者为王败者为寇的冲突构成这种竞争，通过这种冲突，赢得或失去一定量的土地[①]。绝对主义国家作为非典型的封建主义国家，佩里·安德森对封建国家间战争的渊源探讨实则是对这时期国家安全手段方面的一种有力的解释。17 世纪以来，绝对主义君主国家即西方新兴资本主义国家由于资本主义的快速发展，导致本国资源和原材料不能满足发展的需要，市场的相对狭小与资本无限扩张形成了尖锐的矛盾，君主国家间的竞争与争夺也逐渐升温。在这种状况下，军事安全必然是国家安全的主要内容，军事手段成为了维护安全的重要手段。但除了战争手段之外，王朝体系的国与国之间的政治联姻也是各君主获得利益或捍卫本国利益的重要手段之一，其运用也起到了维护国家安全的作用。但政治联姻这种手段只是军事手段的一种补充，联姻本身的时效性造成了它无法成为绝对主义君主国家长期维护安全的重要手段，相反因联姻引发的王位继承问题往往成为各国争夺的焦点，进而引发国家间的战争。据学者统计，从 1648－1814 年以来，由领土、贸易和王位继承引起的战争竟占该期间战争总数的 2/3 以上[②]。总之，领土和王位继承的争夺成为了引发绝对主义君主国家间战争的重要根源，成为影响当时国家安全的重要隐患。

①[英]佩里·安德森：《绝对主义国家的系谱》，上海：上海人民出版社，2001 年版，第 16～17 页。

②卡列维·霍尔斯蒂：《和平与战争——1648－1989 年的武装冲突与国际秩序》，北京：北京大学出版社，2005 年版，第 46 页、第 80 页。

二、近代民族民主国家的国家安全

随着人类社会政治、经济、文化的新发展，国家形态和观念也并非一成不变，而是随着时代的发展而不断发展和变化。自1789年法国大革命推翻本国君主制起，在“自由、平等、博爱”的观念影响和传播下，欧洲出现一浪高过一浪的资产阶级民主革命浪潮。在革命浪潮的冲击下，于一定历史条件下孕育而生的绝对主义君主国家在19世纪后期逐渐退出历史舞台，被民族民主国家取而代之。以往以君主主权国家为中心的欧洲国际体系也扩展成为以民族民主国家为主体的真正意义上的世界性的国际体系。

由绝对主义君主国家向民族民主国家转变是国家政治形态上的重大转型。在18世纪的欧洲，仅英国、荷兰等很少数国家有所不同，即平民极少参与国家事务，国家利益大致或完全由君主和王朝的利益来定义。而自19世纪最后30年起，在欧美国家一般都有过的中上层有产代议政治这一过渡阶段后，现代大众政治成为愈益广泛乃至普遍的国家政治形态①。国家政治形态的重大变化对国家安全的内容带来了必然的影响。

1. 安全的主体

民族民主国家的建立标志着国家安全的主体由过去的君主过渡到了“公民”。1789年法国大革命确立了至高无上的权威来自于作为一个整体的人民的概念。革命时发布的《人权宣言》将维护国家利益保障人民天赋的自然权利摆在了首要的位置，提出了主权在民的原则，该原则成为了民族民主国家建国的主要原则。由于国家本身是有阶级属性的，这些民族民主国家的国家利益实际上是各国资产阶级的利益，但主权在民原则从表述和实际的运作来看，对国家威胁

①时殷弘:《现当代国际关系史》,北京:中国人民大学出版社,2006年,第152页。

和安全的界定已不再与君主个人的判断和好恶有关，而与各国统治阶级即资产阶级的利益直接相关，也与大多数公民的集体安全意识和情感相联系。公民在表面上成为了政治的主人，成为了国家安全政策决策过程的参与者，在其基础上选举出来的代议机构则成为国家安全政策的执行者。

2. 安全的内涵

民族民主国家的安全内涵与绝对主义君主国家相比，出现了较大的变化。首先是在内容上，君主利益已不再是国家安全的重要内容，资产阶级的发展和壮大已不再需要借助封建君主的扶持，相反借助代议制形成的所谓“公民利益”来代表他们的直接利益，成为了安全维护的主要内容。其次，意识形态安全成为了国家安全的新内容。日本学者西川长夫认为公民不仅仅是一种法律的存在，而且还是由国家统一的意识形态所形成的一种意识形态的存在，公民在接受某种意识形态的同时也受到这一意识形态的强权压力①。这种意识形态的强权压力是公民国家为国家安全采取的必然手段，因为意识形态是公民国家生存和统一的基础。维护好本国的意识形态安全已关系到国家的生死存亡，不同意识形态下的国家间势必会视对方国家为威胁和对手。从 19 世纪兴起的革命运动直至 1917 年的俄国十月革命，意识形态威胁开始逐渐成为国家安全的一个话题。

3. 维护国家安全的原则

在民族民主国家为主体的现代国际体系里，国家间所倡导和流行的原则已不再是君权神授、王朝合法和欧洲君主共同体观念支配下的列强互不毁灭、互不干涉的“贵族国际”共同价值观和伦理观，相反，各国都坚持民族利益至上的原则，所谓民族利益高于一切。在资产阶级的利益驱使下，民族利益成为了让人困惑的一个矛盾体，国家

①西川长夫：《公民国家论的射程》，柏书房，1998 年版，第 257～260 页。转引自星野昭吉：《全球化时代的世界政治》，第 37 页。

间征服与反征服、侵略与反侵略、正义与非正义等都可以打出“民族利益”的旗帜。在某种意义上，民族利益至上原则成为了维护国家安全的重要原则。尤其在19世纪70年代德意志和意大利统一以后，这种民族原则大有取代旧有的正统原则和均势原则之势，特别当民族原则在20世纪初的欧洲主要国家呈现出“右倾”之时，民族原则不但没有给国家带来安全，相反带来人类历史从未有过的战争惨剧，即两次世界大战。

4. 维护国家安全的手段

近代民族民主国家在维护国家安全手段上，已没有旧有的王朝体系基于血统的政治联姻，其手段主要是军事手段。军事手段的运用反映着两个层面的现实，一个是历史层面上，民族民主国家的建立是在近代欧洲资产阶级发展到成熟阶段的产物，此时资本主义的发展较之以往需要更多的市场和殖民地，尤其当资本主义进入垄断阶段以后。从某种意义上来说，殖民地的扩张也关系到这些国家的生存与安全。为了掠夺和占有土地、人口、原材料等资本生产必不可少的要素，国家只能依赖于自助方式维护与争取自己的国家利益，国家间关系表现为掠夺与被掠夺、侵略与被侵略、征服与被征服等情况，战争与武力成了掠夺、侵略和征服的有力武器和维护国家安全的最好方法。另一个则是政治层面，民族民主国家间竞争缺乏类似王朝体系的那种互不毁灭、互不干涉“贵族国际”的共同价值观念的约束，也不存在一个凌驾于各主权民族国家之上的强有力的集权机构。在国际社会无政府状态下，任何国家都有维护本国安全，获取和扩大本国利益的主权，因此就有可能诉诸战争来实现其目的①。竞争和战争成为国际体系的一个不可避免的副产品。由于冲突的普遍存在，一个国家要维护和确保自身安全，首要问题是如何防止外来入侵，保障主权不受侵犯，保持领土完整。要实现或达到这一目标，取决于一

①星野昭吉:《全球化时代的世界政治》,第32页。

国的军事实力[1]。

按理说，民族民主国家在运用军事手段上应比绝对君主制国家要更复杂和困难，战争应不易产生，但事实上，民族民主国家所构成的国际体系并没有给广大国家带来安全，相反国家间的战争并未减少反而愈发激烈。两次世界大战没有在绝对君主制国家时代产生，而是产生在公民主权制度逐渐盛行的时代背景中。大众政治的发展一方面导致了国家政治运作方式的一系列近乎革命性的变化，另一方面和民族主义联系紧密，形成了超越地方和社会阶层的大众文化心理。民主制度使人们在国家内部政治和外部政治两个方面采取不同的道德标准，和平与合作是内部政治的本质，而在对外方面，天生的情感则是憎恨与仇视[2]。这种大众心理的非理性内容极容易成为极端民族主义滋生的温床，成为威胁国家安全、国际和平与稳定的重要因素。

三、结论

通过上面的对比研究，可以看出 19 世纪欧洲的国家转型使国家安全从安全主体、内涵、安全原则以及维护手段上出现了一系列的变化，但也不难发现近代绝对主义君主制国家的国家安全与后来的民族民主国家的国家安全也有着一些共同之处，反映着历史在安全概念上的延续性。

首先，无论是绝对主义君主制国家，还是后来的民族民主国家都是近代以来欧洲资本主义发展过程中所出现的国家形态，它们都是

---

①子衫：《国家的选择与安全》，上海：三联书店，2005 年版，第 196 页。

②富勒认为：在人类交往的进化中，同时存在着两种准则："友好准则"和"敌意准则"。每一种都有它的独立性。野蛮社会和文明社会，都同样进行对外自卫和对内合作。具体参见倪乐雄：《第一次世界大战起源再思考》，《军事历史研究》，1999 年，第 1 期。

一定历史时期资产阶级的利益与需求在政治领域上的体现,因此在国家安全上也都呈现出了资产阶级利益的需要。各国在国家的转型过程中都没有放弃对外扩张,由此,军事手段一直是各国用以维护安全的主要手段,不同的是在绝对主义君主制国家的王朝体系还有着所谓君权神授、王朝合法的互不毁灭、互不干涉的共同价值观念对武力动用的约束,而在近代民族民主国家的历史中更多见到的则是赤裸裸的武力应用。

其次,近代民族民主国家和绝对主义君主制国家一样,都是主权国家,只是所处的发展阶段和形式不同。对于主权国家来说,主权意味着国家的生存基础,对内它意味着统治的合法性,对外意味着与他国地位的平等。一旦国家丧失主权,这个国家也就不复存在了。如何捍卫本国的主权,保护本国领土完整等问题是主权国家捍卫国家安全的核心关键。因此,无论是绝对主义君主制国家,还是近代民族民主国家,保卫国家安全都意味着对主权的捍卫,不同在于绝对主义君主统治下的国家,在主权的捍卫上往往表现为对王权的捍卫。

最后,尽管两种国家形态国家安全的主体并不相同,但作为主权国家,其国际安全环境即国际社会的无政府状态并没有发生大的改变。主权国家诞生以来,由于国际社会不存在最高的权威而形成了无政府状态,使主权国家间关系的本质表现为冲突的不可避免性和普遍性。国家主权观念是国际政治的唯一完全主体,国际无政府状态中的国家自助和权势对峙是主权概念的必然推论①。由于国际主权尚未建立,每个国家都可能受到其他国家的威胁,并且除了拿起武器进行自卫外,没有其他手段来消除不安全因素。这种威胁意识在某种意义上是不可避免的,因为每个国家都会把其他国家的防卫行动误以为是对本国的威胁,威胁因此成为一种自圆其说的预言。这

①时殷弘:《国际政治——理论探究、历史概观、战略思考》,北京:当代世界出版社,2002 年版,第 6 页。

种现象所产生的结果便是所有国家将寻求相对于其他国家的权力最大化①。这种国际无政府状态中的国家自助和权势对峙，加之近代各国资产阶级大发展、大竞争与大扩张的背景，各国在该时期的安全观上都表现为传统的国家安全观，即强调军事安全、追求权力与自助。总之，深受现实主义安全观影响的传统国家安全观的基本观点，如重视国家的生存、追求国家的权力和利益等，反映了在前全球化时期国家关系的这种无情、残酷的现实②。

①[美]弗朗西斯·福山：《历史的终结及最后之人》，北京：中国社会科学出版社，2003年版，第280页。

②任卫东：《传统国家安全观：界限、设定及其体系》，《中央社会主义学院学报》，2004年第4期，第69页。

社区教育:促进流动儿童城市融入的有效途径[①]

周德钧　刘　洋[②]

摘　要:广义的社区教育是一种"全员、全程、全面"的教育,是围绕人的继续社会化而进行的社会教育,其职能在于提供社会支持,促进个人社会化以及整合社群关系。这些功能对于少年儿童,尤其是对流动儿童的城市融入和人格发展具有显著的意义。流动儿童作为城市中的一个"边缘群体"面临着诸多的社会问题,在社会适应与城市融入等方面表现得尤为突出。本文认为,流动儿童的社会适应与城市融入仅靠学校是难以为功的,只有充分发挥社区教育的文化整合功能,发挥学校—社区—家庭的联动效应才能有效促进流动儿童的社会化,使其顺利地融入城市生活之中。在建构社区教育体系的过程中,应遵循主体性、社会性、服务性的原则,通过比较借鉴稳步推进。

关键词:社区教育、社会适应、城市融入、教育服务

大量农村人口流向城市,被看作是当今中国城市化进程的一个重要特点,而流动人口的家庭化又是近年来人口流动的一个突出特点。有关统计显示,约有 1/4 的流动人口是举家迁移的,有近 1/3 的

---

①本文为教育部人文社会科学专项任务项目"农民工子女教育中的'文化冲突'与'文化融合'"的成果之一。

②周德钧(1962－　),男,武汉人。现为湖北大学历史文化学院副教授。刘洋(1981－　),女,现为江汉大学现代艺术学院教师。

流动人口带有“移民”性质，他们在城市居住的时间超过5年。全国第五次人口普查数据显示，截至2000年11月，流动儿童的数量为1 409万人，占整个流动人口数量的13.78%。而到了2007年，流动儿童的数量高达4 000万[①]。

大量的流动儿童来到城市，在城乡二元结构长期影响的城市社会中，他们首先遭遇到教育的“不公平”待遇，同时还在社会生活与人际交往中遭遇到一系列“制度性的排斥”和社会性的歧视。由此导致流动儿童在身心发展与社会化方面出现一系列问题。近年来，在政府和社会各界的共同努力下，流动儿童入学难的问题基本得以解决，横亘在他们面前的制度性障碍也得以清除。然而，种种困扰流动儿童融入城市生活、阻碍其全面健康成长的社会因素依然存在。如今，流动儿童已能够顺利入学，虽然“进得来”了，但能否“学得好”，甚而顺利融入城市生活，身心获得全面健康发展，仍是一个不容忽视的社会问题。

有鉴于此，笔者认为，流动儿童作为一个“边缘群体”所面临的问题并不仅仅是能否公平地接受教育的问题，而是能否顺利融入城市生活、继续完成人生社会化的问题。而要解决这些问题，单靠学校一方是难以为功的，必须依靠全社会各方面力量的共同努力，即学校、政府、社会、社区等多方面的协调配合，方可收全面综合之效。在这方面，社区处在一个独特而重要的位置，它是连接学校与家庭、个人与社会的桥梁和纽带，社区教育以其特有的功能，将在促进流动儿童适应社会、融入城市生活的过程中发挥着不可替代的重要作用。

一、社会排斥与城市融入：流动儿童面临的主要困境

有关农民工子女或流动儿童社会问题的研究表明，教育公平虽

① 李荔：《社会歧视：农民工子女教育的无形屏障》，《基础教育参考》，2004年，第5期。

是流动儿童面临的突出问题，但他们的心理问题、城市融入问题、人格发展问题较之于教育的不公平问题显得更为严重，其影响也更为持久。城乡二元结构的对立与冲突，城乡文化、地域文化的差异，以及流动不居所带来的生活变故都使得他们心理出现不同程度的波动甚至扭曲，致使流动儿童的社会适应性、个性发展处于一种矛盾和冲突的状态。

中国社会科学院"当代中国社会阶层结构研究"课题组新近推出的《当代中国社会流动》报告中称，目前中国农民工已达2.1亿之众，一些农民工子女（即流动儿童——笔者按）长时间生活在城市中，却不被城市认可，他们充满不公之感，既无从寻找自尊，又无从释放自卑，这种状况值得忧虑。北京市心理咨询专家指出："农民工子女随父母进城后，由于对陌生环境有抵触意识，对过往环境的恋旧心理，特别是面对城市学生的优越意识，常常存在自卑心理。"他们生活于城市中，常常感觉受到歧视，低人一等，与周围人群疏离，不安全感、疏离感、不适应感、孤独感成为流动儿童普遍存在的心理状态①。

中国科学院心理研究所的一项调查显示，在我国4 000多万农民工子女中，不同程度地存在负面心理行为，其中留守儿童多表现为自我保护意识差，流动儿童则反映出自我主观评价低。"中国农民工子女心理行为研究与干预"课题小组调查了北京的300余名流动儿童，调查证明流动儿童并没有因物质生活的改善而提升自我主观评价。有关专家指出，流动儿童中的很多人在城乡二元差距的矛盾中感觉到"在老家受穷，在城里受气"。虽然他们在城市里生活，但是并没有得到城市的认可。由此导致一个现象，很多孩子在城里读完小学后，仍然选择回乡继续读书，或者干脆辍学陪同父母一起在外打工。这表明，流动儿童进城后的心理适应并没有得到很好的调适，他

①中国新闻网（北京），2007－03－30，15：16：00。

们在城市的生活并不幸福①。

华中科技大学社会学专业的学生近期对武汉市流动儿童教育状况所作的调查同样显示，流动儿童有着轻度自卑心理，由于周围有城市学生作对比，心智逐渐走向成熟的中小学阶段的流动青少年已经开始注意起自己的衣着打扮。随着年龄的增长，他们的一言一行与周围城市学生的差距会变得愈来愈明显。对于已经定型了的家庭生活状况他们开始出现不满情绪，同时又下意识地羡慕和抵触着城市的学生。由于频繁的转学，大多数流动儿童缺乏真正的知心朋友。对于周围陌生的同学及老师他们怀着一种与生俱来的警惕，在学校不善于跟老师及同学交流，没有畅通的渠道表述自己的内心情感。在家庭方面，流动儿童往往与父母缺乏必要的情感沟通，家庭感情互动不充分，流动儿童常常只能通过写日记来排遣内心的苦恼、宣泄心中的郁闷②。

上述调查研究表明，流动儿童在当下所遭遇的主要困境是不能很好地适应城市社会，不能顺利融入城市生活，由此导致一系列心理行为问题，他们或自卑，或内向，或孤独，或疏离甚至拒斥城市生活。由于他们正处在世界观形成的一个关键时期，这些问题势必对其世界观、价值观以及个性发展带来严重的负面影响，进而影响到流动儿童社会化的顺利进行。

广而言之，少年儿童的社会化关乎文化传承和社会整合，它既是个人逐渐适应社会、融入社会的过程，也是社会教化或社会教育对个人不断施加影响、进行文化价值建构的过程。因此，流动儿童社会化的问题也必须通过社会教育来化解。那么，社会教育靠什么来施行呢？主要靠社区与社区教育。这既是社区特定的社会功能使然，也是我国现行教育体制的特点使然。在我国现行教育体制下，主要的

①《中国教育报》2008年2月18日。

②资料来源 http://xxk2002.51.net。

教育组织——学校迫于应试与升学的压力，对于课程以外的社会教育无心也无暇顾及。而社区作为人们共同生活的空间和社会教化的主要场所，势必承担起社会教育的主要职责，在家庭与学校之间、在流动儿童与社会之间架起一座沟通与理解的桥梁，以促进流动儿童尽快融入城市生活，推动流动儿童"预期社会化"①的顺利完成。

二、支持、教化与整合：社区教育促进流动儿童发展的基本途径

社区是一种聚落，是人们赖以生存的生活空间，也是最基本的社会构成要素。社区与家庭一样，是人们生活的最基本场所，它满足了人们最基本的生活需求与发展需求。正因为具备这些功能，遂使社区成为人生社会化，尤其是少年儿童社会化的主要影响因素。在现代社会中，人们越来越重视社区在教育与社会整合方面的独特作用，将社区教育视为促进个体社会化与社会整合的一种重要而有效的途径。

社区教育，概而言之就是"地区教化"或"乡土教化"。社区教育古已有之，于今犹盛。在科学技术突飞猛进和知识经济迅速扩张的今天，各级各类学校的正规教育已很难满足社会成员全面的发展需求，学校提供给个体的是从儿童到青少年时期的"制度化"教育，而实际上，现代人的"教化"过程是终身的。在现代社会，个人的社会化是一个发展的、持续的过程，人生的每一个段落，都需要继续社会化。再加上现代社会的急剧变迁与生活的高流动性，使个体的再社会化和发展社会化显得十分必要②。在此背景下，终身教育（学习）的概念便应运而生了。终身教育主张人的一生都应该接受综合性的教

①[美]L·布鲁姆·P·塞尔茨内克：《社会学》，成都：四川人民出版社，1991年，第157页。

②郑杭生：《社会学概论新修》，北京：中国人民大学出版社，1998年版，第103页、第111页。

养、教育和训练，它既指教育过程的持续性，即“从婴幼儿期到青少年期、成年期直至老年期各个阶段的教育”，也指教育内容的综合性与教育形式的多样性，举凡“家庭教育、学校教育、社会教育在内的各种正规的、非正规的教育”，皆为终身教育的不同形态①。而社区教育就是终身教育的一种最基本形式与最主要的场所。

“社区教育”的概念早在20世纪初即由美国人杜威提出，20世纪50～60年代开始在欧美等地得到蓬勃发展。如前所述，社区教育是针对个人持续发展的内在需求、以终身教育为趣向的教育形式。尽管各国的称谓略有不同，如美国称“社区教育”(community education)，日本称“社会教育”(social education)，北欧一些国家称“民众教育”(people education)，但其实质内容则是基本一致的，即教育活动均是以某一地区的普通民众(居民)为对象，以提供教育与学习机会，特别是以教养教育为目的而展开的②。经过几十年的实践探索，社区教育的作用已广为人们认知，社区教育的功能也日渐清晰。

社区教育的功能，概而言之，就是“支持”、“教化”和“整合”三个方面。下面分别予以说明。

第一，所谓“支持”，即“社区支持”，就是社区通过其特有的方式为人们的生活、成长提供社会援助、技能训练和感情支撑。

社区教育以各种形式的辅导、咨询与服务对人们的行为心理困境、社会化过程中的障碍提供支持和帮助。如香港社区为儿童及青少年提供的教育辅导机构，有育婴园、幼儿中心、儿童住宿服务、课余托管服务、青少年中心、学校社会工作、外展社会工作、青少年综合服务队、小区支持服务，等等，即属此。“社区支持”是针对社区内不同

---

①吴遵明著：《现代中国终身教育论——中国终身教育思想及其政策的形成和发展》，上海：教育出版社，2003年版，第220页。

②(日)小林文人、末本诚(中)吴遵明著《当代社区教育新视野——社区教育理论与实践的国际比较》，上海：教育出版社，2003年版，第5页，第268页。

人群的生活实际而开展的职业技能培训、岗位培训以及行为矫正、感化教育、拓展训练等，既有生活上的支持，也有精神上的支持，总的目的在于通过这些支持帮助人们克服生活困难、渡过人生困境、调适精神情绪、增进社会技能、提高适应能力。

与香港形式多样的“社区支持”相比，我国内地社区则倾向于采取一些互动性的文娱活动来丰富流动儿童的课外生活，社区通过开展形式多样的文娱活动，如举办球类竞赛、开放阅览室、主办互动性很强的主题活动等，以舒缓流动儿童心理紧张的情绪，增强他们的社会交往与合作能力，提高他们对城市生活的适应性，使之熟悉并认同城市生活，进而形成一种“家园意识”(即对城市的归属感和依恋感)。这也是针对流动儿童的一种心理援助和行为支持，其效果同样值得肯定。

第二，“教化”的功能。社区是人们生活的主要空间，每个人从呱呱坠地到黄昏暮年，从衣食住行到婚丧嫁娶都在其间。人们的家庭、亲友、邻里、伙伴、朋友等各种社会关系网络依托社区而形成，人们的生活方式、行为方式、价值观、世界观、人格个性的形成与发展也与社区环境有着密不可分的关系。社区以其特定的环境、习尚、生活方式、价值取向、审美趣味、舆论氛围对生活于其中的个人施加不同程度的影响，对个人的社会化产生潜移默化的作用。这种基于生活环境而对人们个性形成的塑造与改易，就是社区的教化功能。

在传统社会中，社区的教化作用一般以“自然”的状态呈现出来，而在现今，社区的教化作用更多“人为”的色彩，通常以社区教育、社区干预的方式进行。社区的有关组织机构可以有计划有目的地对其居民施加影响，通过宣传、倡导、推广文明科学和积极健康的生活方式、行为方式，以促进人们道德素质的提升，净化社会风尚，移风易俗，从而发挥教化的功能。

流动儿童从农村来到城市，其行为方式、生活习惯与城市人相比会出现很大的“落差”，这使他们感到种种的不适，他们也因此遭到城市人群的歧视与排斥。要消除流动儿童对城市生活的不适应与疏离感，逐步改变他们的生活方式与行为方式，社区教育可以施展形式多样的"教化"，通过社区文化活动、社区讲座、社区精神文明创建等形式传播文明先进的生活方式，使流动儿童在日常生活与社会交往中感受文明、学习先进，提高行为素质，熟悉并认同城市文明。通过社区"教化"，逐步改变他们的生活方式和行为方式，弥补城乡文化的差异，从而消除流动儿童对城市生活的不适应感，以达到融入城市生活的目的。

第三，整合功能，即社区教育所具有的社会整合或文化整合功能。个人与社会的联系，个人的生活、行为与社会结构的有机联系，在很大程度上依赖于社区的纽带与粘合，社区把分散的、多元的个体组合成一个有机的整体，此谓之整合功能。

在城市社区中，居民的年龄、职业、身份、文化程度各不相同，呈现出高度的异质性，这一特性随着流动人口的不断增加而更加明显。社区教育本着共同的生活空间这一地缘纽带，通过社区内部人际互动的广泛开展，以及形式多样的社区文化活动，促进社区居民的互动交往，推动居民的社会参与，加强社区内家庭之间、阶层之间的交流与沟通，从而增进不同阶层、不同群落间的认知与理解，形成社区归属感与认同感，进而达到社会的整合。

由上述可知，提供社会支持、施行社会教化、促进社会整合是社区教育所具有的三个核心功能，这些功能弥补了学校社会教育的"缺位"与"不足"，是对学校教育的一种极为重要的补充与延伸。社区提供的生活支持与道德教化对于面临种种文化困境的流动儿童来说无异于雪中送炭，而社区的文化整合功能对于排解流动儿童的心理负担、舒缓他们的生活压力、提高他们的社会适应性、促进他们融入城市，具有显而易见的作用。

正因为社区教育具有上述功能，使其在多元而急剧变化的现代社会中发挥着越来越重要的作用，一些发达国家纷纷以社区教育作

为援助各类弱势群体（如贫苦阶层）和边缘群体（如移民群体）、促进社会整合的主要形式。譬如一些发达国家在对移民实施教育时，社区教育的介入就发挥了重要的作用。社区教育往往成为移民教育的主要形式。例如20世纪80年代后的法国，大量的非洲和亚洲移民及打工者流入，当时整个法国社会针对移民者的“社会性排外”情绪日益严重。为此，法国地方社区组织“青年与文化之家”等社团，专门针对移民和外籍劳工的后代进行援助，同时还对各种文化背景的失业青年实施社会援助和职业指导，社区教育还围绕法国年轻一代的文化认同开展各种活动，通过广泛的社会互动，增进不同族群、不同阶层的沟通与理解，舒缓社会对移民的歧视和不满情绪，从而达成社会文化的整合①。

国内外社区建设的实践说明，社区教育是支持和援助弱势群体的有效途径，对于生活在城市中的大量流动儿童，社区教育同样是促进他们社会适应与城市融入的有效途径。

三、主体性、社会性、服务性：社区教育的建构原则

我国从20世纪80年代开始推行城市基层组织向社区的职能转换，经过十几年的改革发展，社区已成为城市基层生活组织的主要形式。通过优化社区环境、健全社区功能、营造社区文化等工作，社区的生活服务功能渐趋完备，社区已成为与城市居民生存发展休戚相关的生活空间。然而，由于种种原因，社区教育在整个社区建设过程中明显滞后。目前在我国许多城市社区中，社区教育这一块尚不健全，有些甚至阙如，尤其是在一些流动人口相对集中的城市边缘地带，社区教育工作显得更为薄弱。譬如像北京、上海、广州、武汉等特

①［日］小林文人，末本诚［中］吴遵明著：《当代社区教育新视野——社区教育理论与实践的国际比较》，上海：上海教育出版社，2003年版，第5页，第268页。

大中心城市，大规模的流动人口往往聚居于城乡结合部，或新近开发的城区，这些地方城市基础设施不完善，城市管理较为混乱，社区建设往往滞后，成为城市建设与管理的“边缘地带”，社区教育更无从谈起。

因而，在大力推进社区建设的过程中，建立健全功能完善的社区教育体系已成为当务之急。那么，如何建构适应新时期城市化进程需要的社区教育体系呢？我们认为，应从以下几个方面着手。

首先，各级地方政府应积极倡导社区教育的作用和意义，制定出台一系列支持鼓励社区教育的政策法规，将社区教育的实施状况作为考核街道居民组织的重要指标，从而为建构全面的社区教育体系营造一个良好的社会环境与政策环境。

其次，确立以社区为主体、以社会教育为主要内容、以社会工作为基本形式、以社会服务为宗旨的建构原则。

社区教育必须以社区为主体，这既是社区特定职能属性使然，也是社区自身发展的内在需求使然。以社区为主体就是在整个社区教育活动中社区始终都处在主导的地位，就是立足社区自身，充分挖掘社区自身的资源，就是针对社区发展的实际，解决社区自身面临的种种问题。社区教育是一种源于社区自身的自觉的行为，政府不应直接介入其中，不能变社区主体为政府主体，政府的角色在于倡导、引导、鼓励、扶持、督促、调节，其目的在于激发社区的主体意识和主动精神，从而推动社区教育的全面展开。

社区教育的主要内容是社会教育，即它是围绕着人的社会化，服务于人的社会化的，生活方式、行为方式、价值取向、道德情操、职业技能等就是其中的基本内容。社区教育应该以社会工作为基本形式，它不是强制说教，而是一种平等的对话、耐心的说服与心灵的沟通，从这个意义上说，社区教育是一种情感的传递、行为的感召、道德的示范，而不是片面的、强制性的灌输，单方面的说教。它既是一个平等交流的过程，沟通理解的过程，也是互动参与的过程。它所希望达到的效果是春风化雨、润物无声、潜移默化,作育无痕。

社区教育应以服务为宗旨,它是为居民提供一种精神的支持与帮助,这种支持和帮助必须以居民的需求为转移。从这个意义上说,社区教育也就是一种社会服务,是一种满足人们精神需求的社会服务。因此,构建全面完善的社区教育体系,就是要以社区为主体、以社区居民为服务对象,建立一系列心理支持、行为矫正、生活援助、技能训练、道德养育、家庭辅导等教育服务机构,为全体居民提供全面周到的社会教育服务。

再次,整合社区内外的教育资源,通过社区与学校的共建、社区与民间教育机构的共建来搭建起社区教育的平台。

社区教育以社区为主体,并不意味着将其他社会组织团体排除在外,恰恰相反,社区教育必须借助全社会的力量,特别是学校和民间教育机构在其中将发挥重要的作用,社区必须与他们共建共享,才能实现社区教育的基本目标。例如充分挖掘学校和社区内的教育资源,成立社区教育工作者协会和志愿者组织,动员组织一批有爱心、责任心的学校老师和社区内的离退休老干部、模范人物,使之成为社区教育工作者的主体。同时,不定期地招募一批大学生自愿者,发挥他们的专长,使之成为社区教育的有生力量。

最后,社区教育必须与社区建设同步进行,在此过程中,将社区教育体系纳入社区服务体系之中,使社区教育及社会工作成为未来社区建设的主要方向。

如前所述,社区教育具有社会工作和社会服务的双重属性,在当前及今后的社区建设中,一方面要进一步完善针对居民物质生活的各类服务,如物业管理、家政服务等,另一方面则要大力加强针对居民精神生活,尤其是针对少年儿童身心发展的教育服务,并使之成为未来社区建设的主要方向。在这方面,香港社区的成功做法值得学习和借鉴。

香港是一个开放多元的社会,五方杂处,移民众多,行为多样,文化多元。生活在这样复杂多变的社会，青少年的个性发展自然会面临诸多挑战，出现种种问题。针对青少年社会化可能出现的种种问题，香港的社区组织推出了一系列教育服务，其对象包括0～18岁的婴幼儿、儿童及青少年，每个年龄段都有相应的社区教育服务机构，如育婴园、幼儿中心、青少年活动中心等，服务的方式多种多样，包括儿童住宿服务、课余托管服务、学校社会工作、外展社会工作、青少年综合服务队、小区支持服务、其他服务，等等。香港社区教育的主要内容涉及儿童照料、婴幼儿托管、儿童收容、课程辅导、家长辅导、心理疏导、行为矫正、技能训练、校外辅导、感化教育、拓展训练，等等。由于社区教育的成功实施，香港社会在开放竞争的环境中既保持了旺盛的生机与活力，同时又保持了较高的凝聚力①。

诚然，我国内地的社区教育体系不可能完全照搬香港，但香港社区针对青少年成长所提供的系统连贯的教育服务、种类齐备的社区教育组织、形式多样的社区社会工作却是值得我们借鉴的。我国城市社区可以因时因地制宜，构建具有自身特色的社区教育体系，例如发挥社会主义体制的优越性以充分挖掘社区内外的教育资源，利用政府的动员能力加速推进社区教育体系的建构，以及组织发动庞大的社会工作自愿者队伍等，都是我国社区教育得以开展的有利条件，也为我国社区教育体系的建构及运行奠定了坚实的基础。

社区教育的实质是为社区居民，尤其是青少年儿童提供精神服务，它对于促进人的全面发展、整合社会结构、调适人际关系、构建和谐社会均具有重要的意义，就此而言，社区教育虽以一地为限，惠及的却是整个社会。

①黎熙元，童晓频，蒋廉雄：《社区建设——理念、实践与模式比较》，北京：商务印书馆，2006年，第254～255页。

21世纪之初湖北通山县农村宗族活动与乡土秩序的调查与分析

郑维维　郭　莹[①]

摘　要：宗族（家族）制度在中国农村社会有着悠久的传统，并曾在农村的社会经济生活和乡土秩序中具有重要的地位和作用。自20世纪80年代农村改革以后，随着家庭联产承包制的实行及家庭经济功能重新显现，湖北农村地区宗族组织及其活动呈复兴之势。农村宗族的现状究竟如何？它在现实社会生活中的功能与作用是怎样的？其复兴的原因及其发展走向如何？围绕这些问题，2007年11月，笔者深入湖北省通山县的通羊镇等5个乡镇下辖的井湾村等15个村展开实地调查。该文对通山县农村宗族活动的基本情况进行了介绍，并对农村宗族活动兴盛的原因、有关各方对宗族活动的态度、宗族对村治的影响、宗族活动的发展趋势等问题作了简单的分析与评价。

关键词：湖北、农村、宗族活动、乡土秩序

宗族（家族）制度在中国农村社会有着悠久的传统，并曾在农村的社会经济生活和乡土秩序中具有重要的地位和作用。自20世纪80年代农村改革以后，随着家庭联产承包制的实行及家庭经济功能重新显现，湖北农村地区宗族组织及其活动呈复兴之势。农村宗族

①郭莹，女，湖北大学中国思想文化史研究所所长、教授、博士生导师，湖北省人文社会科学重点研究基地、湖北当代文化研究中心主任；郑维维，女，湖北大学中国思想文化史研究所博士研究生。

的现状究竟如何？它在现实社会生活中的功能与作用是怎样的？其复兴的原因及其发展走向如何？围绕这些问题，2007年11月，我们深入湖北省通山县的通羊镇、大畈镇、慈口乡、洪港镇、厦铺镇共5个乡镇下辖的井湾村、柏树下村、湄港陈庄、白泥村、慈口村、山口村、石印村、西垅村、下泉村、茅田河村、三源村、下湾村、车田村、竹林村、花纹村15个村展开实地调查。调查主要采用以下方式：一是与县、乡镇、村各级干部座谈，听取他们介绍目前宗族在农村的基本状况；二是直接与村民交流，展开实地抽样考察，并取得大量的第一手资料。兹将调查的主要收获报告分析如下。

一、通山县农村宗族活动的基本情况

通山县宗族重建之风基本上是从2000年左右开始盛行的。从整体上来看，农村宗族活动相当普遍，基本每个村、每个姓都有一些宗族活动。其活动主要表现为修族谱、建祠堂、祭祖。另外，宗族活动还有一些其他的形式，如唱戏、接送祖公祖婆的雕像、在太公太婆的生日当天拜祭、组织划龙舟、耍龙灯等。宗族活动的发起者或组织者一般都是退休干部、教师等有一定知识，在当地有威望的人。

(一)宗族活动的主要形式

1. 修族谱

族谱是确定族民亲疏辈分、权利义务及房派组织体系的重要依据。

修谱周期一般为20年或30年，周期较长的也有40年的。由于20世纪80年代末已有一次修谱活动或者80年代以前的老谱还在，所以此次修谱是以前工作的延续，即续谱。修谱规模也比较大，小至修整个通山县一姓的谱，大至修7个省甚至是全国的谱。

在入谱的规定上，其男性系统的血缘原则稍有松动。以前女性不上谱的规矩被打破，只要是同一血缘的，女姓也可入谱，但是女性

名字写的稍比男性小，一般是作为女儿写在父亲的名下，或者是作为妻子写在丈夫的名下。女儿一般只写到出嫁，而媳妇则一般从娶回家开始记录直至死亡。女性单独上谱只有一种情况，就是招了上门女婿，被当成儿子上谱。这反映了父系男权社会的印记仍然存在。另外，上门女婿改了姓后也可以上谱，过继的和抱养的人也上谱，过继关系在谱上有说明，抱养关系在谱上没有记载。当然，也还有一些比较严格的，比如白泥村谭姓，谱里不收外人，就算外孙跟着女儿姓谭也不能上谱，上门女婿也不入谱。慈口乡盘溪村夏姓，媳妇上谱但是女儿不上谱。通山县焦姓修谱，族里做过坏事的人都要清除出族谱。

在内容上，我们看到的族谱绝大多数是按时间顺序厘清辈分关系，写出各代人的姓名。也有谱中内容记载得较详细的，如陈姓修谱，男丁的性格等都有写入。通山县焦姓修谱，他们住的地方发生的变化也记载，族里为国家作出贡献的人，则有详细记载。通过族谱的这一宣扬本族贤人、名人的记载，不仅可以提高本族的社会地位，也能增强家族的内在凝聚力，强化家族意识和家族团结。在此条件下，家族组织的集体行动才有一定的基础，家族才能更好地延续和发展。

修谱的组织者一般都是本族中有威信、年纪较长的人，这些人基本上都是退休干部或者教师，有比较多的空闲时间。执笔者一般都是本姓有一定的文化水平、文笔较好的人，他们大部分为退休教师或者文化部门退休人员。如邓氏修谱主编为县志办退休人员，两位副主编和一位管事的总经理均为退休教师。不管是组织者还是执笔者，他们都是自愿和义务的，没有工资，只补贴一些车旅费和通讯费。其家人一般也都比较支持他们的这种义务性工作。

族谱修好之后都有一个或简单或隆重的散谱仪式。一般是族长或族中主事者先开大会，按辈分安排接谱顺序，先是老庄的人拿，然后按辈分从大到小的顺序拿。接谱时会放鞭炮，族长或主事者把各个房头的谱给房长或门长，房长或门长以跪姿接谱，然后用轿子抬回去放在家里干净的地方，一般祠堂里会保存一套完整的谱。

2. 建祠堂

祠堂是家族的标志，是祭祖的圣地，也是家族成员共同活动的场所。

通山县各姓有建总祠的，也有建分祠的，具体视人员的多少及财力的大小而定。此次各族新建祠堂，应为新中国成立后的第一次。有的是将老祠堂翻新，有的没有老祠堂或是老祠堂垮塌了就新建，一般都是在原来的老祠堂地基上做。也有少数没有老地基或老地基不够而占用耕地的。

祠堂有一进两重、三重、四重的，也有计划做五重的。面积从100多平方米至2 000多平方米不等。有的祠堂设施相当齐全，有专门的厨房、礼房、厕所，还有供客人休息的房间。

有的祠堂里面除供奉祖先牌位外，也供奉一些家神，以求平安。在我们走访的所有祠堂中，除了下泉村孔氏祠堂没有戏台外，其他祠堂均设有戏台。祠堂中一般举行拜祖、祭祖、修谱、唱大戏等活动，有的地方红白喜事也在祠堂办，有的村里没有大型的公共活动场所的，祠堂也可以作为一个临时的公共活动场所，承办一些大型的会议或活动。各家娶了媳妇、生了儿子都会去祠堂给祖宗报喜，但生了女儿则不去祠堂报喜。去世了的人的名字会被写好贴在墙上，等祭祖的时候再刻上去。

祠堂一般有专人自愿义务管理，如平时的卫生打扫、上香、点灯等。一般有活动的时候才会将祠堂门打开，平时都是锁着的。

在我们走访的所有祠堂中，没有了以前的外姓人和女性不准进祠堂的规定。但是有极少数祠堂也有一些禁忌，比如月经期间的女性不能进祠堂，3岁以下的小孩不能进祠堂。

3. 祭祖

通山大部分地方的祭祖时间一般为每年阴历十月份。一般祭祖活动是一年一祭，但是由于资金的缺乏，有的也几年一祭。祭祖的具

体时间有的是固定的，是祖上流传下来的，有的是族人通过商量决定的。有的地方祭祖是回到始迁祖迁出的地方祭，如井湾的汪姓，每年都一户派一个代表，用几十辆大车开去江西武陵祭祖。

祭祖使活着的后人与去世的祖先之间联系起来，家族成员也因祭祖而联系加强，族内团结的意识也得以增强。

(二)宗族组织状况

1. 族长

族长是整个宗族的负责人，是家族的内外代表，也是家族利益的代表，主管家族内外事务，调解族内矛盾。

族长的产生方式有两种：一种是族中群众推选一人担任族长，这一人选在一段时期内是固定的，另一种是不设固定的族长，族中负责人实行轮流制，有的是一年一换，每家一年，比如井弯村熊姓族人就是如此；还有的是在各庄之间轮流，即族中有事的时候，由一个庄推选出一个人来负责，下次族中再有事的时候，就由另外一个庄推选出一个人来负责，洪港镇王姓族人即如此。最后，这族中的负责人虽然是不固定的和名义上的族长，但实际上起着族长的作用。

人们推选出来的族长，一般都是年龄相对较大、有一定的威信、有一定的办事能力、肯负责、祖宗观念强的男性，这些人一般都能无私奉献，对社会或族人有一定的贡献。对族长的辈分没有很严格的要求，也有辈分较低但有能力、受人器重的人出任族长。也有的地方选族长会考虑儿孙的多少和经济条件的好坏，一般会选儿孙多一些、经济条件较好的人担任族长。

族长不再拥有20世纪80年代以前的专断权，遇事要与族人商议。族长一般不涉及行政方面的事情，只管理与宗族有关的事情，比如主持修祠堂、修谱、祭祖等宗族活动，或对族内产生的小矛盾进行协调等。

2. 族产的管理

在中国传统社会中，族产包括祭田、族田和义庄等家族共同的资产。一定的族产是家族活动的经济基础。通过置族产，为家族组织的正常运转、兴办公益事业提供一定的财力支持。

当前通山宗族拥有公共财产的比较少，在我们走访的所有宗族中，仅在山区的宗族会有一些公共的林地，实际上林地是分到各生产小组的，但有的生产小组全部是一族的一个分支，没有杂姓，这样林地就会作为族中的公共财产，出产归族人共有，供给族里的祭祖等公共活动或者是祠堂日常开销，但不用来支援贫困的族人。因此，传统社会中通过族产来助学扶贫，增强族民团结，从而实现“收族”和“睦族”的目的则不能在这里体现。而且，族内公共的林地平时基本上是没有人管理的。

另外，有的宗族会有一些流动资金，像白泥村谭氏就长期有10 000～20 000元的流动资金。这些资金基本上都是族中男丁出钱凑的，供给一些小型的宗族活动的开销，比如祠堂里面的日常的灯油、香火支出，或者其他族有活动而需要送礼金，就从流动资金中支出。也有搞大型活动后剩余的钱留下来作流动资金的，比如焦氏修谱后大概结余20 000元左右，族人就将其存起来作为流动资金。

3. 族内矛盾与族际矛盾的处理

族内的小矛盾一般由族中年纪比较大、辈分比较高的人进行调解，如果调解不了会找村干部处理。较大的矛盾，比如打架等就基本上是由村干部或政府部门处理。

现在不同的族与族之间的矛盾比较少，原因之一是现在经济发展了，农民基本上都衣食无忧，少了许多矛盾的源头（比如过去的争水、争地等）；原因之二是现在很多年轻人都出去打工，农村里面基本上没有多少人。

但是在某些地方族与族之间还是存在这样或那样的矛盾，比如争山头、争墓地等。一般出现矛盾的时候，两族的主要负责人会协商解决的办法，如果协商没有结果的话，就有可能出现械斗。械斗少则几十人，多的达一两千人。比如白泥村的谭姓和王姓因为争墓地产

生矛盾，在1989年左右发生械斗，双方都出动几千人，双方都有人员受伤，但矛盾仍没有解决，至1990年经过打官司后，墓地判给了谭氏，但王姓人仍不服气，不准谭氏过去祭祖。2006年，双方再一次发生械斗，因双方力量悬殊而未造成严重后果。同时，谭姓和王姓有一些还结了亲，因此，在械斗过程中，也是未造成严重后果的原因。

4. 族规与辈分称谓

族规是家族的组织规范，包括成文和不成文的族训、家训、戒条、族范、宗规、族约等。族规规定了家族成员的权利和义务、家族组织和活动方式，它不仅是族民行为的准则，也是宗族组织活动的规范。

人们对待族规的态度有以下三种:第一，修谱的时候不再在谱中记载族规;第二，作为一种历史遗迹保留原来的族规，但族规不起作用;第三，使族规的内容与时俱进，根据形势的发展修改家规，使之不违反国家大法，与社会发展情况相符。比如焦氏族谱中有女儿不能招婿上门的族规，但现在按照计划生育政策，一家只有一个女儿的话，女儿也可以作为传后人，招婿上门并可以入谱，这在一定程度上体现重男轻女的现象得到了改善。

从总体上来看，族规丧失了其原有的约束力。人们一般都认为现在是法治社会，应该靠政府的法制来治理，而不是靠族规。在我们访谈的人中间，基本上没有能够说出自己本族的族规内容的。但族规中的一些“睦族、孝顺”的道德要求，还是会对人们起到潜移默化的教育作用。

在辈分称谓上，其严格性有所松动。大部分人还是支持按辈分称呼，就算是称呼比自己年纪小得多但辈分比自己高的人，也要按辈分称呼。但在实际操作的过程中则不是这么严格，有一些还是不按辈分称呼，也有直呼其名的。

5. 族内资助

由于很少有公共族产，所以族内资助的情况也相当少。有一些宗族有一些公共族产的，也不用于资助贫困族人，而是供给族内的祭祖等公共活动或者是祠堂日常开销。对贫困的族人，族众也很少集资资助。如果族内有孤寡老人，一般会送入养老院，如果没有送入养老院的，在生活上族人会进行照顾，但资金则由村里解决。

(三)经费筹措及其相关问题

各宗族所用资金因规模大小而异，修谱一般十几万元到二三十万元不等，翻修祠堂少则两三万元，多的有几十万元，如白泥谭氏祠堂翻修花80多万元。我们见到的新修祠堂花费最多的为洪港镇茅田河村的王氏宗祠，祠堂尚未完工就已经投入了140万元，其负责人预计完全修好要花费200万元。

各宗族资金主要来源于本姓族人，分三个部分。第一部分为向族内男丁收钱，这是举行宗族活动资金来源的主体。一般不向女丁收钱，也很少以户为单位收钱。修谱收得比较少，每个男丁为几元至二三十元不等，建祠堂则收得比较多，一般一个男丁为100元至500元不等。有时候建祠堂向族内男丁收钱也分等级，比如西垅村徐氏宗祠，领头的宗，每个男丁500元，其他的宗每个男丁100元。山口村朱氏宗祠向族内每位男丁收200元，从山口村迁出去不到50年的，每个男丁150元，迁出去50年以上的，每个男丁100元。第二部分为向族内的一些知名人士募捐，这是资金来源的一个重要部分。如洪港镇三源村成氏宗祠花费24万元，族内男丁共交12万元，剩下的12万元基本上靠募捐得来。捐款金额少则几百元，多的达十几万元。第三部分为礼金。一般修谱完成或祠堂建好后都会举行一个庆典仪式，这时候族内嫁出去的女儿都要回来送礼，另外也会给一些相关的事业单位、文化部门以及族内在外从政、经商的知名族人发送请柬，收到请柬的单位或个人也会送一定的礼金。

举办庆典仪式大宴宾客是必不可少的，一般还会请戏班子唱大戏。仪式上会请从政或经商的知名族人致词，这不仅可以扩大影响，吸引更多族人参加活动，还能够团结这部分在外的族人，从而利用其经济资源和社会资源，促进族人经济上的互助，拓宽谋生门路，发展

人际关系。

一般向族内男丁收钱没有硬性规定，五保户、残疾人不用出钱，对其他人基本上实行自愿原则。绝大部分的人都愿意出钱，认为这是家族的事情，数目再大也应该出。即使是宗族观念不强的年轻人也愿意出钱，他们觉得别人都出，且数额也不是很大，出了也无所谓。实际上，也有一小部分人不愿意出钱。有的是因家里太困难，一时拿不出太多的钱，有的是迁出去的族人，觉得自己离祠堂太远，且不经常过来参加活动，觉得出钱不划算。有的怕活动搞不起来，领头的人把钱贪污了，也有的人觉得搞这些宗族活动没有意义，有钱也不想出，比如邓氏修谱，有的人就说“修也是姓邓，不修也是姓邓”。

对这些不愿意出钱的人，族内一般是做思想工作，向他们宣扬修谱、修祠堂的好处。一时拿不出钱来的人，可以先记账，以后再慢慢分期分批交。所以最后他们还是不情愿的交了钱，因为他们还是会有这样或那样的心理顾虑，同时也受到社会舆论的压力。比如要是有钱不出，村里人会很看不起他，很多人都不会理他。而太困难出不起钱的，也还是会想办法，借钱也要交，因为他们觉得都是一个族的，别人拿得出钱自己拿不出钱没有面子，觉得丢不起这个人。同时，族人出钱虽是自愿原则，但实际上还有一个隐性的硬性规定，即修谱不出钱的人不能入谱。很多地方的宗族都有这样的规定：修祠堂不出钱的人其祖宗牌位不准进祠堂，他本人也不准进祠堂。比如谭氏修祠堂，各门门长就说了，不出钱就不准姓谭。这样一来，很多人还是会产生心理压力，怕被别人说自己忘祖，怕人笑话，为了面子还是出了钱。

举办活动的资金到位以后，会有专门的监督机构来监管资金的使用。监督机构一般由各房头出人组成。具体的开销有专门的账目记录。

通山县 15 村宗族活动情况见下表。

通山县15村近年来宗族活动情况统计

村落姓氏	旧祠堂	新建/翻新祠堂费用(万元)	每丁承担费用(元)	祖堂	上次修谱时间	续谱时间	每丁承担费用(元)	祭祖	族长	家规
通山县邓姓	无	未建		有	1988年	2007年	30	两年一祭	有	有
白泥村谭姓	有	2007年第一次翻新:80	100	有	1989年	未定		一年一祭	有	有
		计划加建:100	300							
石印村徐姓	以1981年建的村礼堂暂作祠堂	2005年翻新，花费不详		有	1988年	未定		不固定时间	有	
西垅村徐姓	无	2007年新建:40	500	有	1988年	未定		3年一祭	有	
山口村朱姓	无	2003年新建:40	200	有	1988年	2007年	15	一年一祭	有	有
下泉村孔姓	有	2006年翻新:3;计划加建:8	80	有	20世纪80年代	2005年	7.8	一般修谱才会祭祖,拜祖则每年都有	无，各房有房长	有
井湾村汪姓	有	1989年加建		有	1988年，2002年复印全部的谱	计划中			有	无
井弯村熊姓	无	无计划		有	1988年				有，轮换制，每家一年	
陈庄陈姓	无	2005年新建:60		有	1987年	2007年		不固定时间	有	

续上表

村落姓氏	旧祠堂	新建/翻新祠堂费用(万元)	每丁承担费用(元)	祖堂	上次修谱时间	续谱时间	每丁承担费用(元)	祭祖	族长	家规
竹林村曹姓	无	正在筹建		有	1988 年	2004 年	15		有	有
泉湾焦姓	无	计划中		有	1988 年	2007 年	10	一年一祭	无	无
花纹村谢姓	有	计划翻新		有	1989 年	准备 2008 年续谱				
茅田河村王姓	有,1984 年建	2007 年重建:200	200	有	1984 年	2007 年	15	一年一祭	无,由各庄轮流主事	有
茅田河村梅姓	无	计划中		有	1984 年	计划中		5 年一祭	无,有理事人员	
三源村成姓	无	24	100	有	20 世纪 80 年代				无,各房有房头	有

注:本表系笔者根据调查走访情况编制。

二、分析与评价

(一)农村宗族活动兴盛的原因

当前农村宗族活动兴盛的原因,其一是改革开放之后,经济得到发展,人民较以前富裕了,有多余的时间和资金投入到宗族重建活动之中。

其二，20 世纪 80 年代末，大部分地方曾有一次修谱活动，而一般修谱是隔 20 年或 30 年修一次，所以当前基本上到了大部分地方续谱的时候。

其三，互相攀比心理的作怪。一些人看到别人都在修谱、建祠堂，觉得自己这里不修没面子，特别是一些大姓的人。

其四，从更深层次原因来看，人们参加宗族活动实际上还是在寻找一个归属感，寻找一种精神寄托，“树高千丈，落叶归根”，这是中国人的传统观念。宗族活动的兴起同时也是祖先崇拜的结果。比如一般人们修谱的目的都是为了明宗族世系、理家族支派，使后世子孙不忘祖先，继承祖先传统。当然，如果族中有名人或是有光辉事迹，修谱也是为了光耀门楣。

其五，人们乐于参加宗族活动也是因为它能够改善农民单调的社会生活状况，给人们提供一定的娱乐空间和娱乐资源。这在客观上也说明当前农村文化生活存在一定程度的缺失。

其六，各种宗族活动拉近了人们的距离，在一定程度上增进了族人的团结，促进族人经济上的互助，拓宽谋生门路，发展人际关系，扩大人们的经济资源和社会资源，这也是宗族活动兴盛的重要原因。

(二)有关各方对宗族活动的态度

1. 政府方面的态度

政府一般不提倡开展宗族活动，但没有进行明确的引导，也没有进行强制性的制止。在调查中我们发现，大部分地方都有不准干部及共产党员参与宗族活动的规定。

在访谈中我们了解到政府工作人员对宗族活动的态度主要有以下两个方面。

其一，认为这是中国几千年形成的传统，如果对其进行引导，还是会利大于弊，能丰富农民的业余生活，比如玩龙舟、龙灯等活动，也能促进社会和谐。还有人认为这是一种文化活动、文化现象，是对文

化的传承,对历史负责。

其二,认为宗族活动特别是建祠堂,基本上起不到什么作用,是一种浪费,加重了老百姓的负担,觉得搞这些宗族活动的人都是一些没事做的老头子。但是,由于宗族活动是一种历史的遗留,就算没有意义,它也不可能在短期内消失。

不管是对宗族活动持何种态度,由于社会舆论压力,绝大部分的政府工作人员还是会以个人名义参加自己家族内部的宗族活动,但不作为领头人或者发起者,而会出一部分资金。

2. 村干部的态度

村干部表面上一般都是持既不支持也不反对的态度。他们绝大部分不参与修族谱、建祠堂等活动,因为绝大部分地方都有不准村干部和党员参与此类活动的规定。但是,村干部一般都是本村本姓的人,有一定的宗族观念,对宗族活动实际上还是支持的。但也有极少数村干部担任族长、房长等职务,或者直接参与、组织修谱和建祠堂等活动。

3. 中老年普通民众的态度

在我们的访谈过程中,只是听说极少数人不愿意参加宗族活动,觉得没有意义,但是没有访谈到本人。目前访谈到的普通群众中,没有一个反对进行宗族活动的。他们有人认为宗族活动能够加强族内的团结和凝聚力;有人认为修谱是好事,能够理顺伦理关系,是宗族文化的记载;有人认为家谱其实就是一个档案,没有迷信色彩,也没有宗派色彩,是一个历史档案记载,应该一代一代地传承下去;有人认为祠堂就是个大家庭,是一个树根。但也有一大部分人认为宗族活动也不会兴盛起来,因为村里的年轻人越来越少了,在村里住着的人也是越来越少。

4. 年轻人的态度

与中老年人比较,年轻人的宗族观念比较淡薄,基本上不会积极主动地参与宗族活动。他们一般在外求学或打工,既没有时间搞宗族活动，也没有很强的宗族观念，也不懂。但是年轻人也不反对宗族活动，他们随大流、听长辈的，如果长辈吩咐了，他们还是会做，让他们出钱也还是愿意的，觉得出钱也不是很多，无所谓。

由于年轻人的这样一种态度，一些老人表示担忧。他们担心年轻人都出去赚钱了，对宗族活动越来越没有热情，以后宗族活动就没有人来主持了，一些文化遗产的传承就要断代了。

5. 基督教徒的态度

基督教徒一般不参与宗族活动，他们认为有些宗族活动是迷信活动。但是一般修族谱、建祠堂要是集资的话，他们还是会出钱。

（三）宗族对村治的影响

从整体来看，宗族势力不能够左右村治。在我们的访谈过程中，绝大部分的人都认为村里的事情主要还是要依靠村干部来处理，关键时刻还是要听村干部的，不能听族长的。

但是在某些方面，宗族的发展还是对村治有一定的影响。有一部分村民说村里的有些活动还是要靠宗族来支持，村里和族里有相互依赖的情况。通山县民政局基层建设股某主任也认为当前农村还是会有宗族干涉村治、村里的大事由族里解决的情况存在。厦铺镇花纹村村民廖某表示，村里的事情一般都听族里的，听房头的，族长的威望很高。

在村干部的选举上，一个村子里面属于大姓的人最有可能当选。例如，白泥村谭姓为大姓，其村委会 5 人中仅一个副支书姓王，其余 4 人均姓谭；石印村徐姓为大姓，村干部中只有一个是姓张的，其余均为徐姓族人；西垅村徐姓为大姓，村干部中仅妇联主任姓朱，其他均姓徐；下泉村孔姓为大姓，4 个村干部中 3 个姓孔；井湾村汪姓为大姓，4 个村干部中 3 个姓汪；竹林村曹姓为大姓，在 4 个村干部中仅文书姓焦，其他 3 个都姓曹，当我们问到为什么主要干部都是曹姓人担任时，竹林村人曹某说："姓曹的多了，姓焦的当干部管不了。"花纹村泉湾焦姓为大姓，村民舒某就表示，就算上级领导支持他当村干部,他也不会当,因为下面群众大部分是姓焦的,根本就不会支持他的工作,就算工作做得好也没有人服管。村子里属于小姓的人当村干部之后,也不敢得罪大姓族人,因为担心换届选举的时候不再选他。

另外,一个村子里属于大姓的族人当村干部之后,在村里的利益分配上会偏向他本姓的族人。比如井湾村熊姓村民就认为汪姓村干部无论干什么都偏袒和维护汪姓的人。他们虽然觉得不满意,但也没有说出来,因为他们觉得说出来也没有用,只是寄希望于熊姓族人当村干部。

(四)宗族活动的发展趋势

通过对通山农村宗族现状的调查,我们对当前的宗族及宗族活动有两个基本结论:第一,当前宗族的组织、功能和作用与传统的宗族相比已有了很大的变化,已经从一种权利共同体转变为一种文化共同体,宗族势力衰退,传统宗族的影响处在消退之中。这表现在宗族功能的发挥受到限制和宗族对村庄社会政治的影响微弱两个方面。第二,与宗族势力及其权威的瓦解和衰落相反,宗族的文化与意识却并没有一道消退,传统的宗族观念依然根深蒂固。

1.当前宗族组织、功能和作用的变化

传统宗族功能的发挥,有一个大前提即家族成员基本上聚住一处,偶尔有迁徙也是整族的迁徙,很少有大部分的个人或家庭往各处流动,家族成员绝大部分被束缚在固定的地区。而当前,这一束缚已不复存在,随着经济的发展,个人或家庭的流动性相当大。中青年人出外或打工或求学,一些族内精英有了一定的经济基础之后就会向城镇或城市迁移。对此,37岁的西垅村村支书徐某就指出:“(宗族活动)肯定不会兴盛,从这个现实的情况讲是这样,年轻人在村里的都很少了,混得好的都到城里去了,在村里住着的人是越来越少。”族人之间的联系大大减少,宗族组织趋向松弛,族长权威下降。这些都导致传统宗族难以正常运转和存在,其传统功能的发挥受到极大的

限制。

另外，当前农村个人关系的“原子化”态势不断加强：个人之间的联系很少，群体之中的相互依赖性减弱，个人利益至上，不再以群体而是以个人的形式追逐利益。同时，年轻人的宗族观念越来越淡薄。因此，传统宗族的影响减弱，个体行动的一致性、族民的合作能力、集体行动能力也大大减弱，宗族不再具有能调动大多数族民的动员力，宗族功能的发挥受到很大的制约。在我们的访谈中，通山县湄港镇陈庄30多岁的陈女士就有这种感受：“宗族活动在这里还不是很明显，现在人和人之间越来越冷漠，通过宗族活动能够让人感到人间的温情，宗族活动不会消失。但是这种活动会越来越多也说不上，老一辈宗族观念强的人差不多过世了，现在的年轻人宗族观念越来越淡薄，也不能预料到宗族活动什么时候就中断了。”

在传统社会中，宗族在乡村的社会治理中发挥着重要的作用，国家权力主要依靠宗族组织来行使。而目前宗族组织松弛甚至瓦解，国家政权深入控制到乡，各种社会组织也承担了部分原来由宗族承担的功能，宗族在很大程度上丧失了乡村组织管理的能力和合法地位。另外，人们的法制观念日益增强，族人之间有解决不了的矛盾，“一般找村里解决”，而不再依靠古老的族规。通山县洪港镇宋某就告诉我们：“现在有的有族规和家规，但一般不会起到什么作用，只是一种形式。族里面的矛盾还是找政府，不找族长，找族长也解决不了。”

一些表面上看似宗族势力复兴的个例也未必如此，甚至还表现出宗族势力实质上的衰退。比如，在传统社会中，当同一村庄大姓家族侵害小姓家族的利益时，小姓家族会求助于在其他地方是大姓的同族，村庄之间的同族互助较多。而在当前，村庄之间的同族互助非常少见。如花纹村泉湾焦姓为大姓，舒姓为小姓，只有十几户人家，是从其他村庄搬迁过来的。村民舒某就表示，村里有什么好事都是姓焦的占了，村里大小事务基本上都是姓焦的说了算，舒姓人家想在自家房子上立门匾都不被焦姓族人允许。但是,当他们感觉受到欺负时,并没有去向原来村庄的族人求助,而是寄希望于"老庄要是有地方建房子,就搬回去住"。

所以,当前宗族势力的"复兴"是表面化的,实际上,宗族组织已经丧失了原有的大部分权力,比如惩罚族民等。族谱和宗祠也不再具有往日的神圣与权威。人们参加宗族活动,更多的是一种情感与文化上的认同,而不再关涉诸多的利益关系。

2. 传统的宗族观念依然根深蒂固

值得重视的是,传统宗族的势力与权威虽然日趋瓦解和衰落,但传统的宗族观念却依然根深蒂固。在几千年社会发展过程中,宗族已经给中国社会打上了深深的烙印。"亲戚亲三代,宗族亲世代","同宗同族一家人,打断骨头连着筋"正是宗族观念在现实生活中根深蒂固的体现。孙中山先生在《三民主义》第五讲中就曾指出:"敬宗收族的观念,入了中国人的脑中有几千年。国亡他可以不管,以为人人做皇帝,他总是一样纳粮;若说到灭族,他就怕祖宗血食断绝,不由得不拼命奋斗。"

宗族观念体现为一整套社会道德观念和准则,制约和规范着人们的行为,并成为农民日常生活的一部分。我们通过调查发现,在人们出生、取名、嫁娶、娱乐、安葬等日常生活中,宗族观念依然存在。甚至在国家严格控制宗族活动的年月里,宗族观念也以一种隐性的方式存在着并得以延续至今。我们可以从一些访谈记录中感受人们宗族观念的存在。

访谈对象一:邓某,50 多岁,原通山县林业子弟小学副校长,现为邓氏修谱总经理。

问:您觉得修谱有没有必要啊?

答:也有必要,俗话说和尚不亲帽子亲,若干年以后他把这个字辈排行弄清了以后,他就该叫爷爷的叫爷爷,该叫哥哥的叫哥哥,该是孙子的叫孙子。

问：每个村都有祠堂吗？

答：每个村都有的。只要有姓邓的繁衍的子孙都要做个家祠的，叫祖堂。一般元宵、七月半、中秋，春节都要到祖堂里去祭拜。村庄所有的男丁去祠堂里去拜，向祖宗拜年。

问：那如果咱们这一个村子里都姓邓，那娶媳妇怎么娶啊？

答：娶外面的，同姓是不行的啰。

问：同姓的不属于一个派系（支系）可不可以结婚呢？

答：不行，不是一个派系（支系）那祖宗还是一个。

访谈对象二：谭某，男，50岁左右，白泥村人。

问：你们这个地方祭祖吗？

答：我们一般在阴历二月，清明的时候扫墓，扫隆六公（先祖）的墓。我给你们念一首我写的诗啊，"清明时节雨纷纷，无数后人祭祖坟，若是能得先人忧，更无人间苦凡尘"。

问：请问是什么意思啊？

答：就是祖先保佑啊，就好啊。

问：您对宗族活动怎么看？

答：家族应该永远保留，不能让人和人之间没有辈分。

问：你们这里生了孩子或者是结婚去不去祠堂跟祖先说一声？

答：生了儿子会去祠堂报喜，结婚后将媳妇带到祠堂给祖先看看，可以带也可以不带。

问：请问您这里辈分称谓严不严格？我打个比方，一个老人比一个小孩的辈分要低，那老人叫小孩怎么叫啊？

答：该怎么叫就要怎么叫啊。古话是这样讲的："摇窠的叔"（摇篮里的叔叔），比如比我高一辈的老人，我就叫他叔公，比我高一辈的小孩，那我就叫毛叔。

访谈对象三：徐某，61岁，石印村人，设计了一套完整的祠堂建造图纸。

问：您为什么想着要设计这个图纸啊？

答：有修祠堂的理想啊。

问：为什么要修祠堂啊？

答：要有一个放祖宗牌位的地方啊，要不就继承不下去了。

随着经济状况的好转，人们也将他们的宗族观念付诸在行动上。笔者对通山县农村宗族状况的调查表明，从2000年左右开始，农村开始大兴宗族重建之风，建祠堂、修族谱、祭祖等活动在各村庄盛行。

实际上，修谱在20世纪80年代已经开始，有些没有老谱，有些宗族的谱在文革期间由于一些老人的保护得以保存下来，比如湄港镇陈庄就有一个1929年修的谱，文革的时候被老人埋到山上藏起来，就保留下来了。摆放祖宗牌位的祠堂绝大部分在文革期间被拆除，但是，大部分宗族的各个庄头实际上还是设立了摆放祖宗牌位的地方，即祖堂，承担了祠堂的某些功能。2000年左右开始新建祠堂之后，绝大部分的村民都表示了支持，甚至于有些地方村民对需要分摊高额的祠堂建设款项也没有异议，依然表示支持。在西垅村，每个男丁所分摊费用高达500元，也没有人表示反对，有钱的积极交钱，甚至会多交一点，没有钱的也会想办法把钱交上去。

在我们走访的15个村子中，已经建有祠堂或者正在筹建祠堂的占87%；所有的村子均设有祖堂，每年春节村子里的男丁都会去祖堂拜祖；所有的村子在20世纪80年代已经修过或续过一次族谱；在2000年以后再次续谱或正在计划续谱的占67%；每年或隔几年会祭祖的占47%；有族长的占60%；设有家规或族规的占47%。由于少数几个村子访谈数据有缺失，所以，实际上的比例可能会比现在得出的数据更高。

实地考察的情况表明，对当前宗族活动的评价不宜简单化。不能简单认为宗族活动就是迷信活动，没有存在的价值。比如修谱活动，能够在思想上团结族人，激励族人发扬先辈的优良传统。同时，谱牒本身就是一种文化载体，为我们研究历史提供了宝贵的素材，也是中华灿烂文化的一部分。宗族文化中的尊老爱幼、互助合作精神，也是处理各种人际关系的良规，这也属于传统道德规范中的精华部分。

当然，宗族活动中也确有一些迷信的成分在内，这种状况的改善有待于人们文化水平的提高。另外，某些宗族活动也加重了人们的经济负担。以修祠堂为例，为了面子，人们不得不拿出大笔的钱用于修建祠堂等，有的甚至都大大超过了本身的经济承受能力。同时，大规模的修建祠堂，对社会资源也是一个极大的浪费。而且，在修祠堂的过程中，虽团结了一部分人，同时也分离了一部分人。村子里同姓的人有时会因为是否出资而产生矛盾，有的不同姓的人因为修祠堂的人占了村里的地基而产生不满，由此衍生出种种矛盾。

另外，因为宗族思想的存在而产生的大规模的械斗对社会秩序也是一个很大的破坏，各种影响村治的行为也有待向好的方向引导。

文化资源及其开发利用的若干思考

郭 娅[①]

摘 要:在文化产业迅速发展的今天,文化资源开发、利用的重要性日益凸显。然而,学术界对文化资源的内涵、类别及其特征的论述众说纷纭,这直接影响着各级政府对文化资源开发、利用策略的制定。本文着重从广义和狭义两个层面对文化资源的内涵进行了界定,概括出文化资源的分类及其特征,并在此基础上对湖北省文化资源的开发、利用提出自己的若干思考。

关键词:开发、利用、文化资源

随着社会的不断发展,各国在高度重视自然资源开发、利用的同时,越来越多地将关注焦点转向了对文化资源的开发和利用上。尤其是随着文化产业的深入发展,文化资源的重要性日益凸显。有效、合理地开发利用文化资源,一定程度上已成为推动社会经济发展的重要力量和衡量一个国家或地区经济发展水平和综合国力的重要标志。然而,长期以来学术界对"文化资源"内涵的理解众说纷纭,莫衷一是,由此直接影响着各级政府对文化资源开发、利用策略的制定。因此,正确理解文化资源的内涵,科学认识文化资源的特征,就成为文化资源开发、利用的前提和基础。

① 郭娅(1963—),河南杞县人。湖北大学历史文化学院副教授,硕士生导师。主要从事中国文化史、中国近现代教育史研究。

一、文化资源的内涵

“文化资源”,英文为“Cultural resources”,于 1966 年在美国国家历史文物保护法案中被首次提出。随着这一法案被通过,文化资源的概念逐渐流行开来,并时常被运用于文化管理、经济计划决策等领域中。对于文化资源内涵的理解,目前学术界尚无权威的认识。目前学术界对文化资源内涵的界定大致包括以下几种观点。

(1)强调文化是“一种非物质形态的社会存在”①,因而,只要能够成为“生产资料或生活资料的来源”,便是文化资源,这种观点尤其强调文化资源的精神文化属性。②

(2)将文化资源界定为“人们从事文化生产或文化生活所利用或可资利用的各种资源,……不仅是指物质财富资源,同时也是精神财富资源”,既包括自然资源,也包括社会资源。③

(3)认为“文化资源一般是指前人所创造并积累的文化遗产库和今人所创造的文化信息的总和,包括历史人物、文物古迹、民俗、建筑、工艺、宗教信仰、语言文字、戏曲等。一般情况下,只要是体现人类追求和满足人类精神需求的产品或活动,均应划入文化资源的范畴。”④

(4)将文化资源理解为文化产业资源。主要是指“特定时代、地域的人群既有的文化资料和素材,既包括历史资源、民俗资源、知识资源、信息资源,也包括某些特殊的自然资源。”⑤

①陈炎:《反理性思潮的反思》,济南:山东大学出版社,1994 年版,第 10 页。

②陈炎:《文化资源论》,《天津社会科学》,2006 年第 1 期,第 92～93 页。

③程恩富,顾珏民:《文化经济学》,南京:南开大学出版社,2007 年版,第 31 页。

④蔡尚伟:《文化产业导论》,上海:复旦大学出版社,2006 年版,第 123 页。

⑤杜超,王松华:《文化资源转化与文化产业业态创新》,《同济大学学报》(社会科学版),2008 年,第 4 期,第 99～100 页。

(5)把文化资源视为“可供主体利用和开发,并形成文化实力的各种文化客观对象,包括前人创造积累的文化遗产库,今人所创造的文化信息和文化形式库,以及作为文化活动、设施与手段的文化载体库等。”①

上述观点虽然对“文化资源”内涵和外延的理解存在差异,但它们都不否认文化资源的“文化”属性。这里的“文化”更多是相对于“天然”生成的自然资源而言的。

笔者以为,对于文化资源的界定,既要关照“文化”的内涵,也要关注“资源”本身的复杂性。为此,笔者将“文化资源”分成广义和狭义两个层面。广义的文化资源如同广义的文化一样,是指一切可供人们从事文化生产或文化活动所利用和开发的各种有文化价值的资源总和。它既包括物质文化资源,也包括精神文化资源。狭义的文化资源主要是指人类生存、发展所需要的精神文化资源,具体包括“民族文化传统和民族精神、科学和教育发展水平、文化事业和文化产业、体制建设和民主法制建设等”②。本文涉及的文化资源更多的是指广义的文化资源。这种文化资源与天然形成的自然资源的主要区别在于,文化资源强调的是其文化属性。这也就是说,任何天然生成的自然资源一旦被打上了文化的印记,有了文化价值,它就属于文化资源的范畴了。如一块玉石,它没有被开采之前或没有被加工之前,它是纯天然的自然资源,但当它被开采、或加工后,它就被赋予了人的意识,人类开始从文化的角度来认识、欣赏它的时候,这时的自然资源就有了“自然文化资源”特质,当这种自然文化资源被加工成某种工艺品时,这块玉石就被赋予了人的审美意识和观念,这时加工成工艺品的玉石就具有了精神文化资源的特性。因此,文化资源主

①周正刚:《论文化资源的可持续开发》,《求索》,2004 第 11 期,第 107 页。

②吴圣刚:《文化资源及其利用》,《山西师范大学学报》(社会科学版),2005 年,第 6 期,第 128～129 页。

要是指被“人为”或“人化”的物质和精神资源。“人为”和“人化”就决定了“文化资源”具有以下一些基本特征。

二、文化资源的类别及特征

文化资源作为一种可资开发利用的有文化价值资源，按其基本属性划分，可将其划分为物质文化资源和精神文化资源；按其历时性划分，可将其划分为历史文化资源与现实文化资源；按其表现形态划分，可将其划分为有形文化资源和无形文化资源；按其生成方式划分，又可将其划分为可再生文化资源和不可再生文化资源等多种类型。不同类型的文化资源由其自身固有的文化属性决定了它们具有一些相似的特征。

第一，文化资源具有意识性的特征。文化资源作为人类创造的而非天然形成的资源，无论是自然文化资源，还是精神文化资源，不论是历史文化资源，还是现实文化资源，也不论是有形文化资源，还是无形文化资源，“都与人类意识有关，是人类有意识，有目的地创造出来的”，因此，文化资源都被打上了深深的人类意识的烙印。也正是这种人类意识对文化资源的影响，人类文化的创造活动才能不断深入，人类文化资源才能不断丰富。

第二，文化资源具有社会性的特征。文化资源作为人类所创造的一种社会化的资源，必然将人类的生产、生活方式、思想意识、精神信仰等内化到人类创造的文化资源当中，进而形成一种看不见但又必然存在的社会群体意识，即荣格所说的“集体无意识”，“这种集体无意识是长期以来所积淀的一种文化原型，是社会集体赋予个人的一种普遍的经验或文化模式，是个体身上保留着的种族记忆”[①]。这种记忆隐藏在人们的意识深层，构成一种文化传统的力量，去推动人

①张胜冰：《文化资源与文化产业》，长沙：湖南文艺出版社，2008 年版，第 36 页。

类社会的发展,从这个意义上说,文化资源带有鲜明的社会性特点。

第三,文化资源具有继承性的特征。文化本身就是一种传递活动,它一经人类创造出来后,就会以物质活动和精神活动的方式进行代际间的传递,从而使得这些文化具有了相对的稳定性和连续性。尤其是精神文化资源,如风俗、习惯、口传文化、宗教信仰、语言艺术、道德观念、思想意识等,一旦形成,就都会通过精神的方式不断被继承和保留下来,从而为人类社会提供更丰富的、可资利用和开发的文化资源。

第四,文化资源具有教化性的特征。西方功能主义理论认为,"任何文化现象都是在特定的社会历史条件下产生的,都是满足于人类社会需要的结果。这种需要又主要分为物质性需要和精神性需要两个不同的方面,因此,人是受文化控制和支配的"动物[①]。社会人正是在体现人类社会意识和价值观的社会文化的熏陶和影响下,才完成了其社会化过程,因此,从这个意义上而言,作为特殊资源的文化资源,具有塑造、影响人的教化功能。

第五,文化资源具有地域性的特征。不同地域的国家和民族的文化资源都是在特定区域历史文化积累的过程中形成的。特定的地域自然环境及其在此基础上形成的文化资源,必然具有这一特定区域中历史文化的鲜明个性。这种区域文化的独特个性必然影响这一地域内文化资源的特质,从而使文化资源在不同地域中表现出很大的差异性。

第六,文化资源具有不可再生性的特征。文化资源作为物质文化资源与精神文化资源构成的复杂的结构体系,具有不可再生性的特征。尤其是一些传统的历史文化资源,如昆曲、东巴文字、以及一些年代久远的历史古迹等,"属于一种脆弱的、不可修复的资源,一旦消失或遭受破坏将不复存在",也将不可再生。有些历史文化资源,

①张胜冰:《文化资源与文化产业》,长沙:湖南文艺出版社,2008年版,第39页。

如古建筑、文物景观等，虽从表面上看，可以再造，但是“这种再造出来的文化资源一般是根据某种文化理念或已消失了的文化传统再造的，带有模仿和仿制的特点，因此它的文化价值与原有的文化资源的价值自然是不能相提并论的”①。

第七，文化资源具有创新性的特征。文化资源，尤其是一些不可再生或不能复制的历史文化资源，虽然具有不可再生性，但是这并不能否认文化资源的创新性特征。这里的创新性文化资源主要是指为了适应现代社会文化发展需要而创造或培育出的新型文化资源，如网络信息文化资源、新型科技文化资源等。随着社会和人类智慧的不断发展，新型文化资源将不断被创造出来，而且这种文化资源的创新将是无限的。

三、对湖北省文化资源开发、利用的若干思考

湖北省凭借着其积淀深厚和特色鲜明的文化资源，成为中部地区的文化资源大省。但是，丰富的文化资源并不等于雄厚的文化实力。要想使湖北省从文化资源大省变成文化实力强省，必须克服目前文化资源开发中存在的创新意识不强，文化产业经营能力薄弱和文化品牌、精品不多的问题②。在笔者看来，要解决这些问题的关键，需要重点处理好以下几个方面的关系。

首先，必须处理好文化资源开发过程中保护与开发之间的关系。文化资源作为人类社会中一种特殊的资源，不论其有多么丰富，不对其进行开发，它就不能直接转化成文化生产力，也就不能实现其文化价值。但是，文化资源的开发利用决不能以杀鸡取卵、竭泽而渔的方

①张胜冰著：《文化资源与文化产业》，长沙：湖南文艺出版社，2008 年版，第 34 页。

②参见湖北省社会科学院课题组：《湖北的文化优势与文化强省战略》，《江汉论坛》2007 年，第 3 期，第 49 页。

式进行过度性或破坏性开发。尽管湖北省有丰富的历史文化资源、优质的自然地理资源、多彩的民间文化资源和先进的科技文化资源，但是其中相当一部分文化资源属于稀缺、濒临消失和不可再生的资源，对于这类文化资源的开发利用，如果不注意保护，这些文化资源价值就会不断丧失。因此，对不可再生的文化资源的开发利用应以保持其原生态性为前提，并从永续利用和造福子孙的目标出发，对其进行保护性开发利用，这样才能使这些文化资源的价值不断升值，形成文化资源的良性开发与利用。

当然，我们强调文化资源的保护，并不是要“冻结”文化资源，使其成为“化石”，而是反对缺乏规划的、无序的、粗放的盲目开发。应该“建立一套有规制标准和规范约束的完整保护体系”，并“将文化资源的保护纳入法制化管理轨道，……通过实施优化整合和有效保护战略，确保文化资源的可持续发展和产业性转化”[①]。

其次，必须处理好文化资源开发中社会效益与经济效益的关系。“文化资源是人类除自然资源外最重要的资源，它既存在于人类物质领域，又存在于人类的精神领域，构成了人类赖以生存的基础，也是人类社会发展的重要动力”[②]。在当今市场经济条件下，“文化资源常常表现为资本形态，文化生产、消费、分配都离不开文化资本”[③]。法国社会学家布迪厄(Pierre Bouredieu)认为，当代社会有三种重要资本，即经济资本、社会资本和文化资本。这三种资本中，文化资本是处于经济资本和社会资本之间的一种资本，它可以通过一定的方式转化为经济资本和社会资本[④]。当文化资源转化为经济资本时，

①刘玉堂、黄南珊:《湖北文化资源转化策略》,《湖北大学学报》(哲学社会科学版),2006年,第6期,第748页。

②张胜冰:《文化资源与文化产业》,长沙:湖南文艺出版社,2008年版,第14页。

③田丰:《文化竞争力研究》,北京:中国社会科学出版社,2007年版,第50页。

④朱立元总主编,包亚明卷主编:《二十世纪西方美学经典文本》(第四卷),上海:复旦大学出版社,2000年版,第610～630页。

它产生更多的是经济效益，当文化资源转化为社会资本时，它则产生更多的社会效益。

人类社会发展的历史表明，文化资源作为一种特殊的资源，它本身兼有产生经济效益和社会效益的双重特性。如对“辛亥首义”这一旅游文化资源的开发，既可以产生一定的经济效益，同时又可以让人们了解历史，接受教育。“从民族的角度来考察，我们不难发现，一个民族的性格特征是长期以来不同文化类型中被塑造完成的，反映出文化对人的影响作用”①。这种文化类型对民族性格的塑造正是文化资源，尤其是精神文化资源社会效益的一种体现。因此，在进行文化资源开发时，我们不能单纯以追求经济效益为目的，而应该在关注文化资源开发的经济效益的同时，重视文化资源所产生的社会效益，这样才能使文化资源得到合理的开发和利用。

第三，必须处理好文化资源开发中一般与特色的关系。“文化事业发展与文化经济开发的价值依据，不仅仅在于文化资源的一般文化属性，更在于文化资源的“特色”内涵。只有具备原创性、独特性的‘特色文化’，才具备别人所不可替代的功能意义”②。文化资源的开发、利用如果不重视地域和特色，人云亦云，这样的文化资源开发，要么浪费人力物力，要么毫无生命力可言。因此，在文化资源的开发、利用中，湖北省的关键在于通过自身文化优势的比较分析，准确地确定自己在文化资源上的地域特色或行业特色，在此基础上，制定出符合湖北特色的文化资源开发方案，有计划、有步骤地科学开发，并注意创造文化品牌。只有这样才能最大程度地发挥文化资源的优势，取得最大的经济效益和社会效益。

---

①张胜冰：《文化资源与文化产业》，长沙：湖南文艺出版社，2008 年版，第 17 页。

②湖北文化发展战略研究课题组：《从文化大省到文化特色省》，《江汉论坛》，2005 年，第 5 期，第 125 页。

武汉的近代佛教

卢文芸[①]

摘　要:本文综述了武汉近代佛教兴盛的社会背景和发展过程,认为武汉有悠久的佛教传统,又为近代佛教复兴准备了经济、政治、文化诸方面的良好环境,因而一代高僧太虚法师20世纪20年代挟佛教改革的理想来到武汉,弘扬"人间佛教",使武汉成为中国近代佛教复兴和发展的重镇。武汉近代佛教是中国近现代佛教重要的一页。

关键词:武汉、近代、佛教

佛教文化本是中华民族传统文化的重要组成,也是湖北地域文化的特色。而作为中国中部地区的重要枢纽,老资格的对外通商口岸,大武汉又为具有思想革命意义的近代佛教复兴准备了经济、政治、文化诸方面的良好环境。因而随着一代高僧太虚法师20世纪20年代挟佛教改革的理想来到武汉,弘扬"人间佛教",集天时、地利、人和的种种机缘,引发了武汉佛教发展的高潮,成为了中国近现代佛教史上重要一页。

近代武汉本就有浓厚的佛教文化氛围,寺院、信众甚多,从清末到民国,还不断有寺院兴建、扩建,到1936年三镇总计大小庙宇共

①卢文芸(1973—　),女,湖北大学历史文化学院副教授,主要研究方向为近代思想文化史。

317 所，极为可观[1]。以归元寺为首的几个丛林，大多组织严谨，道风端正。出家僧尼亦积极参与中国近代佛教复兴，应全国佛教发展，先后有僧伽组织中华佛教总会、湖北佛教联合会和中国佛教会的分部，在抗战初期还组织了僧侣救护队。

与上海类似，武汉的都市佛教也是依附日益发展的市民社会发展的，受到新兴民族工商界的大力护持而兴盛。那时，汉口市总商会负责人贺衡夫等大商家都是归元寺的大护法[2]。众多市民及工商界人士的皈依，要求佛教顺应时代潮流，为自己的社会角色提供精神指引，同时也为佛教活动提供了强大的经济基础与社会力量。正是武汉众多居士经济与精力上的积极投入，使围绕太虚能迅速建立汉口佛教会（居士团体，后改为汉口佛教正信会）、武昌佛学院等组织，并能长期自行较正常运转。

近代武汉的佛教，还得到政界的特殊支持。清末章太炎改造佛教为资产阶级革命的思想武器，影响所及，自有不少革命党人向佛（追随太虚的人中颇有老同盟会员），亦有不少僧人倾向革命（太虚思想即深受影响）。而武汉进步的佛教界也一向支持革命。“在辛亥革命期间，由湖南驰援武汉以支援首义军的王隆中部就曾以归元寺作为驻防之地；以后在阳夏保卫战中，归元寺又成为起义军的粮台，使之为推翻清朝的统治而建立了功勋。在大革命时期，当时的湖北省党部青年部部长吴德峰也曾假归元寺召开重要会议，罗荣桓、耿丹、王平章等同志都出席参加；为了保证会议的安全，当时的方丈雪峰和尚还亲自出面接待并负责组织巡逻”[3]。辛亥革命中，宝通寺还设过司令部，古德寺众僧对革命军进行了战地救护。因此，民国初年孙中山曾专程来到古德寺凭吊革命烈士，黎元洪则带头募捐，重建战火中

①《归元禅寺志（下册）》，《归元禅寺志》编纂委员会编纂，第 574 页 。

②昌明：《汉口佛教的变迁》，《昌明大师诗文选》，第 514 页。

③燕明富：《漫话归元禅寺》，《武汉文史资料文库 第 6 辑 社会民俗》，第 71 页。

损毁严重的归元寺①。后来的萧耀南、夏斗寅等湖北政要都支持佛教,热心佛事,如督军兼省长萧耀南曾经请太虚建立仁王护法会。

近代武汉文教发达,开风气之先,武汉的学术界、教育界与武汉近代佛教也有良好的互动。五四新文化运动带来的开放局面、革命精神以及新文化、新思想,是近代佛教的变革契机和理论资源。太虚仿现代高校办武昌佛学院,是中国第一所实行现代教育体制的僧教育学校,在佛学课程中不拘宗派,八宗平等,还开设了一些世俗大学的科学、人文课程。太虚也得到武汉学界的重视,曾先后在湖北省教育会、中华大学、武昌文化公学、湖北省教育院、美术学校讲学或讲演。中华大学校长陈叔澄是佛学院院董,因而太虚及佛学院与中华大学关系尤密切。梁启超适逢在中华大学讲学,就此应邀做了武昌佛学院的董事长。一些佛事活动亦假中华大学举行,例如 1923 年佛诞日,佛学院联合武昌佛教会就在中华大学(而不是在寺院)举行了盛大的纪念会②。

诸方面的良好环境,成为武汉近代佛教发展的极大助力。加上太虚的领导与影响,使武汉佛教教育、居士团体和佛教刊物空前兴盛。在上海创办中国了第一所佛教大学——华严大学的月霞,其门人慈舟、戒尘、体空诸人先后于汉口九莲寺、武昌莲溪寺兴办过华严大学。但太虚创立的武昌佛学院(1932 年改成世界佛学苑图书馆)更为辉煌,从 1922 年起至 1949 结束,存在近 30 年,与南京支那内学院并列为近代佛教教育的双峰,开创了兴办僧学的风气,造就了如大勇、大醒、法尊、法舫、茗山、印顺、隆根等一大批高僧大德,有佛教界"黄埔军校"的美誉。佛学院 1924 年又成立了武昌佛学女众院,是全国第一个佛教女众教育机构。何建明指出,加上于 1931 年和 1932

①李守毅、郭云涛、觉空:《武汉四大佛教丛林》,《长江中游旅游文化》,阎继才、毛成清主编,第 336 页。

②参见释印顺编:《太虚大师年谱》,北京:北京宗教文化出版社,1995 年版。

年成立的两所佛教女众学校武昌菩提精舍和八敬学院，及汉口佛教正信会于1933年增设的正信会女子研究部，在20世纪30年代，武汉地区就有佛教女众教育机构4处，成为近代全国佛教女众教育最发达和最有成效的地区[①]。此外，武汉的佛教教学机构还有汉口佛教会成立的宣教讲习所，两湖佛化联合会所设的两湖佛化讲习所，居士唐大圆的东方文化研究院等。太虚另于1923年、1924年办庐山暑期讲习会，复兴大林寺，成立世界佛教联合会，但其事是武昌佛学院董事会筹划的，经费与干部都是武汉的，所以还是武汉的成绩。当时在庐山成立的世界佛化新青年会，后来就改成了武汉佛化新青年会[②]。

武汉的居士团体也大多奉太虚为导师，有汉口佛教会（汉口佛教正信会），武昌佛教正信会，汉阳佛教正信会，宁达蕴、张宗载等人的佛化新青年会（后迁北京）和陈维东等人的武汉佛化新青年会，印光法师永久纪念会武汉分会，汉口佛教居士林（静业佛堂）等，后面两会后来合并入汉口正信会。其中汉口佛教会是长江中游最大的居士团体，在弘法与慈善事业上都成绩显著。武汉佛教刊物首推太虚迁来武汉的《海潮音》。虽随时势的变化，《海潮音》迁来又迁走，往复4次，但加起来在武汉的时间足有10年。其他还有《佛化报》《正信》《狮子吼刊》《佛化新青年》《新僧刊》《三觉丛刊》《佛学月报》《净土宗月刊》等多种刊物。另外李隐尘还设有正信印书馆，印行佛学讲义，流通佛典[③]。

这种兴盛的局面到抗战时期武汉沦陷后就衰落了，因而武汉近代佛教大致可分三期，清末至1920年为准备期，从1920年太虚发起

---

①何建明：《中国近代的佛教女众教育》，《佛教文化》，1999，(06)。

②于凌波：《一代佛教领袖太虚大师》，《中国近现代佛教人物志》，北京：北京宗教文化出版社，1995年版。

③尘空：《民国佛教年纪》，《现代佛教学术丛刊第九辑，民国佛教篇（中国佛教史专集之七）》，张曼涛主编。

汉口佛教会至1938年10月武汉沦陷前为兴盛期，1938年至1949年是低谷期。武汉近代佛教创造的丰富文化遗产不会被遗忘，改革开放以来，汉口佛教正信会、武昌佛学院都已重建，仍然继承着太虚人间佛教的理想，为祖国建设事业的发展作出了应有的贡献。

清代湖北学术文化片论[①]

雷 平[②]

摘 要：清代，湖北既没有开宗立派的大师，也没有享誉学坛的经典名著。因而，论及清代湖北文化，学者多言其学术不振、文化不兴。本文从社会环境、文化土壤、学术发展三个角度探讨了清代湖北学术文化不振、学者无闻的原因。

关键词：清代、湖北、学术文化

从历史演进与文化增容的角度看，湖北文化的内容不可不谓丰硕；然而，从区域比较的视角审视，湖北文化，特别是明清以降的湖北学术文化，相对江浙区域社会，其原创性表现不足、格局不够宏阔。本文试图以清代湖北学术文化为考察对象，揭示影响湖北文化创造力的深层社会基因。

一、"学者无闻"

民国初年编修《夏口县志》时，编纂者惊奇地发现湖北学者很少

---

①湖北省教育厅青年项目："区域视野中的湖北文化原创力研究"阶段性成果，项目号：012—096136。

②雷平（1979— ），男，湖北松滋人，历史学博士，历史文化学院讲师，主要从事清代学术思想史研究。

见于历代史籍。考诸清代学术史籍:约在嘉庆后期成书的《国朝汉学师承记》著录汉学家40余人,湖北学者无一人入选;《清史稿》之《儒林传》堪称清代学者大全,然湖北除熊赐履够资格但因入选《大臣传》而未列儒林以外,亦仅有天门胡承诺、黄冈曹本荣被著录。徐世昌主持修撰的《清儒学案》凡二百零八卷,为湖北学者列专案者唯有记熊赐履的卷三十八《孝感学案》,入合传者亦仅有3人,即王柏心见于卷一百八十四《陶楼学案》、胡承诺见于卷二百零五《诸儒学案十一》、李道平见于卷二百零六《诸儒学案十二》。

1908年,陈独秀、章太炎在东京办《民报》时,陈独秀曾去拜访。章的弟子钱玄同、黄侃在座,听到客来,只好躲入隔壁的房里去。主客谈起清朝汉学的发达,列举戴、段、王诸人,多出于安徽、江苏,不知怎么一转,陈独秀忽而提出湖北,说那里没有出过什么大学者,主人也敷衍说:是呀,没有出什么人。这时黄侃在隔壁大声说:"湖北固然没有学者,然而这未必不就是区区;安徽固然多有学者,然而这也未必就是足下"①。客闻之索然扫兴,随即别去。

1922年9月4日,梁启超赴武汉大学为暑期学校作题为《湖北在文化史上之地位及将来之责任》的演讲。在演讲中,梁启超给予湖北文化以高度评价:"中国文化的发展,不是一元的,是二元的,一黄河,二长江。""北方刚健笃实,南方优美活泼。代表两方文化的,在北方有河南、山东,在南方有湖北、江苏。但江苏是后起的,湖北居长江中心,完全是自己产生的,江苏不过受湖北的影响罢了。"接着,梁启超又进一步评价说:"湖北不独能代表长江文化,并能沟通黄河文化。如山东、河南,只能代表北方文化,不能传播南方文化于北方。湖北则容纳黄河文化,而传播于长江一带。一面自己产生文化,一面又为文化的媒介者,因其沟通南北,能令二元文化调和。在历史上看来,

①周作人:《知堂回想录》,香港三育图书公司,1980年,第482页。

不能不说湖北所贡献及遗留的功劳是最大的"①。这一评价不可谓不高。

然而,梁启超话锋一转,接着指出:"湖北在中国文化上如此重要的地位,自汉以至明末,"湖北与中国各省文化之程度比较,适或水平线列于不高不低之地位间",且"十余年之民国,湖北之地位乃愈趋愈下"。"若把现在与张文襄及辛亥分为三个时代,则张文襄时代不及辛亥时代,现在又不及张文襄时代。""就精神上观之,不特不如辛亥改革之前健全,高尚节气比张文襄在鄂时亦有所不及。""依我老实不客气的说来,湖北现在正是知识饥饿精神饥饿的时代。"

1924 年,梁启超在所著《近代学风之地理的分布》中充满困惑地说:"湖北为交通最便之区,而学者无闻";又说:"湖北为四战之区,商旅之所辐集,学者希焉"②。梁启超此处所论"近代"实际上是指清代。

从以上论述可以看出,清代湖北学术文化呈现相对不振的格局,主要表现是格局不够宏阔,缺乏有影响力的学者。

二、原因考论

(一)从社会环境论,经明末战火,士绅屡受重创,以至于"文献莫征"

自明中后期开始,汉口商品经济兴盛,带动湖北经济社会迅速发展,由此带来明代湖北文化的第三次崛起。但明末战乱,李自成、张献忠义军及其余部长期在湖北活动,明军也趁机劫掠。入清后,湖北

①梁启超:《湖北在中国文化史上之地位及将来之责任》,载于《大武汉》1922 年 9 月 3 日。

②梁启超:《近代学风之地理的分布》,《饮冰室文集》之四十一,北京:中华书局 1989 年版,第 50～51 页。

经济实力大幅度地下落，文教事业也受到极大的负面影响。时人称："以武昌一郡言之，省会素称富饶，天府雄藩。今则兵火余生，徒存瓦砾。""楚省节经兵灾之后，寥寥残黎，其所开垦之田，不如往岁之半，成熟者未及三分之一"[①]。在战乱中，士绅也屡遭受重创。王葆心《蕲黄四十八寨纪事》记张献忠部攻克黄州后，"设机于清淮门外，断诸生掌，且劓之"。范锴叙汉口经战乱后的文化衰微景像云："百余年内，文献莫征"[②]。

长期战乱除了使一部分士绅失去生命而造成学术事业的损失外，也给士子造成巨大的心理创伤，加之明清鼎革引发的"夷夏"忧思，部分坚持气节的士人以隐居自励，不肯致力讲学等学术性活动。如天门胡承诺"以讲习义理为业"[③]，穷年诵读，无书不窥。胡氏所著《绎志》考据古今，论及修身处世、经世致用、儒家义理以及诸子百家之说。然胡氏乃坚定的遗民，以隐居处世，"韬晦之深，过于船山"[④]。胡承诺弃世150余年后，《绎志》方于1839年由李兆洛刊刻。梁启超在《中国近三百年学术史》中虽然注意到胡承诺，但亦不无遗憾的宣称"石庄这个人和这部书（指《绎志》）从前几乎没有人知道"[⑤]。移民选择隐居，固然高标了自己的志行，但同时也失去了一个在政治舞台上彰显湖北的机会，进而也影响了湖北学术文化事业的发展。

（二）从文化土壤论，缺少文化世家与讲学团体，学术研习之风不甚浓

在地域性的文化脉络中，学术要发展需有两个条件，从纵向上说，需要有一定的承传，一定的积累；从横向上说，则需要有良好的讲

①转引自苏云峰：《明末清初的湖北动乱与社会经济创伤》，近代中国初期历史研讨会论文集》，台北"中研院"近代史所，1989年。

②范锴：《汉口丛谈》卷三，武汉：湖北教育出版社，1999年版，第138页。

③《绎志》卷十九。

④钱穆：《清儒学案序》，台北东大图书公司，《中国学术思想史论丛》（八），第374页。

⑤梁启超：《中国近三百年学术史》，石家庄：河北人民出版社，2004年版，第180页。

习氛围。

文化世家在学术传承中起到的功用十分显著。《四库全书总目》论家学对学者的影响时有云:“所谓谢家子弟,虽复不端正者,亦自有一种风气”[①]。此“风气”即是“籍文雅交游之盛,耳濡目染,都无俗事”。世家浓郁的文化氛围是孕育学术名家的良好环境。比如,浙东学者中,黄宗羲出身世家,兄弟宗炎、宗会俱以学著称,长子百家也以史学扬名;万斯同兄弟 8 人均致力于学且都各有所成。元和惠栋,自祖父周惕开始治《易》学,父士奇继之,至惠栋终于大成。此外,常州庄家、扬州刘家也都是著名的文化世家。可以说,正是有这样一些文化世家,江浙地区才能在明清以来的学术文化格局中占据主导地位。但反观湖北,却无这样的文化世家。从历史的角度看,湖北一直不属于富庶之地。“里无素封,士鲜世族”[②]。湖北鲜有响亮的文化世家,士人中家学源远者较少,大大制约了湖北学术文化的发展。

学术的发展离不开不同学者之间的切磋和交流,而书院和专业性的研往往能发挥这样的作用。湖北的书院较为发达,康熙年间新建书院 16 所,乾隆年间更是新建 43 所。但论者指出,湖北的书院以考课为主,书院诸生所学内容多为“八股制艺”或“时文”,几乎没有以致力于学术研讨而著称者。与湖北形成对照的是阮元在广东创立的学海堂,一开始即以宣讲经学相标榜,风气影响之下,终于造成清末广东学术文化的兴盛,学海堂的学生陈澧也成为晚清汉宋兼通的标志性人物。同时,专业性的讲学团体在湖北也付之阙如。中国传统的以经史为主体的学术积淀深厚,学者要想完全通解某一专门学问几乎都是不可能的,独学无友就会时不时陷入困境。因此,专门性的研修团体在学者治学过程中能起到重要的辅助和引导功用。还以浙东学派为例,从 1668 年到 1675 年,黄宗羲发起并主持甬上讲经会达 8 年之

①《贞元子诗草》提要,《四库全书总目》卷一八零。

②卢弼:《潜庐类稿序》,载甘云鹏《潜庐类稿》卷首。

久，在浙东恢复经史学术传统的过程中起到了不可替代的作用。

(三)从学术发展理路论，罕有“大家”，不能预流前沿、“诱接后进”

从学术发展的理路看，“大家”的学识、风范与人格的魅力于一时代学风之淳正、人心之向善有着无可估量的导向作用。清代湖北学者缺少的恰恰是“大家”。清代，湖北学者群体数量不多，且真正在全国有影响力、能左右一时或一地之学术者则少之又少。从纵向论，清代湖北学者无人堪与明代湖北学者张居正、杨涟、公安三袁、麻城耿氏三兄弟、竟陵派谭元春、“医圣”李时珍相比；从横向看，清代湖北学者影响不及清初黄宗羲为代表的浙江学者群、顾炎武为代表的江苏学者群，也不及清中叶惠栋代表的吴派、戴震代表的皖派、阮元代表的扬州学派，还不及晚清以曾国藩为核心的湖南学者。

在清初学者中，约略可以称为“大家”的当数熊赐履。熊赐履(公元1635－1709年)，湖北孝感人，学者称为“孝昌先生”，著有《学统》，曾任翰林院掌院学士、经筵讲官，在清初的政治与学术中有一定影响。但熊氏帝王师的身份亦使其程朱理学卫道士的色彩甚浓，且熊氏因嚼签案等政治事件弄得声名狼藉，而其后熊氏谪居与致仕均选择在江宁(南京)，于湖北学术风气之引领作用不明显。

清中叶，学术风气推移，占据主导的是讲究文字训诂、名物考据的汉学。在此一时期，湖北学术更惨淡于清初，学界罕有以通经而享誉者。面对占据学界主流的考据之学，湖北学者中缺少足够有影响力的唱和者，江藩所著《国朝经师经义目录》不录湖北学者，在某种程度上也是当时湖北学术文化沉寂的写照。

正是看到缺少“大家”的弊端，《湖北通志》的作者在论及湖北学术影响不彰时才感言“先生不能诱接后进”，后生“无师”。其实，缺少大家也正是湖北学术地位不振的表现。

降至晚清，因时代因缘之促发，经世之学大盛，学术主流渐渐趋向汉宋调和之学，而思想界则在中西、古今的对接与转换中层峦迭起，相推相挽。在此“三千年未遇之大变”中，引领时代学术潮流者主要是江浙知识群体、广东知识群体与湖南知识群体，湖北学者依然处于缺席状态。幸运的是，由于儒臣张之洞主鄂期间，大力推行新政和文教事业，使得湖北面貌焕然一新，在晚清的新学格局中，湖北也占据了一席之地，并最终成为辛亥首义之地。但此时的湖北，却是以《湖北学生界》等杂志为依托体现出的群体优势，卓然拔绝者仍然是少数。故辛亥革命之后，湖北的文化又一次显出衰微之势。

梁启超在1922年的演讲中指出，历史赋予湖北两大不可推卸之责任："第一，湖北既首义缔造民国，负永久保持之责任，俾跻于富强之域；第二，湖北不惟绾毂南北，而且居东西要衢，文化上应负调融之责任，使东南西北各部(文化)均得以贯通无阻。"梁启超肯定地说，如果湖北完成这两大历史责任，"则将来之湖北之文化必跻于最高尚之地位"。在演讲快结束时，梁启超激情洋溢地说："我期望于湖北人者甚厚。十年迟迟不进化的原因，我望湖北人自知之而自图之，毋落人后，毋妄自尊，勉力前进，非独湖北人自己之幸，中国前途受赐实多矣"①。

梁启超的话值得与所有湖北人共勉。

①梁启超：《湖北在中国文化史上之地位及将来之责任》，《大武汉》，1922年9月3日。

明清之际的湖北学术特征

乐胜奎①

摘　要:本文以胡承诺、刘子壮和熊伯龙这三位清朝初年湖北地区士大夫阶层的代表人物为例,论证当时的湖北地方文化是随着中国文化的发展而发展的。与此同时,湖北地方文化有它自身的一些特点,而在这些特点背后又有形成这些特点的原因。这些都是我们在研究湖北地方文化时必须关注的问题。

关键词:明清之际、湖北文化、清学

公元1644年明王朝的灭亡象征着作为中国近世思想主流的宋明理学(包括理学和心学)的一个重要转向。在明朝后期已趋式微的宋明理学因明廷的崩溃而受到指责,它被认为并非真正的儒学。更有学者将其与魏晋时期的清谈相提并论:"刘、石乱华,本于清谈之流祸,人人知之。孰知今日之清谈,有甚于前代者。昔之清谈谈老庄,今之清谈谈孔孟。未得其精,而已遗其粗。未究其本,而先辞其末。……以明心见性之空言,代修己治人之实学。股肱惰而万事荒,爪牙亡而四国乱。神州荡覆,宗社丘墟"②。

---

①乐胜奎(1968－　),男,武汉大学哲学博士,现在湖北大学中国思想文化史研究所从事中国儒学的研究工作。

②顾炎武著,黄汝成集释:《夫子之言性与天道》,《日知录集释》卷7,上海:上海古籍出版社,1985年版。

对宋明儒学的质疑使当时的知识分子失去了安身立命之处，这又迫使他们进行严肃的反思：未来的儒学究竟应该向什么方向发展？

根据余英时先生的观点，明清之际的儒学在体、用、文三个方面都发生了变化。就体而言，儒学的重心从内圣的个人道德本体转向外王的政治社会体制；就用而言则集中表现在经世致用的观念上；就文而言则是由"尊德性"向"道问学"的智识主义方向发展①。

这三个方面的变化具体表现为以下方面。

(1)以经学的研究取代理学的空谈心性。即顾炎武所谓"舍经学以研理学者而邪说以作"和方以智的"藏理学于经学"。

(2)以历史的研究为理学的心性之学提供实证基础，即黄宗羲所谓"言性命者必究于史"。

(3)以自然科学(质测之学)的研究来推进儒学的发展。即方以智所谓"质测即藏通几，通几护质测之穷"，用现代学者的话说是"不通晓儒家经典中的天文历算内容，就会妨碍对儒学传统的研究"②。

扬弃程朱理学和陆王心学，从整体上总结宋明理学的王夫之的思想。

以上是学者们从明清之际的整个学术领域而言之概况。若从湖北一地而言，我们将会发现，上述诸变化趋势在这一时期的几个著名湖北学者身上都有体现。

被钱穆誉为"清代鄂学一大家"的胡承诺十分推崇汉代的学风："读书唯汉人最确。原委得失，较然不诬；取舍劝诫，屹然不爽。谏章则少文多实，议事则守经据古，绝不假借牵合以伸己说。"他的代表作《绎志》论述"圣贤修身立命以及帝王之任官行政、制事治人，名臣贤士之所以持躬成业，凡民之所以居室尽伦，莫不兼综条贯，原本道德，切近人情，考据古今，推准时会"。正因为此，有人将此书与顾炎武的

①余英时：《论戴震与章学诚》，北京：北京三联书店，2000年版，第337页。

②[美]艾尔曼：《从理学到朴学》，南京：江苏人民出版社，1997年版，第10页。

《日知录》相提并论:“自前明以来,书之精博有益于理道名实、决可见诸施设者,唯顾氏《日知录》与先生是书为魁杰”。[①]

湖北黄冈人刘子壮因是清代头科状元而名扬一时。虽然在《应殿试对策》中提出“治本于道,道本于心,讲学为明心之要,修身为齐家治国平天下之本”[②]的理学主张,但他的《任人策》和《振纲领策》应该能够反映其经世致用之学的主张。他提出:“善治天下者必先振其纲领,夫天下之纲领在朝廷”[③]。朝廷所重在于土地、人民和法(制度),“凡生莫不求之于地,凡地莫不责之于人,凡人莫不经之于法”[④]。但作为制度的“法亦何常之有?”应根据所处的现实状况变通“成法”。贤圣之人虽欲变通,却被因循成法的守成者以“一定之法”(旧制度)所束缚。他激烈地抨击那些对“成法”情有独钟的之人,认为他们是出于私心的平庸之徒,是“天下之至私者”。由此他致力于科举制度、用人制度、民族制度等方面论述现实问题。

与刘子壮齐名的清代头科榜眼汉阳人熊伯龙则代表了另一种思路。清人谓其“精字母反切之学,知西洋天文算法……宋人理学、晋人清谈,兼而有之”。[⑤] 此或有誉美之嫌,但从其代表作《无何集》来看,他对自然科学的了解相当深刻。由于这样的知识背景,他对东汉王充的《论衡》推崇备至,认为王充是“深知孔子之意”的“真大儒”,《论衡》一书是发明孔子之道的儒学经典。也因为此,考据学大师阎若璩评论说:“予上下千古,自汉以前,得一大异人,曰王仲任(王充);自汉以后,得一大异人,曰熊次侯(熊伯龙)”。[⑥]

熊伯龙明确地提出“自然者,理也”的观念,利用自然科学的经验

---

①胡承诺:《绎志》毛岳生序,《绎志》卷首,上海:商务印书馆,1936年。

②刘子壮:《应殿试对策》,载《湖北文徵》第六卷,武汉:湖北人民出版社,第355页。

③刘子壮:《振纲领策》,载《湖北文徵》第六卷,武汉:湖北人民出版社,第350页。

④刘子壮:《振纲领策》,载《湖北文徵》第六卷,武汉:湖北人民出版社,第350页。

⑤熊伯龙:《自述一》,《无何集》,北京:中华书局,1979年版,第6页。

⑥熊伯龙:《序言》,《无何集》,北京:中华书局,1979年版,第14页。

论反思传统的诸多虚妄之处。世人以月中黑影为桂树，熊伯龙依宋儒之说，以之为地形，且举利玛窦绘制的《坤舆全图》与月中黑影相符为证，说明月中黑影确实是自然地形造成的[①]。再如世人以天河是江海之气上应于天、积气成象而成，熊伯龙利用钦天监的望远镜观察天河，发现天河是“细星所聚而成，非积气也”。他还举出自己亲耳听到的北京的西洋人说到此事，亲眼看见汤若望的著述也谈到此事以证成其说[②]。可以发现，熊伯龙在提出自己的观点时是十分严谨和重视实证的。

将以上三位湖北地区颇具代表的知识分子的学术活动与同时代的全国性的领袖人物相比较，可以发现以下特点。

象征时代主流的由宋明理学向经世实学、质测之学、训诂考据之学、史学的转向，除史学一项外，在湖北地区知识分子的学术活动中都有体现。

从湖北地区知识分子的学术成就来看，相较于顾炎武、黄宗羲、王夫之、方以智等人，则存在一定差距，更谈不上如王夫之般完整的思想体系。

笔者认为出现上述现象的原因主要有两个。

首先，湖北地区的知识分子有“多自潜修”、“事无师承”的遗风。《湖北通志·艺文志序》说：“学莫患乎足己而无以公诸人，无以公诸人则先生不能诱接后进，以成遂其名，谓之无友；足己则后生不肯服从先达而诵谈其行，谓之无师。至且避标榜之迹而并去其阐扬之实，胥失之已。”如胡承诺的名著《绎志》是在其去世150多年后才刊刻于世的；刘子壮的著作《屺思堂文集》和未刻《刘稚川稿》则极少传世；熊伯龙的著作《无何集》写定后只是“秘诸帐中，与吾子共读之”，过了100多年才刊刻传世。由此可见湖北士人的学术心态。

①熊伯龙：《无何集》，北京：中华书局，1979年版，第53页。

②熊伯龙：《无何集》，北京：中华书局，1979年版，第59页。

其次，湖北处于中国的中部地区。在政治上不如北方地区重要，在经济上不如南方地区发达。正如冯天瑜先生所说：中国近代文化传播的方向是从东南向西北，而湖北地区处在较开化的东南和较守旧的西北之间。因此，既存在与东南沿海地区的“时间差”，又有与西北相比的先进性。故湖北地区在全国文化格局中处于第二梯队的位置①。笔者认为冯先生的判断虽然是针对近代文化而言，但对于明清之际的湖北地区仍具意义。

①《光明日报》2004年5月25日。

湖北省乡村宗族发展现状的调查与思考

——以湖北通山为例

李晓溪[①]

摘　要:20 世纪 80 年代以来,民间宗族活动日渐活跃,在地方社会形成了一定的影响。本文通过对湖北省通山县宗族发展现状的田野调查,探讨了湖北当代宗族的组织结构和活动方式及其时代特征,对宗族在近些年内兴起的原因作了一定的思考。

关键词:宗族、宗族组织、宗族活动、当代特征

20 世纪 80 年代以来,湖北宗族活动日渐活跃,在地方社会形成了一定的影响。为了深入了解湖北宗族文化的发展态势,湖北大学湖北当代文化研究中心近几年曾多次前往全省各地进行田野调查。自 2007 年以来笔者多次深入到湖北省咸宁市的通山县进行实地调研,走访了 5 个乡镇(通羊镇、大畈镇、慈口乡、洪港镇、厦铺镇),13 个行政村,17 个宗族,访谈了 100 余名村民,参观了祠堂 15 座,谱局 3 处,基本了解了当地宗族发展的情况,掌握了大量的第一手资料。通过对材料进行整理,可以看出,当代的宗族无论是其组织结构还是活动方式都有了较大的改变。

---

①李晓溪,男,辽宁阜新人,湖北大学历史文化学院教师。

一、宗族组织结构的重建

通山县位于湖北省南部，东临黄石市阳新县，南接江西省修水县、武宁县，西与崇阳县接壤，北与咸宁市咸安区毗邻，总面积2 680平方千米，总人口42.71万人，政府所在地为通羊镇。通山县位于鄂南低山丘陵区，故山地占总面积的78.6%，山多地少交通不便，自然地理条件不是很好。2005年，通山县在湖北省县域经济排序中列第33位，属中等发展水平。改革开放以来，宗族组织在通山县渐趋活跃，经过近30年的发展，形成了一定的规模。同时，宗族具有极强的社会适应性，能够根据社会环境的改变，不断调节自身的结构与内容，这在通山县的宗族组织中表现得比较突出。

在传统的宗族组织中，一般以长房为中心，各房之间关系是有尊卑之分的，并且带有权利与义务不对等的特点。族长产生于长房，辈分最高，且应具有“宗子”的身份。就调查的材料来看，现今通山县的乡村宗族组织打破了这种传统格局。通山的宗族是以房为基本单位，房的划分主要依据父系血统的分支。通常几房合为一族，各房地位平等，且都有自己的牵头人，一般被称为房长或房头。值得注意的是，这些房长在房中的辈分不一定是最高的，年龄也不一定是最长的。族人推举房长的标准一般是:有威望的，做事公正，声誉好，懂得宗族事务，还要求经济状况好一点。从具体的任职情况来看，担任房头的大多是退休的村干部或者教师，还有一部分是年富力强的村民，主要是因为他们的文化程度相对较高，经济状况较好，有能力承担一些宗族事务。同时房头也不是终身制的，有些宗族房头的职务由房内各家轮流担任，还有些是要通过民间推举产生的。

一般情况下，在宗族举行活动期间，各房的房头会集中举行会议，成立由各房代表组成的理事会。这种理事会的方式，分散了传统意义上族长的权力。理事会的成员主要担负组织宗族活动、筹集资金、监督建祠修谱的质量、联系在外族人等相关事务。比如在洪港镇茅田河村，王氏宗族在 2007 年下半年修建宏公祠时，就成立了由王首英为总监，王贤棣为会长的宏公祠重建理事会。通羊镇的邓氏宗族续修家谱，也成立了由邓志晴为董事长，以县志办的退休编辑邓毓芬为主修的修谱委员会。

就调查材料来看，通山地区的宗族通常没有固定的族产，宗族活动的开支只能依靠下列渠道筹集。首先是摊派，在修家谱建祠堂等重大活动开展前，宗族理事会会组织族人集资摊派。具体的操作办法是按照这一家男丁的数量，摊派金额，修家谱一般每个男丁 20～50 元不等，修建祠堂则要每丁 200 元以上。如再有其他活动（如祭祖等）另行收取。其次是个人捐资，在修谱建祠等活动中，都会有一些热心宗族事业的宗亲主动捐资。例如在通羊镇柏树下村的焦姓修家谱，族人焦成佳个人捐资 10 000 元，成为这次集资活动中最大的捐资人。洪港镇茅田河村王氏宗族修建宏公祠，远在加拿大的王爱国、在澳门的王汉生都捐资十几万以助家业。再次，在农村林权制度改革尚未普及推广的地区，部分山林还属临近村庄集体所有，有些单姓村也将这些山头的出产所得划为宗族活动的经费来源。另外举办大型的宗族活动——如散谱、祠堂落成典礼等，附近其他的宗族的代表会来祝贺，这些彩礼也作为宗族的共有财产由理事会经管，用于宗族组织的日常开支。

二、宗族活动方式的改变

根据调查，通山县的宗族活动主要有以下几种形式。

（1）续修家谱。据了解当地各村的大姓都有祖传的家谱，虽经历了文化大革命破四旧等运动的“清剿”，但还是有村民将家谱保留下来。改革开放后，基层政策宽松起来，在 20 世纪 80 年代末，通山县兴起了第一次兴修家谱的热潮。通常情况下，家谱 20～30 年续修一次，这几年正是通山修谱的高峰期。以前修谱都只记载一地一家的子孙繁衍状况，但是近年来修“国谱”之风骤起，各宗族的修谱者大都“游历全国，遍访同宗”，以期将全国同宗者都编入家谱，要“统一全国派行”。据厦铺镇桥口村的曹定理介绍，2005 年曹氏宗族续修家谱时，由大冶、黄石的宗亲发起“修国谱”运动，先后联系了 7 省 60 多个县市，总共将 11 万男丁修入家谱，工程可谓浩大。

(2)修建祠堂。在通山县，大多数姓氏在解放前都有祠堂，经历过文化大革命破四旧运动后保留下来的不多，未被破坏的大多成了县级市级的文物保护单位。据了解，现在通山县几乎每个大的姓氏都有祠堂，很多都在进行翻修或新建，白泥村的谭氏宗祠还在申请省级文物保护单位。

通山的宗祠从规模上来看分为宗祠与祖堂两种。宗祠一般规模较大，主要是当地宗族共有的祭祖之地。例如通羊镇湄港的陈氏宗族于 2005 年在旧祠的原址上重建新祠，新祠一进三重，前有戏台，中有大厅，后有神龛。墙上还刻有功德碑，记录各房捐资情况。据看守祠堂的老人讲，一般大年初一和祖宗的生日族人会聚集在祠堂举行祭祖庆典。平时谁家生了儿子也要抱进来给祖宗见见，以示认祖归宗。有些宗亲家里地方小，红白喜事也会安排在祠堂里进行。

祖堂是指族中各房供奉始迁祖的地方，一般是一间堂屋。保留祖堂是因为有些宗族居住较为分散，没有一个合适的地方可以建祠，或者是宗族人丁较少，很难凑齐新建祠堂的经费，所以只能用祖堂代替。例如通羊镇井湾的熊氏祖堂，就是一间供着祖先牌位的堂屋。

(3)修坟祭祖。在修谱建祠的同时，修缮祖坟也是当今宗族活动的主要形式之一。经济条件较好的宗族都会将自家的祖坟翻修加盖，如大畈镇白泥村的谭氏宗族，在修建祠堂的同时也将村西的祖坟整理重修，在祠堂落成典礼的前一天举行了规模盛大的祭祖活动。还有些家族的祖坟不在当地，例如通羊镇井湾的汪氏宗族的祖坟远在江西，2007 年上半年族人响应江西宗亲的号召集资参与重修祖坟。建好后，汪姓男丁200余人组团赴江西参加祭祖。

(4)寻根探源。通山县的宗族大都是明清之际从外地迁来，最主要的迁出地是江西省，在一些宗族修谱的过程中都会去探访祖先故地。通羊镇柏树下村的焦氏在2007年修谱之前，组织了5人的代表团远赴山西访问宗亲，寻根探源。在这次寻根旅途中，每到一处都由当地的宗亲进行接待。通羊镇湄港的陈氏宗族还有人在网上发表题为《两百年前一家亲，如今我亲在何方》的寻亲启示。同样也有一些人会来通山寻根，有来有往，络绎不绝。

(5)组织龙舟龙灯等民俗活动。龙舟龙灯是我国民间节庆文化中很重要的组成部分。过年要龙灯，端午赛龙舟是村民每年主要的休闲娱乐活动。在通山县这样的活动更是传统悠久，深受村民喜爱。一般来说，宗族是这些活动的主要组织者。在慈口乡慈口镇的朱氏宗祠中我们看到两条龙舟，全套的锣鼓旌旗。据老人说，这两年很多人出去打工，龙舟不会每年都赛了，改为赛3年休3年，但是还是有很多人喜欢参与这样的活动。在通羊镇柏树下村的焦氏宗祠中，至今还悬挂着焦家组织的龙舟队伍获得全县龙舟竞赛的男子组、女子组一等奖的锦旗，在门上笔者还看到写有相约看龙灯的通知。

三、通山地区当代宗族文化的特征

首先，宗族组织不再作为社会经济实体出现，而是更多地注重文化意义的表达。

明清时期的宗族往往致力于赈贫济弱、修桥补路、兴建族学等社会经济活动。而当前，由于缺乏稳定的经济来源，通山地区的宗族很难作为一个经济实体来实现其功能。笔者发现，通山县的宗族内部没有救济机制存在。在被访的宗族内如果有孤寡老人生活难以自理，一般的处理方式都是由村委会出面送入敬老院。随着近些年新农村建设的开展，国家对农村基础设施建设的投入不断加大，很多地

方已经实现了“村村通”，修桥补路等公共设施建设的工作主要还是依靠基层政府。慈口乡西垅村的村长徐良站表示，目前虽然宗族会有一部分公共财产，但一般不会投入到公共事业上，“我们村考上一个大学本科生奖 500 元，研究生奖 2 000 元，从村财政划拨。基础设施建设他们也不会投钱，都是村里在管”。洪港镇茅田河村的王氏宗族斥 200 万元巨资修建祠堂，笔者问有没有想过修缮小学，理事会的成员表示，修小学是政府的事，族里不会出钱。

因此，从一定程度上来说，当代湖北农村宗族更多的是一种文化共同体，而不是紧密的利益共同体。在一些地方开展得如火如荼的宗族活动，是作为人们慎终追远、尊祖敬宗的一种情感表达方式而出现的，对这些活动的参与更多意义上是一种历史和文化上的心理认同。绝大多数宗族活动的组织者都表示，举办这些活动主要是为了敬宗收族，“大家精神上都有个寄托”。

其次，宗族主动谋求同基层政权的协调与合作，力图融入现实生活的主旋律。

湖北朱氏家谱编纂委员会 2002 年 7 月给宗亲的信中写道：“通过续谱可以达到寻根探源，延续家史，瞻仰祖宗，继承良德，教育子孙成才，为强国富民出力；同时也可以挖掘人文资源和文物遗产，为改革开放，发展经济服务。其利国利家之意双俱，何不乐乎？”其在《新纂修家谱序》中亦表明：“当今纂修家谱纯属民间自发行为……整个行动必须融入大环境，既要促社会安定又要体现此时政策，设计之产品既能为社会服务，又能为家庭所用”。

与朱氏宗族观念大致相同，绝大多数宗族正在努力寻找一种既与传统接轨，又能被现行社会制度默认和接纳的适当的组织结构形式。尽管各地宗族现有形式各有名目，运作方式也各有特点，但大都同现实社会生活秩序有较成功的衔接，而不采取截然对立的姿态，很多宗族将重修祠堂名之为“公墓管理处”与“老年人活动中心”。与此同时，各宗族积极主动地将传统宗族的“族规”纳入国家法律轨道，很多宗族也有意识的根据国家有关政策作出了与时俱进的调整，与国家的法律法规相一致，诸如明确表示实行计划生育，在国家政策法令允许的范围内开展正当的宗族活动，等等。虽然现在很多宗族在续修家谱的时候还会把原有的族规抄誊进去，但是这只能算作对原有文献的保存。如今族规更多的是起到一种道德教化的作用，用以约束族人的行为，没有任何强制性。很多宗族在修家谱时还为族规加入了一些与时代精神相符合的内容，例如柏树下村的《焦氏宗谱》就将“八荣八耻”编进了新修的家谱，作为指导族人进取向上的训令。这些努力本身反映出一种积极的因素，从而给当地宗族的发展带来正面影响。

四、对通山县宗族兴起原因的思考

宗族在近些年内兴起的原因是多方面的，就通山县的具体情况来看，主要有以下几点。

首先，宗族的兴起是有着深刻的民间信仰基础的。在影响中国几千年的儒家思想中，“孝”是非常重要的概念，而延续子嗣又是“孝”的重要内涵——生命的意义就是将祖先的香火传承下去。因为在古人看来，子孙的存在是因为有其祖先，而祖先的存在也是因为有子孙的延续。祖先作为神祇有保护子孙，兴旺家族的作用，同样子孙也要对祖先有供养的义务，这就形成了祖先崇拜的原始动力。所以宗族活动中大部分都是围绕着祖先进行的，家谱的作用是明晰祖先的血脉，祠堂是子孙与祖先互通信息的重要场所，修坟祭祖是祈求祖先的庇佑，寻根问祖是对祖先伟业的追思。在对祖先尽到供养的义务之后，子孙也相信祖先会以同样的慷慨来保佑自己。所以，对祖先的崇拜是民间信仰的一个重要组成部分。在村民看来，宗族事务，尤其是与祖先相关的事务是非常严肃的，必须加以认真对待。而发起这些活动，就必须有一个相应的承办者，宗族组织就是应这一需求而生的。尤其在宗族不再具有互助互济等功能的当代，信仰因素就成为宗族兴起的一个重要原因。

其次，宗族是村民解决纠纷以及寻求自身利益保护的手段。一般情况下，私下了结是广大村民解决简单纠纷的常用手段，而在"了结"的过程中，宗族往往扮演着调解人的角色。如果同宗的村民发生摩擦，一般都会有族中的房头老人过来调解，没有效果才会请村干部出面作决断。而如果涉及到两个不同的家族间的矛盾，宗族的调解作用则显得更加突出，因为如果调解失败，两个人的矛盾很可能会转变为两个家族的冲突，严重的还会导致械斗等群体性事件的出现。

在两个家族关系不睦的情况下，村民依靠各自宗族的力量也是寻求自身利益保护的有力手段。在通山县厦铺镇的花纹村，就存在这样的情况。20世纪50年代末，通山县在修建富水水库的时候，曾将当地的村民迁到通山各地，舒姓的一支就被迁到了花纹村。村中焦姓是大姓且世代居于此地，新迁来的居民因生活用地、坟山等多方面问题与焦姓发生过不少摩擦。不久前，一户舒姓村民在他们的新房前树了自己家的牌坊，被焦姓勒令拆除。因为在焦姓看来，在他们聚居的地方树别人家的牌坊是对焦姓的不敬。这导致了包括邻村舒姓在内的整个舒家在近阶段与焦家的关系异常冷淡。两家互不参与对方的红白喜事，舒姓村民甚至在村民选举中不再支持原焦姓的村长。焦家鉴于此也只好不再追究此事。

再次，宗族在基层政治生活中的作用日益显露。目前，各地农村基层政权组织对民间宗族组织的态度基本上是"不作为"——采取一种既不支持也不反对的态度。因为政府部门没有相关的法律法规来约束民间宗族的活动，而宗族组织也在主动谋求同基层政权的协调与合作。有些地区的宗族组织还利用自身的特点对基层的政治生活产生影响。根据调查，在基层选举中，出身于大家族的候选人当选的几率要高于普通民众。因为在村官选举中，村民会自然的对本家人的信任感多一些，认为本家人当选会给自己多少带来一些保障。同时，如果某地某姓人数众多，而其他小姓人当选，会感到很难当得起前者的家，得不到应有的支持。我们在洪港镇茅田河村调查时了解到，洪港镇下辖 15 个行政村，其中 9 个村的村长姓王，因为在当地王姓占人口的绝大多数，据称光男丁就七八千人。所以王姓人在村民选举中往往会得到宗亲的支持而轻易胜出。而在厦铺镇花纹村，这里是焦和谢两大家族共同主事，其他小姓则很难得到当选村干部的机会。所以在基层民主选举中，宗族势力也是参选者的政治资本之一。

阳新宗族现状调查报告

涂明传[①]

摘　要:阳新县是湖北省宗族活动较为活跃的一个典型地区,阳新县的农村宗族呈现宗族活动盛、宗族组织强、宗族观念浓的特点。在对阳新农村宗族现状,如宗族房支、辈分、族谱、祠堂、族规、族产、族长、宗族活动、宗族观念、宗族内部矛盾、主要宗族之间的关系以及宗族对村级选举和治理的影响等进行全面深入调查之后,笔者认为宗族在短期内不可能消亡;政府要尊重农村宗族的现实情况,需要加强引导宗族的发展方向。政府的任务在于有效地发挥宗族组织在维护农村政治稳定中的积极作用,同时又能有效地规避、限制其负面作用,促进宗族成为社会主义新农村建设的一支重要力量。

关键词:阳新、宗族、调查

阳新县位于鄂东南,长江中游南岸,总面积 2 780 平方千米,辖 16 个镇、1 个经济开发区、4 个农场(管理区)。全县共有 310 个村民委员会,2 659 个村民小组。

阳新自西汉时期建县,已历经 22 个世纪。1914 年定名阳新县,沿用至今。1949 年 5 月 16 日,中国人民解放军第四野战军解放阳新,建立人民政权,隶属大冶专区。1952 年 6 月改属黄冈专区。1965 年 7 月起改属咸宁地区。1997 年 1 月 1 日起划归黄石市管辖

①涂明传(1984—　),男,湖北省武汉市人,湖北大学历史文化学院助教,历史学硕士。

至今。

阳新区位优越，交通便利。县境东北与蕲春县、武穴市隔江相望，东南紧邻江西省瑞昌市，西南接通山县和江西省武宁县，西北连咸宁市、大冶市。西接京广，南及京九，北靠武黄，武九铁路横贯东西，长江水道贯穿全境。这里还有省级生态旅游风景区——王英仙岛湖、全省最大的陵园——湘鄂赣边区鄂东南革命烈士陵园、全国重点文物保护单位——龙港革命旧址。

2007 年 11 月 15 日至 25 日，我们一行 3 人到阳新县考察了当地宗族活动情况。10 天时间里，我们一共考察了 7 个镇、15 个村、14 个宗族、10 个祠堂、14 个宗堂、9 姓族谱、2 个寺庙、1 个土地庙。现将调查情况报告如下。

一、阳新农村宗族基本情况

据阳新县档案局曹局长和赵书记称，阳新县现有 97 万人口，其中有 24 万人在外打工。全县共有 427 个姓氏，156 个姓氏规模在 5 000人以上，而修了族谱的就有 100 多个姓。阳新境内祠堂密布，几乎村村都有祠堂。祠堂每年定期都举行活动，其中最重要的一项活动就是祭祖。宗族普遍都有族长，在族内地位较高。族人普遍都有关于本宗族迁移的共同历史记忆，都愿意参加修谱、建祠、祭祖等宗族活动。总的看来，阳新县的农村宗族呈现宗族活动盛、宗族组织强、宗族观念浓的特点。

(1)宗族房支、辈分情况。大的宗族一般分为多个房支。按大房二房三房等论资排辈，称谓辈分十分严格。如我们访谈的赵姓宗族，分为两支：大房和二房。原初是由兄弟二人分出来的。族内称谓辈分十分严格，绝不可紊乱。即使长辈比自己年龄小几十岁，也要予以尊称。如果是相差 3 辈以上的，则称呼某某公或太公。

(2)族谱。在我们调查的 14 个宗族中，100%都有族谱。20 世

纪80年代中后期重修的族谱比较多,近年又有重修。一般都是20年重修一次。据调查,我们认为20世纪80年代中后期修谱比较多的一个重要原因,可能和1984年国家档案局、文化部、教育部于12月20日联合下发的一个通知有关。该通知对家谱的作用和价值作了正面、积极的评价,认为"家谱是我国宝贵文化遗产中亟待发掘的一部分,蕴藏着大量有关人口学、社会学、民族学、民俗学、经济史、人物传记、宗族制度以及地方史的资料","对开展学术研究有重要价值,同时对海内外华人寻根认祖,增强民族凝聚力也有着重要意义"。为编辑《中国家谱综合目录》,通知要求各地收藏单位将其收藏的家谱和家谱目录,报送国家档案局。国家文化部于2001年2月7日又下发了一个类似的通知。20世纪80年代的"修谱热"固然和改革开放以来宗族复兴的大环境有关且为宗族复兴的重要表现之一,但政策环境的改变无疑更具有策动源的作用。修谱也不例外。

有的宗族允许女性上谱,有的不允许女性上谱。在我们查看的9姓族谱中,有6姓允许女儿上谱,3姓不许女儿上谱。允许女儿上谱的族谱在顺序上是男右女左。修谱时,各支堂推荐一人参与修谱,但须具备以下条件:①具备一定文化知识;②了解和熟悉本宗族情况;③不能是再婚的人;④必须是"全人"(既要有儿子也要有女儿)。如果该支堂没有具备这些条件的人,就不参加修谱。修谱时要向族人摊派,由男丁交钱,一般每位男丁10～20元不等。也有族内达人捐款,数量多少不限,有几千的,也有几万的,而且都是自愿。族谱保存在族长和各房头处。派发族谱要举行仪式,参加仪式的人有修谱的功臣、宗族长老,也邀请邻近村落的村长或书记参加,以示自己宗族的光荣。发谱时要抢彩头,各支只能抢各支自己的族谱,谁先抢到则预示着本支的兴旺发达。发谱时,族长还要发表演讲激励族人,同时大放鞭炮、大摆筵席以示隆重和喜庆,有的甚至请来戏班唱戏。

从族谱内容来看,相当一部分族谱与当代国情相结合,具有时代特征。如2003年版的《中华明氏总谱》就增加了"八荣八耻"等与时俱进的内容。

(3)祠堂。在我们调查的14个宗族中,100%都有祠堂。有的宗族不仅有祠堂(总祠),还有许多宗堂(支祠)。几乎达到村村有祠堂、组组有宗堂的地步。有的一个村如龙港镇河西村大小祠堂加起来有七、八个之多。此外,在阳新的公路和乡间小道上也随处可见祠堂。祠堂摆设有祖先画像、祖宗神主、天地君亲师排位等。外人可进祠堂参观,但不能捣乱或进行拜祭活动。祠堂会举行祭祖活动,大年初一早上八点,全族聚集在祠堂,跪拜祖先,由长老或德高望重之人致辞;致辞内容多为祝福本族来年好运,放鞭炮,有酒席。族人相信鞭炮越响意味运势越好。祠堂还有开会、商议族内大事、办红白喜事的功能。可以在祠堂内惩罚犯族内错误的子弟,但现在已不多见。如果是大规模从低处移民到高处,则需要建新祠堂,即使没有祠堂,也需要有正屋,用来祭祖。

传统宗族广置祠堂以追祭祖先,"盖闻人本乎祖,报本反始,咸有同情。圣人缘人情而制礼,俾庶人得立祠以祀其先,是广孝治之义也。"在阳新,近年重修重建祠堂很盛。新祠堂一般在原来祠堂的基础上重修。重修的原因一般都为老祠堂年久失修,祭祀无所。从调查来看,阳新的祠堂仍然延续着传统宗族"敬宗收族"的含义。如浮屠镇玉碗村李氏宗祠《重建祖宗堂纪念碑》说:"吾祖宗堂……因年久风蚀雨袭,欠修缮,塌成废墟。祭祀显祖,供奉烈宗,无舒坦之所。历史变迁,无人问津。今年政通人和,换了人间崇尚文明,感戴昭穆……萌复修之情,蓄虑酝酿,遂于旧址提督重建祖宗堂……乃显祖之荫蔽,贤孙孝嗣之敬也。"这体现了祠堂之于宗族的重要意义,不亚于族谱。

(4)族规。阳新许多宗族都有族规家训,但修订时间不详,大概与族谱同时产生。有的族规成文,有的则不成文。据调查,大多数族规已不起作用,但少数族规仍有对族内子弟惩戒的作用。如1990年就发生过用族规处罚不肖子弟的例子。因为宗族希望人丁兴旺,故族长一般不干涉生育问题。族规主要是协调人与自然关系、邻里关系以及生产生活等方面。族规家训往往与乡规民约一致，有时候人情大于法律，族规还有规劝子女孝悌，惩劝子弟的作用。因此族规家训有补法律空缺的效果。

宗族规范包括“家法”、“家规”等强制性规定和“家训”、“家约”等伦理性训诫。族规的内容具体，比如禁止上山砍柴和放牧，但很少增加诸如计划生育等政策性内容，但在现有的政治环境下，宗族组织并不反对主流意识形态的内容介入，相反，它在内容和形式上增加了许多符合当代社会要求的成分。如《明氏传统家规》为：敦孝悌、睦宗族、培墓田、务耕读、慎交游、旌节孝、杜逼嫁、养仕气、息争讼、戒骄淫、崇节俭、和乡邻、禁盗窃、禁斗殴、贵正道、恤孤幼 16 条。而《新立明氏家规》则出现了“戒吸毒、戒赌博、戒酗酒”等新内容。《明氏传统家训》包括“父子、兄弟、夫妇、朋友、立身、持家、和族、急公”的内容，而《明氏新立家训》则出现了“遵纪守法、移风易俗、求实创新、科学种田、建设新村”等新内容。这些新式族规家训的出现，显示着宗族与社会相适应的努力。

(5)族产。族产是从物质上凝聚宗族的重要手段，无产则无以收族。在历史上，族产主要以族田为形式。在土地革命中，族田作为封建宗族的经济基础被予以没收和征收，收归集体并分配至农民。至今，宗族所固有的各种传统资源大都被恢复或开掘。当今宗族积累族产的渠道也已经多样化。一是族内人员的捐助，每一起修谱、修祠、建坟活动中，都有相当一批人“乐捐”，数额可多可少。二是族内产业的经营性收入。土地改革后，族田虽不复存在，但对聚居一处的宗族来说，山林、水面等资源权属虽已归集体，但这个集体有时也就是一个宗族。因此，农村“包产到户”后，山林、水田等集体产业大多又名正言顺地成了宗族的公产。

在阳新，90%的宗族都有公产，如山林，湖泊，鱼塘，庙宇等。其来历一般为祖先置产。公产由整个宗族共同商议如何使用，公产营利性收入主要用于举办大型宗族活动，如修谱、建祠等，也有少数供有前途的子弟读书和负责孤寡老人逝世后的丧葬费用。公产由宗族自己管理，但也曾经历过复杂的历程，如政府、村委会、生产小组等都曾管理过。现在则都由宗族管理，宗族成员可以参与公产营利性收入的分红。有的宗族每个人到年底可以分到几十块钱。有的宗族过去比较富有，置办了大量公产；有的宗族比较贫困，没有什么公产。

(6)族长。宗族一般都设立以"宗族头人"或族长为核心的宗族机构，各地宗族头人的名称不尽一致。按传统，族长等头人一般由具备"宗子"身份的族民出任，而今这种传统已在发生变化，倾向于有一定学历和办事能力的德才兼备者担任。其权力范围主要有：①管理宗祠事务；②主持族人婚丧喜庆活动，如作为全族象征迎送客人；③管理族谱；④负责每年新出生族子的上谱事务；⑤介入村庄财务的管理。这些事务大都是道义性的，没有强制性的手段。

宗族中权威人物包括族长和长老，长老相当于顾问，族长负责具体执行。权威性人物在宗族中作用很大，通常宗族事务由他们说了算。一般族长和组长甚至村长或村支书合而为一。如浮屠镇下屋村村支书邱永水就兼任该宗族的族长。在我们的调查中，100%的宗族都有族长。如赵姓族长40多岁，属于赵氏第20代，辈分最高，身份为农民，高中毕业，不是党员，也非组长或村长等干部，但为人很好，脑子灵活，所以长老及族人选举其为族长。族长主要是为族人做一些公益性的事情，比如组织修桥铺路。在大型宗族活动中，族长出面集资，为族人办事。要当族长并不容易，光靠有钱是不行的，若为富不仁，不愿为族人办实事，也没有人推选他做族长。农民都很讲实惠，要愿意拿钱出来为族人办事才有可能被推选为族长。有打工回来的年轻人，可能不当村干部，但是愿意为村里提供资助，做一些公益性事业，自然就有了威信和地位。关键是要能够解决问题，年龄不是成为族长的主要障碍。族长的产生有间接选举(推选)和直接选举(普选)两种形式，推选由长老集体推荐，普选则由所有宗族成员选举

产生。

(7)宗族活动。阳新宗族活动很多，如拜神、祭祖、扫墓、修谱等。活动没有固定的时间，一般在大年初一会固定举办一些活动。在族人出生、祝寿、婚丧等情况下也有聚集活动，通常都是全族人参加。洋港的罗姓每年农历八月都有宗族活动，李姓大年初一"出天丰"，敬天敬地敬祖宗，富池三月三也有敬祖活动，吴王庙、甘宁庙等地是宗族活动频繁的场地（相传三国吴黄武元年，东吴大将甘宁作战身亡，为纪念其功，故庙祀于此）。阳新农村宗族有三大活动，除了修谱、建祠外，最重要的要数祭祀活动了。过去，阳新境内有丧祭、冥祭、祠祭和行锣祭多种祭祀形式。丧祭，长辈去世做祭；冥祭，对逝世祖先诞辰、百岁期致祭；祠祭，每年合族在祠堂举行祭祀；行锣祭，定期按庄门分族系接锣（接太公）举行祭祀。调查中，我们听到最多的还是祠祭，也看到有长辈去世的子孙在祠堂内守孝的现象。祭祖一般是在春节和清明。除夕日，家家户户要先备佳肴到祠堂烧香、点烛、放鞭炮供祖宗，然后才合家团聚吃年饭。清明节那天，宗族都会给祖先培坟墩、竖墓碑、修坟台，家家户户祭坟。远祖，以合族或房头集中抬着三牲祭礼，一路鸣锣击鼓，燃放鞭炮，登上祖坟山举行公祭。近祖，一家一户在坟台上摆上酒饭菜肴，焚香顶礼祭拜。

举凡宗族活动，无不要求族人踊跃参与；对参与中的积极者，施以种种褒扬和鼓励。如在兴修族谱中，各族都要将其组织者和其他积极者在谱中各置专篇，留名作传。如阳新续修的各族新谱，许多都有这样的《人物传记》或芳名录，有的还印上捐款人照片。

(8)宗族观念。在阳新，许多宗族没有共同的宗族传说和英雄人物故事，但是有关于宗族迁移的共同历史记忆，并且记录于族谱之中。族人都有很强的宗族观念，都愿意参加本宗族的活动。县档案局曹局长说："宗族在一定时期内不可能消亡，几千年的传统观念无法短期消灭。在法律意识更加强烈的情况下，全世界华人当中兴起'姓氏学'说明宗族活动反而可能更加活跃。随着大家生活条件的改善和提高,以前想做而不能做的事情现在有能力去实现了。所以,宗族活动可能会更加深入。”青年人尽管外出进城打工,但是逢年过节一定会回到家乡参加诸如祭祖等宗族活动。外出打工青年虽然带回新观念,但仍有较强的宗族观念。

(9)宗族内部矛盾。宗族内部矛盾通常由族长用家规来解决,是一种内部解决方式。在调查中,我们没有发现宗族内部矛盾通过法律途径解决的。如在龙港镇月台村,刘氏宗族曾发生过因过继问题产生纠纷的。一位族内叔伯没有子嗣,其兄弟将自己的二子中的一子过继给他。后来该兄弟的儿子因故去世,欲将其过继的儿子要回来。两兄弟遂发生矛盾,最后还是由族长出面协调解决。此外,宗族内婆媳妯娌之间的矛盾闹大了,族长也会介入。一般族人都服从族长协调解决家族矛盾的权威和方式。

(10)主要宗族之间的关系。阳新大的宗族之间在近20年来都没有发生大规模的械斗,但宗族之间时有矛盾产生。矛盾的高峰期主要是红白喜事时期,清明扫墓时候也会产生纠纷。比如由于祖坟面积的争议、上辈的恩怨和争夺风水等原因,宗族在清明祭祖时容易引发纠纷,甚至出现两个姓氏之间永不通婚的情况。宗族发生产权纠纷时,经常会有人到县档案局去查找关于该宗族族田山界等情况的资料,目的是为了解决宗族之间的利益纠纷。政府对乡村的综合治理是不允许宗族之间发生大规模械斗的,村委会和乡镇政府都会组织调节。因此在重要的节日或活动日,政府都会很小心,加强对宗族活动的监管力度。

二、阳新农村宗族与乡土秩序

从行政的观点来看,宗族制度的意义表现在以下方面:统治阶级的行政机构的管理还没有渗透到乡村一级,而宗族特有的势力却维护着乡村的安宁和秩序。直至当代,宗族依然“是一种地方势力”。

总的说来，在阳新乡村地区，宗族力量的对比及村民的宗族意识，对村民自治工作产生了明显影响。

1. 宗族对村级选举中的影响

村级选举的制度性框架是村民自治，即由农民自己选举当家人。在当今中国农村社会，从村民代表选举开始，到确定村委会主任候选人，再到争夺力量的转移，都可以观察到宗族力量在村级选举中的作用。

宗族对选举的影响是非正式、非组织的自发性个人行为。它主要表现为选民的投票心理与倾向，以及候选人及其支持者将宗族或房分作为竞争的资源之一，而不是以宗族的组织形式来影响选举。在宗族内部也存在拉票的活动，一般都是通过聚会、一起吃饭等方式实行。

在乡村基层组织选举时，同姓的人一般会推选同姓族人出任干部，村中某一姓氏的人多，此姓氏当选村干部的人也肯定多。对于干部的选举，村民有两种不同的观点。一种观点认为，村子里的事情和所需要解决的问题都很简单，不需要那些有很高的管理水平和高学历的人。另外，村民彼此能力的差别不是很大。在这样的想法下，人们普遍愿意选同族中相对威信较高的人为干部。另一种观点则认为，选村干部要选愿意为老百姓做实事、有一定组织协调能力和高学历的人，不论他的姓氏是什么。

总体而言，在阳新农村，由于同姓比例非常高，有的村子甚至100％都是同一个姓，所以在村级选举中，通常由大姓成员担任村委会主要干部，小姓顶多担任副职。宗族尽管对村委会的影响较大，但村民一般也会选自己信任的、有威望的族内能人担任村干部。村干部既有年长的，也有年轻的，能否解决农民的问题是村民在选举时考虑的核心。小姓的人很难担任主要职务，否则无法服众，村民自治无法执行。

2. 宗族对村级治理的影响

宗族对村治的影响，除了表现在村干部选任的影响外，还往往表现为对村干部治村行为的影响。从调查的情况看，对于全村性的事务尤其是政务，宗族一般不会插手干预，但对村干部的治村行为仍有影响。

由于宗族和房支大小背景的不同，村干部所享有的权力份量往往有所不同，而并不完全取决于其职位的制度安排。如在有关村内公共事务的决策上，来自大族大房的村干部尽管不一定居于主要干部的位置，但往往有着更大的发言权，来自小族小房的村干部总会自觉地规避或谦让。在村务的管理与执行上，来自大族大房的干部工作时往往会雷厉风行，胆子大，气更粗，态度硬，不怕得罪人；而来自小族或小房的干部则往往谨小慎微，不敢轻易得罪人，工作缩手缩脚。因此，在村民中常常能听到这样的说法：如果不让大姓的人来当村干部，就很难管好村子。宗族对村干部工作的这种影响，往往是通过村民对村干部工作的支持和配合与否来达到的。

总体而言，宗族的这些影响主要是采取非正式的方式，是村民的自发行动，一般不会采取有组织的集体性行为。因此，对村委会权力的安排与运行来说，宗族依然是不可忽视的基础性资源。

三、结论与思考

宗族有历史传统、生活习惯、文化心理等方面的存在依据。宗族在中国有 2 000 多年的历史，中国的农民早已习惯了生活于宗族中。我们看到，这一传统在当代中国仍在继续保持下去。农民对宗族有一种“根”的认同感和归属感，有心理上的需求。在农村，生产生活中的交往和互助需求也使宗族成为农民解决生产生活中困难的依靠对象。在中国这个法制并不健全的国度，宗族在相当的程度上担当了社会的某些调节功能，并对维护地方社会的和谐稳定产生补充和积

极的作用。此外，聚族而居是宗族产生和延续的重要环境因素。几千年来，同宗同族的农村人口世世代代都居住和生活在同一环境中。改革开放后，农村虽然在社会生活的方方面面发生了一系列相当大的变化，但聚族而居的居住形式基本上没有改变。血缘关系所形成的认同心理、安土重迁的心理意识和限制流动的户籍制度更便利地满足了这种需求。因此，聚族而居的环境为宗族活动及其宗族势力的形成提供了天然基础。

所以宗族在短期内不可能消亡。即使是随着城市化和工业化进程的加速，农村的经济基础和社会结构发生了很大的变化，这些可能会对宗族的生存发展形成挑战，但是，只要中国的城乡二元结构没有根本改变，只要农村的人们依然是聚族而居、仍然有对宗族的认同观念，那么中国农村的宗族就会继续存在并发展下去。

无庸讳言，一些农村宗族在恢复活动以后，表现出一定程度的对现存社会秩序的破坏性，这些显然是与社会主义新农村建设背道而驰的。而目前政府对待宗族的态度是不鼓励、不赞成、不反对、不干涉。这种态度虽然不会激化乡村宗族矛盾，但有自由放任之嫌。我们也应看到，大多数农村宗族及其活动都是被自觉地限制在社会主义法律和政治秩序之内，宗族在一定程度上也自觉地与社会主义法律和意识形态相调和。因此，对农村中的宗族现象应以平常心待之，善加引导。政府的任务在于如何有效地发挥宗族组织在维护农村政治稳定中的积极作用，同时又能有效地规避、限制其负面作用，促进宗族成为社会主义新农村建设的一支重要力量。政府要尊重农村宗族的现实情况，需要加强引导宗族的发展方向。对待宗族不能完全靠行政命令，在去基层工作时，应特别注意协调宗族在乡村秩序中的力量。政府如能对宗族发展正确引导，则宗族对乡村的平安繁荣应会发生积极作用，利大于弊。

附:阳新县宗族现状调查情况表

城镇	村落	祠堂	族谱	地理方位
兴国镇	政府部门	赵氏/有,未见	赵氏/有,未见	县城
浮屠镇	1.玉堍村	李氏宗祠、李衡石故居、2个宗堂	李氏族谱(1944 和 1988 年版)	县城西北部
	2.十八折村	石氏宗祠、1个宗堂	有,未见	
	3.周通村	周氏宗祠	周氏文化展览室	
	4.下屋村	邱氏宗祠、1个宗堂	中华邱氏大总谱(2005 年 9 月版)	
白沙镇	5.黄塘村	梁氏宗祠	梁氏族谱(1988 年版)	浮屠镇北部、西邻大冶市
	6.朱通村	2个朱氏宗堂、1个土地庙	有,未见	
龙港镇	镇政府	/	/	县城西南部、西邻通山县、南邻江西
	7.河西村	萧氏宗祠、3个宗堂、谈姑庵	萧氏族谱(1988 年版)	
	8.门楼村	1个刘氏宗堂	小溪刘氏宗谱(1989 年版)	
	9.月台村	刘氏宗祠、2个宗堂	刘氏大成族谱(2003 年版)	
	10.黄桥村	成氏宗祠	成氏史志(2001 年 10 月版)	
	11.茶寮村	张氏宗祠	张氏族谱(1987 年版)	
排市镇	12.排市村	钟氏宗祠	有,未见	县城西南部
木港镇	13.木港村	关圣庙	/	县城南部
陶港镇	14.陶港村	1个明氏宗堂(同道堂)	明氏族谱(2003 年版)	县城东北部
	15.江荣村	1个江氏宗堂	有,未见	

浅析图书馆、博物馆、档案馆的一体化发展趋势

孙胜利　易　涛　覃兆刿[①]

摘　要：图书馆、博物馆、档案馆在理论和实践方面有许多相通之处，本文针对“三馆”实际工作中业已存在的问题，结合国内外“三馆”的一体化实践，讨论了图博档一体化发展的可行性。文章最后从实体一体化、信息资源一体化两个维度探讨了三馆一体化的具体实践措施。

关键词：图书馆、博物馆、档案馆、一体化

档案馆保藏社会记忆，图书馆集合人类知识，博物馆呈现历史遗迹。有三大文化机构之称的“三馆”（下文也称“图博档”）在我国的发展历史可谓源远流长。“三馆”具有共同的历史源头，它们在发展进程中经历了多次分分合合，直到近代才各自独立。传播文化信息、提供信息服务是它们共有的社会属性，因此也决定了三者之间存在着必然的关联和合作的基础。

①孙胜利，敦煌研究院保护研究所助理馆员，湖北大学历史文化学院档案学在读研究生；易涛，浙江师范大学档案馆馆员，湖北大学历史文化学院档案学在读研究生。指导老师：覃兆刿教授。

一、图博档三馆分立的现状及其存在的问题

1. 从概念角度来看

关于图书、档案、文物的概念，在学术界有很多种定义，这一现象按照哈罗德·孔茨的观点应该看作是这些学科尚未成熟的标志；按照美国科学哲学家托马思·S·库恩的理解，这是形成常规科学的前科学阶段。任何一门科学的早期发展阶段，不同的人对同样一些领域的现象(尽管未必都是同样的一些具体现象)，都会作出全然不同的理解和解释。这也为图博档实现一体化提供了理论契机。这里暂不过多讨论，仅举有权威代表性的定义。

联合国教科文组织对图书的定义是：凡由出版社(商)出版的不包括封面和封底在内 49 页以上的印刷品，具有特定的书名和著者名，编有国际标准书号，有定价并取得版权保护的出版物称为图书[①]。

《档案法》对档案的定义是："过去和现在的国家机构、社会组织以及个人从事政治、军事、经济、科学、技术、文化、宗教等活动直接形成的对国家和社会有保存价值的各种文字、图表、声像等不同形式的历史记录。"

《文物保护法》规定，文物的外延是明确的，即具有历史、艺术、科学价值的古文化遗址、古墓葬、古建筑、石窟寺和石刻、壁画；与重大历史事件、革命运动或者著名人物有关的以及具有重要纪念意义、教育意义或者史料价值的近代现代重要史迹、实物、代表性建筑；历史上各时代珍贵的艺术品、工艺美术品；历史上各时代重要的文献资料以及具有历史、艺术、科学价值的手稿和图书资料等；反映历史上各时代、各民族社会制度、社会生产、社会生活的代表性实物[②]。

通过以上权威理论概念的引述可以看出，三者在概念上有相互

①http://baike.baidu.com/view/5214.html? wtp=tt，访问时间 2009 年 8 月 11 日。

②吕利平：《浅谈档案与文物的联系》，《档案管理》，2007 年，第 4 期。

重合的"交集"地带，这就使得在学术领域一方面是在三者关系问题上展开了激烈的讨论[①]，而另一方面是图博档一体化的发展趋势正在加快。同时我们也看到，概念上的不明确也使得三个部门在管理对象上出现了交叉重复：文博系统内存在档案图书的部分，如敦煌研究院的馆藏中，有的属于档案的范畴，有的属于图书的范畴，当然它们也都具有文物的属性；档案系统内近些年对实物档案的收集及关于实物档案的讨论，笔者认为应该属于档案系统内的文物管理；图书馆里古籍文献、孤本、善本等应该说也具有档案、文物的属性。

《中华人民共和国档案法》第十三条规定："博物馆、图书馆、纪念馆等单位保存的文物、图书资料，同时又是档案的，可以按照法律和行政法规的规定，由上述单位自己管理"。这是对某些实物具有文物、档案双重身份的肯定，同时也协调了博物馆、图书馆、档案馆在征集、保管、研究、利用历史文献方面的工作关系。这样的规定固然是一种协调，但同时也会引发三馆在馆藏上的重复和不完整而导致信息资源的分散，由此便引起了管理上的重复和资源的浪费等现实问题。

2. 从现状来看

三馆在现阶段分属不同的行政部门，各自发展成独立体系，但在工作对象和工作内容上却有很大程度的交叉。

(1)图书系统内的古籍善本孤本等应该说同时也具有文物、档案的属性。对它们的管理应该是文博档案系统的优势。

(2)文博系统内的图书档案管理。①文博系统内的图书，笔者认为应该分为以下三个层次：A. 具有图书性质的文物，是文博系统馆藏的重要组成；B. 文博系统内对本单位文物信息的加工所形成的宣

①张仕君：《档案在文，文物在物——论实物档案应该否定》，《档案学研究》，2004 年，第 1 期；张煜明：《档案 文献 文物 史料及其他》，《档案学通讯》，2004 年，第 3 期；张家仪：《谈档案与文物的区别》，《档案学研究》1995 年，第 5 期；仇壮丽：《档案有物，文物有文——与张仕君同志商榷》，《兰台世界》2006 年，第 4 期等。

传册、画册、研究成果、论文、报告等二次、三次文献信息；C. 文博单位对本领域相关资料图书的收集与管理。②文博系统内的档案管理也应该有以下三个层次：A. 属于文物本体，具有档案性质的文物；B. 关于文物本体的档案记录；C. 文博单位的行政文书档案。

(3)档案系统的图书、文物管理。档案部门对古籍善本以及关于“实物档案”的收集与整理可以说是档案部门对图书文物的管理。

二、图博档一体化的可行性

1. 理论基础

(1)从三者的本质属性及社会属性看三者一体化的可能性。传播文化信息、提供文化服务是图博档共同的社会属性。这一共同社会属性决定了三者之间必然存在着多多少少的联系。三者都属于信息的这一属性决定了三者在理论原则上的相似性。档案管理理论中，法国大革命时期迈斯耐尔提出“高龄档案应当受到尊重”原则，以及尊重原有档案整理顺序的原则；文物保护中修旧如旧，维持原貌的原则；图书管理按照《中国图书馆图书分类法》对图书的有序化整理等，这些原则从管理学的角度来看都是一种对信息进行有序化处理的过程。

三者的分流是社会发展的需求，而现在三者的一体化也是社会发展到知识经济时代所提出的新要求。三者虽然具有各自的特点和差异，但从上面所分析的工作对象的交叉和工作内容的趋同可以看出，各自为政、条块分割的科层管理体制下，三者在纵向发展的同时缺乏横向联系，以致各自处于封闭、半封闭的状态，造成文化资源浪费，以及相关设施的重复建设。而档案馆、图书馆、博物馆间的资源应该是互补的，社会公众对信息的需求是以知识为结点的，并不以信息的所在地（图书馆、博物馆、档案馆）来划分，也就是说对信息的需求具有整体性特征，这些问题对于作为文化机构的图博档系统来说，如何提供优质服务，如何做到“收全”、“整顺”、“用好”等具体的业务工作都造成了很大的不便。

(2)从组织形态的模块化发展趋势看图博档一体化发展的组织形态要求。以知识管理为基础的新经济形态要求组织内部实现模块化管理，同时这也是在市场资源配置条件下社会分工更加细化的表现。所谓模块化(Modularity)就是指半自律性的子系统，通过和其他同样的子系统按照一定规则相互联系而构成的更加复杂的系统或过程①。

传统意义上三馆的分流是以泰勒的科学管理为基础在科层制权威强制作用下的成型，属于“他成型”(Hetero - figuration)。事实上，组织的生长、发育是在一种内在基因——核心竞争能力控制下，通过自组织深化而成型的，称为“自成型”(Self - figuration)。生物界或人类自身已经证明，“自成型”方法能够产生非常精巧、复杂和自生能力极强的组织结构。

通过模块化的组织形式，在三馆一体化的框架下，三馆可视为一个组织主体，这样就可以使其内部的信息、技术等可共享要素在不存在交易成本的前提下由一个领域转移到另一个领域。如图书馆在数字化方面的优势及相关研究成果，可迅速应用到其他两个领域，同时这一核心竞争力可以作为一种资源向其他相关模块方出售，以实现资本最大化来减少运营成本，为提高三馆的服务水平奠定良好的资金支持。

2. 实践需求

(1)从共同的数字化需求看图博档一体化的可行性。随着计算机技术的应用以及数字化、网络化、信息化等技术的发展，图博档系统内都受到其不同程度的影响。数字化图书馆、数字化博物馆、数字

①青木昌彦(Masahiko Aoki)：《产业结构的模块化理论》，上海：上海远东出版社，2003年版。

化档案馆建设的热潮正在兴起，相关方面的研究也是日新月异，但三者都是在各自的领域内研究较多，合作与借鉴较少。如知识产权保护、信息共享、数字鸿沟的消除、信息凭证性的研究、数字信息的长期保存等，只有在一体化的框架下进行研究，才能实现资源的整合。通过整合，可以发挥资源的整体综合效应，从而达到最佳利用效果和产生最佳效益。如图书情报一体化、文档一体化都已取得了成功的经验，而且还可以进一步扩大范围。同时可保证资源的广度、深度和可利用度[①]。在保护技术领域内的研究可以实现三个领域内的共享。如陕西省档案局研究员李玉虎先生的纸质档案字迹恢复与显示技术，同样可以用于文物部门的壁画、彩绘、纸质文物的修复等，也可用于图书馆对古籍、善本、孤本的保护。

(2)从共同的文化服务职能看图博档一体化的可行性。图书馆、博物馆、档案馆三者虽然在很多方面具有较大的差异，但是其作为文化机构的社会文化服务职能却是三者的共同核心职责。公众对文化的需求具有整体性特征，虽然三馆在信息资源内容上有互补性，但地理位置的分散却带来了利用上的不便，而管理体制上的分散更是从根本上制约了三馆在实质层面的一体化发展。为了更好地服务社会公众，一方面三馆要加强服务意识，只有在这一前提下才有可能提高服务质量，另一方面，从思想层面认同三馆的共同社会属性与社会职责，从体制层面实现三馆根本性的变革与融合，才能实现真正意义上的图博档一体化发展。

三、国内外一体化的实践

1. 国内图博档一体化的实践

在我国近代最早提出三馆合一思想的是王重民先生。傅振伦先

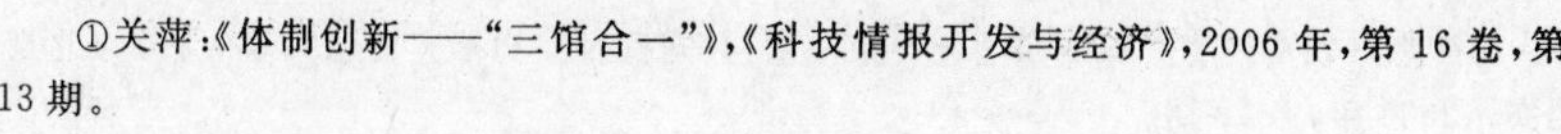

①关萍：《体制创新——“三馆合一”》，《科技情报开发与经济》，2006年，第16卷，第13期。

生对三馆学进行了理论化、系统化的阐述，直到2003年文物档案资源管理与利用学术座谈会的召开，可以说我国对图博档一体化的研究始终没有停止过①。

1902年始建的古越藏书楼。古越藏书楼既是我国近代第一座开放性的图书馆，同时，也是我国第一座“图博合一”的图书馆。

1904年创办湖南图书馆时，就定名为湖南图书馆兼教育博物馆，因而，在名称上直接体现出了图书、博物两馆合一的性质。

1905年创办的南通博物苑，设有天然、历史、美术三部，为我国早期“图博档合一”的图书馆，其收藏的“经史词章之集，方技书画之遗”，实际上收藏的就是图书、档案。

1925年10月成立的故宫博物院，在院内设古物和图书两馆，图书馆分图书、文献两部，而文献部其实就是我国近代意义的档案馆。

1936年7月，中华图书馆协会和中国博物馆协会在青岛联合召开年会，并印发了《联合年会的希望》(这一联合年会表明，当时我国的公共图书馆和博物馆的关系的确非同一般)。

到了现代，图博档一体化的趋势也没有减弱。如山东省新博物档案馆建设，安阳市博物档案馆综合大楼的开工，太湖广场“五馆”的开工，博物馆、革命陈列馆、科技馆合建，档案馆、城建档案馆与图书馆合建等。

2. 国外图博档一体化的实践

(1)美国国会图书馆在1990年推动了“美国记忆的国家计划(American Memory)”，在1994年10月推出数字化项目，对馆藏文献、手稿、照片、录音等的记录性信息以及实物性信息进行数字化处理与存储，通过互联网供公众利用。

此外，美国具有档案馆和纪念博物馆性质的美国总统图书馆(自

①薛惠:《档案博物文保三家学会会聚一堂，共同探讨文物档案资源共享大计》，《北京档案》，2003年，第12期。

1938 年总统图书馆这个名称产生后)，已陆续建立了归国家档案馆管理的有胡佛、罗斯、杜鲁门等 10 个总统图书馆①。

(2)英国政府先后在 1997 年和 2000 年提出“全国学习网(National Grid for Learning)”计划和“连接学习型社会(Connecting the Learning Society)”的行动计划，将全部学校和学习机构如图书馆、大学、学院、博物馆、艺术馆链接起来，形成“全国学习网”。

英国的 4 500 个博物馆、1 300 个档案馆和 5 000 多个图书馆于 2000 年 4 月成立了一个简称“Resource”的理事会，这个公共的战略性组织希望博物馆、档案馆、图书馆成为人们生活的中心，起到娱乐和激励的作用，具有文化价值，能挖掘人们学习的潜力，有助于经济繁荣和社会公正。

(3)芬兰将档案馆、图书馆、博物馆合建，使三馆在功能上实现了互补，形成了芬兰最重要的文化信息源②。

(4)2003 年 10 月 2 日，加拿大遗产部部长卡普宣布加拿大图书档案馆正式成立，即将原加拿大国家图书馆与原加拿大国家档案馆合并。它的目标是向所有加拿大人提供对文本、传记及其他文献的简便的“一站式”存取，这些文献反映了加拿大的文化、社会和政治的发展。该馆将与其他档案馆和图书馆紧密合作，继续搜集和保存加拿大各种形式的文献遗产③。

四、图博档一体化的构想

图博档一体化分为“硬件”与“软件”两个层面的一体化，即实体

---

①杰克:《英国博物馆、档案馆和图书馆理事会》,《中国档案》,2004 年,第 2 期。

②http://www.jlfmda.com/Article_Show.asp? ArticleID=4498. 访问时间 2009 年 8 月 11 日。

③电子政务潮流中图书、档案、情报一体化发展在欧美的新趋势,《档案与建设》,2007 年,第 12 期。

的一体化和信息资源的一体化。

1. 实体的一体化构想

(1)国家组织机构上,国家主管部门在一体化基础上进行分工协作,博物馆、档案馆以零次文献信息为主要任务,图书馆以二次、三次文献信息为主要任务,合作的目的是资源共享,从根本上解决重复建设,减少重复劳动,更好地提供服务。主管部门的一体化同时也有利于法律政策的一致性,减少在具体实践中的法律分歧。地方图博档机构,在国家主管部门一体化的基础上也实现实体的一体化,避免基础设施的重复建设,同时也方便公众对信息资源的利用。

(2)在职能上致力于宏观调控、协调以及相关法规、标准的制定,而具体的业务内容则以公众的需求为取向,树立服务至上理念,工作目标是以市场为导向满足公众需求,更好地服务于现代化建设。

(3)在相关专业人员的整合上,使相关专业人员在同一组织的框架下实现隐性知识的交流,扩大专业技术人员的知识面,实现相近专业领域内的知识共享,更好地为图博档事业发展服务。

2. 信息资源一体化的构想

(1)在信息资源方面做到分工协作,实现资源的整合是图书、文物、档案三大领域的责任与使命。在实施资源整合的同时,注重模块化发展,发挥三馆各自已有的优势,真正实现统一信息平台基础上各种信息资源的融合。

(2)注重特色化与标准化。特色化是资源建设的核心,标准化则是信息资源建设的手段。在一体化的框架下针对本领域的特色资源来确定数字化信息资源的范围和内容,有重点地建设数据库。建库中严格遵守和体现标准化、规范化的原则,如著录格式、标引规则、数据指标、符号转换、图像处理等方面的标准化工作,还有应用硬件与软件的一体化管理。对三馆实行综合管理、开发、利用,发挥整体功能,形成综合优势,全面实现图书、文物、档案信息资源共享。信息资源一体化管理提高了对不同层次利用者需求的适应力和应变力,加大了信息传递力度，能提供高层次、深加工、集成化、综合性决策信息。

(3)使三馆实现资源上的优势互补，突出体现图书的理论逻辑性、文物的直观生动性和档案的的原始凭证性特征，力争实现同一知识结点上的所有信息的整合，共同服务于社会主义经济建设。

参考文献

黄少明.我国早期的“图博合一”的图书馆[J].大学图书馆学报，2005(4)：64～67.

林海慧.从信息角度对我国博物馆与图书馆所作的对比研究[D].长春：吉林大学，2007年硕士论文.

刘家真.我国图书馆、档案馆与博物馆资源整合初探[J].中国图书馆学报，2003(3).

罗珉.管理学范式理论的发展[M].成都：西南财经大学出版社，2005.

覃兆刿.双元价值观的视野：中国档案事业的传统与现代化——兼论过渡时期的档案思想[M].北京：中国档案出版社，2003.

雍正与清朝的档案工作

朱建贞[1]

摘　要:康熙、雍正、乾隆三朝,雍正处于清朝承上启下的历史时期。雍正既继承了康熙的历史遗产,又改革了康熙晚年的弊政;他既为乾隆强盛奠下了根基,又为乾隆繁盛准备了条件。康、雍、乾三朝,既是清朝历史发展的鼎盛时期,也是中国皇朝历史发展的一个鼎盛时期。雍正皇帝作为一代政治家,他留给后人的历史遗产,还有两点值得特别提出:一是勤政,二是选储。勤政,是雍正区别于其他帝王的一个显著特征。纵观中国历史上的皇帝,像雍正那样勤政者,前无古人,后无来者。他在位期间,自诩"以勤先天下",不巡幸,不游猎,日理政事,终年不息。本文主要论及雍正勤政的一个重要方面,即雍正的档案思想与雍正对清朝档案工作的贡献。

关键词:清朝、雍正、档案工作、制度措施

一、清朝文书档案机构的设置

清初仿明朝制度设独立机关吏、户、礼、兵、刑、工六科。雍正元年(公元 1723 年),六科改隶督察院。其主要职责包括:①掌收"科抄",各科每日派给事中一人,赴内阁领出红本(明制,凡臣下奏章曾经皇帝以红笔批示者亦称红本;清制,奏章经内阁票拟进呈并由皇帝

①朱建贞,女,湖北大学历史文化学院档案系副教授,主要从事档案学研究。

批示后，先由批本处满族翰林、中书批写满字，交下内阁由汉族学士批写汉字，皆用红笔。满汉字批写后称红本），抄给各关系衙门承办，同时另外摘录两份，称史书和录书。②注销各关系衙门文卷。③掌敕书的颁发、回教、察核京查、大计册、各项奏销册、文武生童学册，以及复奏秋审、朝审案件，监视行刑等。④掌封驳，“凡部院督抚本章，已经奉旨，如确有未便施行之处，许该科封还执奏。如内阁票签批本错误，及部院督抚本内事理未协，并听驳正。”

雍正三年（公元 1725 年）规定：“题奏事件理应画一，行令各省督、抚、将军、提（提督）、镇（总兵），嗣后钱粮、兵丁、马匹、地方民务所关大小公事，皆用题本，用引具题。本身私事，俱用奏本，虽有印之官，不准用印。若违题奏定例，交部议处”（《光绪会典事例》卷十三）。

雍正五年（公元 1727）年，为皇帝催办、检查和汇报各部院衙门执行上谕情况专门设立稽察房。“凡各部院遵旨复议事件，由票签处传抄后，稽察房按日记档。俟各部院移会到时，逐一核对，分别已结、未结，每月汇奏一次”，叫稽察事件月折。“每日军机处交出清、汉字谕旨，由满票签处移交稽察房存储，详细核对，缮写清、汉字合壁（璧）奏折，与稽察事件月折一并汇奏，”叫汇奏谕旨（《光绪汇典事例》卷十五）。

雍正七年（公元 1729 年），“各省督抚题奏事件，例有副本送通政司。嗣后应令一并送阁。奉旨后，内阁将副本遵照红本用墨笔批录，另存皇史成。其在京各部院复奏本章，亦照此办理”（《光绪汇典事例》卷十四）。

雍正八年（公元 1730 年），设稽察钦奉上谕事件处，专掌稽察各部院衙门所奉谕旨特交事件的办理情况，督其限期，对各部院已结未结事件，每月稽察存案，年终汇奏一次。

早在顺治年间，清王朝的中央机关仍以入关前的“三院八衙门”为基础，又仿明朝旧制，增设了翰林院、大理寺等机构衙署。顺治十五年将内三院改为内阁。康熙继位复改内阁为内三院。康熙九年

(公元 1670 年)内阁制度才最后确立。康熙十六年(公元 1686 年),为了集权于内廷设南书房。雍正八年(公元 1730 年)设立军机处。至此,清朝中央集权的封建专制体制得以完全确立。由此而建立起来的文书档案工作愈加健全。

雍正八年(公元 1730 年),长期和清廷对抗的蒙古准噶尔部煽动青海和硕特部首领罗卜藏丹津及西北各族反清,雍正为维护多民族国家的统一,决定出兵征讨。因战事紧急,军令需要迅速处理和严守秘密,所以,即令在隆宗门内设立"军机房",嗣改称"办理军机处",简称军机处。"命怡亲王允祥、张廷玉及大学士蒋廷锡领其事","廷玉定规制"。按照旨意,张廷玉就军机处的性质、官职、职能、纪律等方面都作出了严格规定,其中涉及到档案的地方就达多处,如军机处参予官员奏折的处理和谕旨的撰拟;军机章京负责誊写、记档及日常工作;军机处设《存记簿》,"奉旨存议"事务,一律登记;"密事有件",密封存档,届时折阅办理等。这一整套严密的规章制度,不仅加强了皇权统治,避免了政出多门以及失密、泄密现象的发生,而且更重要的是统一了办文机构,保证了档案的齐全、完整与安全,为利用和编撰方略(志)提供了方便。

乾隆即位后,废军机处,改设总理事务处,乾隆二年十一月,皇帝服满亲政,遂罢总理事务处,恢复军机处之名。军机处初为办理军机事务的临时机构,既无公署,又无专官,雍正、乾隆汇典均未列其名。但由于军机处办事速密,有利于皇帝乾纲独揽,其事权得以逐渐扩大,并最终取代了内阁的权力,成为总揽军国大政的中枢机关,内阁则成为办理例行政务、颁发文告的机关。军机处的具体职掌包括六个方面:①辅助皇帝处理奏折,撰拟谕旨;②审办大狱案件;③负责重要文武官员的任免;④考查、熟悉山川道里兵马钱粮情况;⑤查考大典礼旧案和考证历史事件,以供皇帝查阅;⑥稽查各省各部院衙门汇奏事件。军机处地位显赫,"军国大计,罔不总揽,自雍、乾后百八十年,威命所寄,不于内阁而于军机处,盖隐然执政之府矣"(《清史稿》

卷一七六)。

二、雍正对文书、档案工作的整顿措施

康熙末年,国库空虚,吏治腐败;黄河几次泛滥,大量农田被毁,加之不法官绅为害,盗贼猖獗,因而河南民不潦生,怨声载道,官府档案管理混乱,各种案件堆积如山。在这种情况下,田文镜(公元1662—1732年)于雍正二年(公元1724年)调任河南布政使,旋升河南巡抚、总督。任内,以凡事"悉秉至公,无人不可以共事"为准则,大刀阔斧,"清理积牍,剔除宿弊,吏治为之一新"。所谓积牍,即常年积压,得不到处理的文件、档案;所谓宿弊,即官员多年的陋规、科派亏空、州县的逃税、隐匿土地等。由于这两项工作干得出色,所以才出现了"吏治为之一新"的局面。《清史稿》(田文镜传)中将"清理积牍"放在首位,这就足以说明,田文镜极为重视档案,会管理档案,而且通过档案刷新吏治是他的主要政绩之一。

雍正久居藩邸,深悉吏治民情。因此在他继位之初,即以果断的措施和严厉的手段,整顿纲纪,澄清吏治,对文书和档案工作进行了一系列的改革。雍正元年正月,连续发出了11道谕旨,对各级文武官员的职责分别训饬,谕以为官之道,历数吏治之弊和书吏弄权的危害。谕令各衙门清查不法幕友和书吏,加强对书吏进行管理。

首先,严格招募书吏的条件和手续,重申役满返籍的规定。

其次,严禁书吏超额、越权,违者将受严厉惩处。

第三,普遍建立了文书档案的副本制度。为了打破书吏把持文书档案的局面和政务利用的需要,雍正七年谕:"内阁本章及各衙门档案,皆应于正本之外立一副本,另行收贮"(《光绪会典事例》卷十四)。

第四,重申档案文件的移交、保管制度。

第五,建立了文件的稽察汇奏制度。为了防止公文积压、迟滞公

务，及时了解掌握公务处理情况，雍正五年题准："各部院衙门将每月事件已结、未结情由，声明送内阁，于月底汇齐奏闻"(《雍正会典》卷二)。

从现存的清代档案来看，各机关汇抄的各类档册名目繁多，所占比例较大。在清代，汇抄文书办理完毕归档之后，原件不叫档案，而称之为文案、文卷、案件，将各种文书原件分门别类，再依年月日顺序排列汇总，抄录成册，称为"清档"，形成了为数众多的档册。中央机关的档案汇抄可为三类：①各种诏令谕旨汇抄；②题奏汇抄；③专题汇抄。

第六，档案的清查制度是与档案文件的移交制度相辅而行的，雍正时规定官员遇有升迁事故，都要将任内文案和"历存递交之案，一并检齐"，逐一清查统计，进行交接。清查出的年旧霉烂、破损档案，都要进行缮修。

雍正七年(公元 1729 年)又重申："嗣后举劾属官，及钱粮、兵马、命盗、刑名一应公事，照例用题本。其庆贺表文，各官到任、接任、离任、交任，及奉到敕谕，颁发各直省书籍，或报日期，或系谢恩，并代通省官民庆贺称谢，或原案件未明奉旨回奏者，皆属公事，应用题本。至各官到任、升转、加级、纪录、宽免、降罚，或降革留任，或特荷责赏谢恩，或代所属官员谢恩者，皆属私事，应用奏本，概不钤印"(《光绪会典事例》卷一〇四二)。

雍正两次上谕，严格地区分了题、奏的使用范围，并规定了题、奏文书的最基本特征，即公事用印具题，私事具奏概不用印。然而公私两者并非泾渭分明，且题、奏又同经内阁处理，加之雍、乾之际，奏折已被广泛应用，逐渐成为最重要的上奏文书，常常发生题本与奏折使用界限不明，使得三种上奏文书的使用范围更为繁琐。因此，到乾隆十三年(公元 1748 年)简化了上奏文书的种类，停止使用奏本(《光绪会典事例》卷十三)。

奏折是清代出现的一种新的上奏文书，始于康熙，起初仅限于康熙的少数几个亲信有权使用，主要以“密缮小折”的形式直接向皇帝密奏，是一种保密性很强的文书。康熙末年扩大了密奏的使用权。雍正即位以后，为了巩固皇位，加强独裁统治，他进一步扩大了奏折的使用范围，允许科道官员使用奏折，并“恩许”某些官职较低的官员使用奏折直达御前(《雍正上谕》雍正元年二月十六日)。

康、雍之际，奏折并未被视为正式公文，奏折所奏之事虽经朱批，仍要再具题请示或咨询定夺，经批示后才能实施。军机处成立后，奏折作为重要的上奏文书，取代了题本的部分功能。此后，奏折不仅被广泛使用，而且引起了文书档案工作的一系列变化。奏折的处理制度得到健全，有权使用的官员越来越多。

奏折是国家的机密文书，康熙时，奏折经皇帝亲自批答后，发还给具奏官员，保存在臣僚手中。为了维护皇权，防止泄密，雍正继位之后的第八天，下令京内外满汉文武大臣，“所有皇考朱批谕旨，俱著敬谨封固进呈，若抄写存留，隐匿焚弃，日后发觉，断不宽宥，定行从重治罪”。同时规定，“嗣后朕亲批密旨，亦著缴进，不可抄写存留”(《世宗实录》卷一)。自此，缴回朱批奏折成为定制。所缴回奏折由内奏事处保存。回缴朱批奏折制度加强了皇权对臣下的控制，也为朱批奏折的保管提供了良好的条件，使康熙至宣统历时200余年的数十万件朱批奏折免遭破坏而保留至今。

总之，雍正对文书档案工作的整顿和改革取得了一定的成效，使文书档案工作提高到了一个新的水平，一定程度上遏制和扭转了康熙末年吏治的颓废之势，为雍、乾时期的政治、经济的繁荣创造了条件。

三、雍正对清朝档案工作的贡献

1. 档案的汇编与公布

清朝在档案文献的汇编方面成绩显著，清政府一直把档案的汇编与公布作为强化政治的手段。清朝每一位皇帝登基以后，都要为

先帝纂修《实录》(记载皇帝一生经历、言行和功业)和《圣训》(皇帝的训谕)。清朝设实录馆,修有自太祖至德宗十一朝实录。实录取材于各朝起居注、诏敕令旨、臣僚奏议,分门别类,按照年月汇辑成书。实录实际上是一种经过编纂的档案史料汇编。清朝实录都要抄录5份,每份又分抄满、蒙、汉3种文体,用黄绫或红绫封面,分藏于内廷乾请宫、皇史成、内阁、盛京崇谟阁。其中,内阁藏2份,1份专供皇帝调阅。嘉庆十年(公元1805年),嘉庆帝命朝臣编修乾隆《实录》和《圣训》。另有《宣统政纪》为后人补修,加上入关前所修《满洲实录》共13部。清朝曾先后5次修《会典》。《清会典》是清朝典章制度的汇编,与律令相表里;自康熙始,清政府每于重大军事行动或事件后,都要将每次事件全过程所形成的重要档案按年月日次序汇编成书,称作《方略》或《纪略》,等等。

雍正时将部分谕旨分别汇编成书,编有《上谕内阁》(159卷)、《朱批谕旨》(360卷)、《上谕八旗》(13卷)、《上谕旗务议复》(12卷)、《谕行旗务奏议》(13卷)、《钦定吏部则例》等。其中《朱批谕旨》最为宏大,《朱批谕旨》清世宗胤禛批,允禄、鄂尔泰等编,雍正十五年开始编纂,乾隆三年完成,全书共112册。卷首有雍正帝御制序,卷末有乾隆皇帝为此书作的后序。全书收录奏折7 000余件,具折人达223人,雍正亲笔批答了223名大臣的奏折。其中多者以一人分数册,少者以数人合一册。奏折为墨色,批语为朱色。《朱批谕旨》是雍正皇帝处理政事的原始档案,是雍正朝政务活动的重要记录,涉及当时许多大事,为研究清代政治、经济、民族、文化诸领域之状况提供了宝贵的资料。

雍正从政,日日勤慎,以朝乾夕惕自励、自诩,经常是白天亲政、议政,夜晚批览奏章,所作批语恒用朱笔,少则数字,多达百字,都是一挥而就,文思敏捷。雍正批阅的奏折共有22 000多件,《朱批谕旨》所录只是十之二三。《朱批谕旨》由内府刊刻,并收入《四库全书》。此本为初印原装本,纸墨、写刻、刷印及装帧均独具特色,堪称精品。在雍正《朱批谕旨》里，看他的亲笔朱批，可以看到一个鲜活的雍正。高兴时是“览此奏而不嘉奖赏悦者，除非不是皇帝”，沮丧时则“朕心寒之极，未料×××如此待朕也”，亲昵时“我二人做个千古君臣知遇的榜样”，恐吓时“少不机密一点，仔细头！”，或戏谑“故人家在桃花岸，直到门前溪水流”，或讽刺“知人则哲，为帝其难之。朕这样的平常皇帝，如何用得起你这样人”…… 因此，《朱批谕旨》有“天下第一痛快之书”之称。

仅以朱批奏折而言，雍正朝现存汉文奏折 35 000 余件、满文奏折 6 600 余件，共有 41 600 余件。雍正在位 12 年又 8 个月，实际约 4 247 天，平均每天批阅奏折约 10 件，多在夜间，亲笔朱批，不假手于他人，有的奏折上的批语竟有 1 000 多字。从现存历史资料看，至少说明雍正是我国历史上少有的勤政皇帝。

2. 编修志书

据中国科学院北京天文台主编的《中国地方志联合目录》(北京，中华书局 1985 年版)对 180 多个收藏单位的统计，全国现存方志 8 500多种，其中清代约近 6 000 种，10 余万卷。清朝重视编纂地方志，可以说是方志编修的全盛时期。

早在顺治十七年(公元 1660 年)就开始命令河南巡抚贾汉复督修方志。康熙十一年(公元 1672 年)大学士卫周祚建议各省纂修通志，以备编纂《大清一统志》之需，康熙采纳后诏令各地设局修志，谕令各州县分辑志书，并责成学正检查志书的质量，后来又限期成书。康熙二十四年(公元 1684 年)设“一统志馆”，敕纂《大清一统志》，历雍正，至乾隆五年修成，此后又多次重修。

雍正元年(公元 1723 年)，清廷严谕各省县修志。雍正规定，各省府州县志书，60 年纂修一次。在清廷的大力提倡下，编修志书活动十分盛行和普及。许多地方长官以修志作为取悦皇帝、猎取功名的手段，纷纷网络门客幕僚，开局编修。许多学者也乐此不疲，不但积极参与撰写，还对方志编纂的体例、方法等进行研究，使清朝方志在体例和内容上都有了创新和发展。在方志理论研究方面,成绩最为卓著的当推章学诚。章学诚,乾隆四十三年(公元1778年)进士,曾任国子监典籍。章氏一生未入仕途,前后主讲于多所书院,毕生治史、修志。他对志书的性质、源流、体例、编纂等方面,进行了系统的研究和阐述,形成了较完整、系统的方志理论,使方志学成为一门专门学问。清代考据学的兴盛,遂为方志学界考据学派的形成提供了思想、学术基础和客观条件。总之,清代是中国传统方志学的集大成时期。

清朝政府对地方志体例体裁都有明确规定。康熙帝曾将贾汉复主修的《河南通志》颁行全国,作为统一的格式。康熙二十九年,河南巡抚曾通令所属府、州县编修志书,还颁发牌照,提出凡例23条,详细规定了时间断限、材料取舍、文字详略、史实考订、叙事先后,以及地图绘制等。雍正也根据编纂一统志总裁官大学士蒋廷锡等所奏,针对各省志书采录人物事迹一事指出:"志书与史传相表里,其登载一代名宦人物,较之山川风土尤为紧要,必详细调查,慎重采录,至公至当……今若以一年为期,恐时日太促,或不免草率从事",要求"名省督抚,将本省通志重加修辑,务期考据详明,采摭精当,既无缺略,亦无冒滥,以成完善之书"。乾隆帝关心修志事宜,亲自过目进呈的稿本,进行审核。

由于清朝倡导修志,各级政府普遍纂修地方志。清初学者在方志学形成的过程中发挥了承上启下的作用。著名学者顾炎武(1613—1682年)在研究整理地方志的基础上,撰写《天下郡国利病书》和《肇域志》,综合研究和利用了地方志。他总结前人修志经验,在《营平二州史事序》中提出修志的五项要求:修志者要有一定的学识;要网罗天下志书作参考;要实地调查研究,反复勘对;要有充裕的时间;文字要通俗易懂。康熙时卫周祚根据才、学、识史学三长的说法,在《曲沃县志》的序言中提出修志亦有正、虚、公三长。所谓"正",即修志者必须刚正不阿,不屈从权贵;所谓"虚",就是说修志者要虚己受人，广泛集纳众人的意见，不要主观和武断；所谓“公”，就是说修志者要主持公道，不为门户之见所左右。这“三长”实际上就是对修志者提出的“志德”要求。雍正时学者方苞在《与一统志公馆诸翰林书》中主张修志务必体例统一，反复校勘，由博返约，以简明为贵，以冗杂为戒。方苞与同乡戴名世交往甚密，曾为《南山集偶钞》作序，康熙五十年（公元 1711 年）“南山集”案发，戴名世处死，方苞被株连下狱，定为死罪。在狱中他仍坚持治学，著述不已，同监夺其纸笔掷于地，责备他说：“命在须臾矣！”方苞从容答道：“朝闻道，夕死可矣！”遂免死出狱，与其强令遣京的家属族人全部编入旗籍。方苞入南书房为皇帝文学侍从。康熙六十二年充武英殿修书总裁。世宗嗣位，赦还原籍。雍正九年（公元 1713 年）授左中允，次年任翰林院侍讲学士，全升内阁学士，十一年充《一统志》总裁。乾隆时，授礼部侍郎，先后为《皇清文颖》、《三礼义疏》副总裁。方苞治学尊崇宋儒朱之说，治经求其义理于空曲交会之中。他将道统与文统结合起来，首创“义法”说。他在《又书货殖传后》写道：“《春秋》之制义法，自太史公发之，而后之深于文者亦具焉。义即《易》之所谓‘言有物’也；法即《易》之所谓”‘言有序’也。义以为经，而法纬之，然后为成体之文。”这为桐城派散文理论奠定了基础。

3. 利用档案修史

清朝修史机构较多，多属于内阁管辖，有的虽不隶属内阁，但其修书工作，例由内阁大学士充监修总裁官。清初，每修一书，即设一馆，书成馆撤。后来修史机构相对稳定，大体可以分为三类：一为例开之馆，如实录馆、玉牒馆，按清廷定例，到一定时间就开馆修书。二为长开之馆，有国史馆、方略馆等。三为特开之馆，是为了修某书，而由皇帝特旨开设的史馆，如明史馆、会典馆等。清朝每修一部史籍，都由皇帝钦定修史官员，编修过程中严格管理，稍有差错，即于惩罚，书成之后，必有奖赏。因此，清朝无论是从修史的次数、成书的数量等方面都超过了以往任何朝代。

康乾盛世是清朝近300年历史中最辉煌的时期，也是中国封建社会中最好的历史时期之一。这一时期，中国社会的各个方面在原有的体系框架下达到极致。但康乾盛世犹如落日余辉，自乾隆以后，暗淡无光，清王朝也进入了离乱之秋。

参考文献

陈生玺，杜家骥．清史研究概说[M]．天津：天津教育出版社，1991．

戴逸．简明清史(第二册)[M]．北京：人民出版社，1984．

杨启樵．雍正帝及其密折制度研究[M]．广州：广东人民出版社，1983．

张德泽．清代国家机关考略[M]．北京：学苑出版社，2001．

周雪恒．中国档案事业史[M]．北京：中国人民大学出版社，2003．

论"局馆合一"之弊端

雷春蓉　张　静①

摘　要：目前我国的档案管理体制是"两块牌子，一套班子"的局馆合一体制。表面上看，该体制精简了机构，减少了行政人员，然而从深层次看，其弊端却相当明显。本文主要从档案馆的性质、功能、社会形象、人才引进这四个方面进行分析，指出了局馆合一体制的不足，希望有所改变，以适应时代发展的需求。

关键词：档案馆、档案局、弊端

目前我国的档案管理体制是"两块牌子，一套班子"的局馆合一体制。该体制建立于 1993 年，党中央和国务院决定"中央档案馆和国家档案局合并，一个机构挂中央档案馆和国家档案局两块牌子，履行档案保管、利用和全国档案事业行政管理两种职能，为党中央和国务院直属机构，副部级单位，由中央办公厅管理"，随后，省、地、县皆以此模式为蓝本，建立了地方档案工作机构，从而行成了全国上下"局馆合一"的现象。"局馆合一"的体制虽然取得了两者在组织上、工作上的一些便利，显示出了一定的优越性，比如：提升了档案馆的地位；有利于从实际出发管理档案工作；精简了机构和人员，但也给人们对我国档案事业管理体制的认识带来了一些困惑，给档案馆带

①雷春蓉，女，湖北大学历史文化学院档案系讲师，主要从事档案学研究；张静，女，湖北大学历史文化学院档案学专业 2008 级研究生。

来了致命的弊端——若有若无的官气，这层官气在一定程度上妨碍了档案资源的开发利用，制约了档案馆的社会化，影响了档案事业的长远发展。

一、“局馆合一”弊端之表现

（一）模糊了档案馆和档案局的性质

档案馆作为一个社会机构，具有多重属性，在不同的历史时期，不同的国家，其性质也发生着相应的变化。在我国，《档案法》明确规定：“中央和县级以上地方各级各类档案馆，是集中管理档案的文化事业机构”，《全国档案馆设置原则和布局方案》也明确提出：“档案馆是提供利用档案资料，为社会各方面服务的中心。”由此可见，档案馆的基本定位是“文化事业机构”，它的职责是接收、收集档案，为国家积累档案文化财富，维护档案的完整与安全，为社会档案事业提供利用，服务性是它的本质属性。而档案局则不同，它是档案事业的行政管理机构，是我国国家机器的重要组成部分。它的职责是运用国家权力，采取行政、法律等手段，对全国档案事业实行统筹规划、组织协调、监督指导，政治性是它的本质属性。将两种本质属性不同的事物结合在一起，难免会导致一方性质的弱化和变异。在“官本位”文化盛行的中国，档案馆不幸沦为受害者，主要表现如下：①在档案馆和档案局内，行政人员编制和业务人员编制之间矛盾突出；②挪用档案馆事业经费的问题比较普遍；③档案馆机关作风严重，服务功能被削弱；④档案馆主体地位下降，馆内业务建设得不到足够重视；⑤档案馆和档案局内部工作人员职业性质不明，工作积极性不高，服务意识差。由此可见，在“局馆合一”体制下，档案馆的性质模糊，地位下降，建设事业和服务工作未能很好地展开。

同时，档案局也面临着“我是谁”的尴尬和危机。我国《档案法》中规定，“国家档案行政管理部门”和“县级以上各级人民政府的档案行政管理部门”是国家行政权力的享有者和行使者，隶属于各级人民政府，能够行使行政权力，进行行政活动，并承担相应的法律责任。然而，“局馆合一”体制却使一部分档案部门，特别是基层的档案部门被列为政府直属事业单位，丧失了作为行政职能部门的行政主体资格，不幸成为解决行政机构设置和行政编制紧张的牺牲品。众所周知，事业单位作为一个独立的法人组织，其与自然人、非行政性质的法人或其他组织具有平等的法律地位，其行为只能引起平等主体间的民事法律关系，没有进行行政管理的权力，相对人也没有服从其组织管理的义务。档案局作为事业单位行使行政职能，不具备行政效力，也不导致行政后果，无法实现档案行政管理职能。因此，在实际工作中，出现了不少档案部门无行政机构、无行政编制、无行政人员行使行政权力的窘状。上述现象，严重损害了档案局作为一个档案行政执法部门的权威和效率，也不利于档案事业的整体管理和长远发展。

(二)削弱了档案馆的服务功能

正如前所述，档案馆是一个文化事业机构，为社会公众服务是其存在的根本原因和发展的终极目标。在新的历史条件下，一个现代档案馆不但要建成“一个基地，四个中心”，还应成为社会大众求知、寻史、教育、休闲的场所。然而在“局馆合一”的体制下，档案馆却成了一个“类政府机关”，其服务功能大打折扣，可从以下几方面加以佐证。

1. 馆舍位置

历史上，档案馆库深居皇家禁地，竟至“深严禁密，百官莫敢望焉，吏人无敢至其地的地步”。现在，档案馆又设在了政府机关、政府大院之中，虽谈不上“守卫森严”，却也和社会大众相离甚远。试问，普通百姓愿意或者能够经常去政府大院查阅档案吗？娱乐休闲更是遥不可及。这必然导致大量有价值的档案信息长期以来“养在深闺人未识”，造成严重的资源浪费。

2.工作时间

目前档案馆的工作时间和众多政府机关一样，朝九晚五，节假日休息。这本无可厚非，但却与其服务功能产生了严重的冲突，与社会公众利用档案的时间发生了偏离，带来了诸多不便因素。以休闲为例，社会大众只有在节假日才能或才会去档案馆，而此时的档案馆却是大门紧闭，闲人免进，社会大众无奈之下只有扫兴而归。公众吃了闭门羹，服务功能又从何谈起？

3.服务态度

由于档案馆成了一个"类政府机关"，那么档案工作人员的性质也相应发生了微弱的变化。大多工作人员难以明确自身定位，使命感不强，部分工作者以"机关人"自居，"门难进，脸难看，话难听，事难办"是一些工作人员服务态度的写照，这使得部分档案用户的信息需求没有得到充分满足，有的甚至打消了利用档案的念头，不得不另辟蹊径。

4.馆藏内容

在"局馆合一"的体制下，档案馆难免形成"以政府为中心"的服务定位，工作人员总是极力追求权力最大化和预算的最大化。要达到这样的目的，必须获得党政领导的首肯。听命于上级部门，对上级部门负责是绝大多数官员工作的宗旨。又由于实际地缘原因，于是档案部门将更多的精力投入到为党政机关服务、为党政领导服务上去了，忽视了档案工作为社会服务的需要，强化了档案工作的政治本位。表现在馆藏上即为"红头文件"多，百姓档案少，行政事务文书多，经济、文化、科技资料少，难以与丰富多彩的图书馆、博物馆并驾齐驱，不能很好地吸引社会公众的眼球，服务能力受限，对国民经济建设和社会发展的贡献不多，无法充分履行其"记载历史，服务社会，造福人民"的神圣使命。

（三）歪曲了档案馆的社会形象

可以说，档案管是档案事业的主体和"形象代言人"。一个国家、一个地区档案资源储备是否丰富，档案工作社会功能发挥得好与坏，档案科学管理水平的高与低，必然主要由档案馆来体现。遗憾的是，目前我国档案馆自身的社会形象却尚不清晰。据一份调查显示，某市近三成的市民不知道档案馆是向公众开放的。在大多数人的潜意识中，档案馆总是和“阴森”、“神秘”、“严肃”、“遥不可及”这些字眼联系在一起。不少人甚至认为档案馆是国家保密机构，“闲人免进”。这一切显然与档案馆的文化机构的形象严重相左。我们承认社会大众对档案馆的误解源于我国历朝历代的统治者垄断档案，将档案政治化、神秘化，但今天“局馆合一”的体制并未消除这一误解，反而让它依旧潜滋暗长。正如前所述，大部分档案馆和党委、政府机关同处于机关深宅大院，用户进入档案馆时要履行繁琐的手续，人为地加重了档案馆的神秘感，抹杀了档案部门作为文化事业单位的公共性特征。因此，公众对档案馆有“敬畏之情”也就不足为怪了。

(四)影响了档案馆的人才引进

建设新世纪现代档案馆的根本是建设一支高素质的档案人才队伍，人才兴则事业兴。在档案信息化全面加速的今天，档案馆迫切需要大量既有档案专业知识又懂得高新技术的复合型人才的加入。然而，现实情况却是大量符合条件的人才被拒之门外，档案馆成了“老弱病残俱乐部”。造成这一尴尬局面的原因是多方面的，但档案馆的官气却不可忽视。档案馆的“类政府机关”的特点使得靠托人情、拉关系进入档案馆的人不在少数；同时档案馆的“公务员考试”门槛又让一些人望而却步。如此一来，导致档案人才流失，档案工作人员队伍整体素质不高，无法适应时代要求，不能很好地借助现代科技发展档案事业，实现档案信息优化增值以服务社会，制约档案事业的长远发展。

二、克服“局馆合一”弊端之对策

当然，档案馆的官气并非今时今日才有，而是从“娘胎”里带出来的先天特征。早在神权盛行的西周时期就出现了档案馆的雏形——天府，“天府，掌祖庙之守藏与其禁令”，是周天子的御用藏宝室，从而不可避免地染上了一些“天子之气”。此后的2000多年间，档案馆仍旧被官府所把持和垄断，是其“从法律上证明自身权利的武器库”。如果说曾经这层官气显示了档案馆至高无上的地位和御用工具的属性，然而随着时代的发展，这层官气正在被渐渐摒弃，“局馆合一”的弊端是可以克服的。

1. 实现政事分开

实现政事分开是党的十六大提出的事业单位改革的基本原则。它要求调整现有事业单位在政府与社会关系中的位置，变事业单位的政府取向为社会取向，通过下放政府对事业单位的管理权力，使事业单位走向社会，面对市场，既作为政府为公民提供公益服务的主体，又成为相对独立、自主管理、自行发展、自我约束的法人实体，在完成政府交办的公益服务职能的过程中，主要对社会和服务对象负责。为此，档案馆与档案行政管理部门就不能再沿用“局馆合一”体制，要从职能上将二者分开，按照社会分工的原则，充分发挥各自的职能特点，各归其位，各司其责。

2. 符合精简高效的原则

在事业单位改革和管理体制创新过程中，尤其需要改变各级政府及其行政管理部门运用行政手段按地区和部门层层管理的结构，应合理分流人员，减少吃“皇粮”的人数，减少国家财政负担，多鼓励民间力量大力举办公益事业，支持社会各方积极参与档案“产品”的开发利用，通过多渠道、多形式、多层次地筹集事业发展资金，形成全社会共同办事业的局面。

3. 有效地配置现有信息服务资源

提倡各类事业单位的相互开放与协作。就档案馆而言，进一步丰富馆藏资源，改变过去以党政机关、专家学者利用为主的馆藏资源结构，增加反映社会公众需要的馆藏资源，如满足人们希望了解政府各类政策法规，参与民主政治的需要，证明个人资质身份、产权归属、荣誉成就的需要，以及回溯历史、寻宗觅根的需要，以使档案馆也能够像图书馆、博物馆那样始终吸引着社会公众的“眼球”，使档案馆真正走近寻常百姓。

“局馆合一”的体制虽然提升了档案馆的地位，扩大了档案馆的影响，然而，在现实中，档案馆还远远没有完成从传统档案馆向真正意义的现代档案馆的转型。“局馆合一”体制下的档案馆依旧“犹抱琵琶半遮面”。西谚有云：“翅膀上系有黄金，鸟儿也无法展翅高飞”，套有政治光环的档案馆恐怕也有高处不胜寒的感觉吧。天使之所以能飞，是因为它把自己看得很轻，笼罩着官气的档案馆只有洗尽浮华，走出深闺，才能向世人展示她惊人的美丽！

参考文献

高永青.中国档案管理体制批判与重构[J].档案管理，2005，(6)：18～21.

罗军. 还档案馆“文化事业机构”本来面目[J]. 档案学通讯，2007，(1)：18～20.

张衡，雷洋.“局馆合一”的现状及对策[J]. 科协论坛(下半月)，2007，(7)：193.

企业信用档案的构建与管理问题浅析

熊志云[①]

摘　要：企业信用主要是指企业作为市场参与主体的信用能力，即其可偿债务的能力与程度。企业信用档案，是企业的经济身份证，它是全面、客观地记录企业基本信息和经营、信用活动，反映企业信用状况的各类书面文件与电子文件。文章分析了湖北省企业信用档案管理体系的构建过程中存在的问题，并提出了改进措施。

关键词：湖北省、企业信用档案、管理系统

市场经济是信用经济。建立健全完善的社会信用制度是市场经济发展的内在需求。企业是社会大系统中的一个子系统，更是我国社会主义市场经济发展时期最重要，也是最活跃的一个经济主体。构建完善的企业信用管理制度是一项事关我国社会经济发展的全局性问题。

一、企业信用档案与企业信用管理

1. 信用与社会信用管理

(1)信用是市场经济快速发展的基础。市场经济条件下，经济的

①熊志云，女，湖北大学历史文化学院档案系副教授，主要从事档案学研究。

发展取决于市场,取决于市场的需求状况。而市场的供求关系错综复杂,瞬息万变。它要求各经济主体之间建立起快速、灵活的反映机制。这便产生了反映快速又能代替货币实时实现市场交易的各种信用关系。

所谓信用,是指一种建立在信任基础上的能力,不用立即付款就可获取资金、物资、服务的能力。接受信任的一方在其应允的时间期限内为所获得的资金、物资、服务而付款,而上述能力及时间期限也必须同时被授予信任的一方认可。

显然,这种建立在信任基础上的信用关系,使得信用具有货币属性,能够实现--定的经济政策功能,是现代市场经济存在进而快速发展的基础。

(2)信用的构建与维持依赖完善的社会信用管理体系。然而,这种建立在信任基础上的能力的确认、评估与具体实施,必须有一个相对完善的保障与管理机制,这就是社会信用管理体系存在的现实意义。

完善的社会信用体系是信用发挥作用的前提,它能保证授信人和受信人之间遵循一定的规则而达成交易,从而保证经济运行的公平和效率。

当前,我国正处于市场经济发展的初级阶段,经济建设领域出现的大量因诚信缺失、信用风险高而导致企业受损甚至破产,因各种呆坏账率的出现而导致信贷秩序混乱等现象,已经严重影响到我国经济的发展速度。所以,构建完善的社会信用管理体系是目前我国经济建设领域的重中之重。

社会信用管理体系也称国家信用管理体系或国家信用体系。它是一种社会机制,旨在建立一个适合信用交易发展的市场环境,保证一国的市场经济向信用经济方向转变,即从以原始支付手段为主流的市场交易方式向以信用交易为主流的市场交易方式的健康转变。

为了确认并维持建立在信任基础上的各种信用关系,社会信用

管理体系至少包括两个方面的要素:信用信息管理体系和信用法律体系。

信用信息管理体系的主体即信用信息管理行业,它应该拥有覆盖市场参与主体的信用信息数据库和训练有素的信用管理人员,为市场参与者提供各种信用信息产品和服务,这是建立信用关系、形成信用市场的基础。

信用法律体系即维持各种信用关系的法律法规,它为信用信息管理行业的商业行为提供“游戏规则”,为信用市场的正常、规范运作提供法律保证。

西方发达国家一般在市场经济发展的初期就开始建立统一的社会信用管理体系,用以规范信用关系和市场秩序。事实证明,完善的社会信用体系是良好的信用环境与信用秩序形成的保证,是信用关系得以建立与维持的前提,也是经济得以快速发展的基础。

(3)企业信用体系是社会信用体系的重要组成部分。一般来说,完整的社会信用体系应该包括公共信用体系、企业信用体系和个人信用体系等三部分。

公共信用体系就是政府信用体系,其作用在于规范政府的行政行为和经济行为,避免政府出现朝令夕改、倒债等失信行为,以提高政府行政和司法的公信力。显然,政府信用体系是关乎社会信用体系全局问题的信用体系。

个人信用体系是关乎个人信用状况的信用体系,它是公共信用体系和企业信用体系的补充。

企业信用体系是管理企业信用行为的管理体系,其作用在于约束企业的失信行为,督促企业在市场上进行公平竞争。

我们知道,企业是社会大系统中的一个子系统,也是我国社会主义市场经济发展时期最重要、最活跃的一个经济主体。所以,企业信用管理体系的构建是社会信用管理体系建设的基本内容之一,也是当前我国经济建设的首要任务之一。

2. 企业信用与企业信用管理

(1)企业信用是一个企业的实力、信誉、形象等文化特质的表征。企业信用主要是指企业作为市场参与主体的信用能力,即其可偿债务的能力与程度。

企业信用的基本要素主要包括企业市场信用,即一个企业的市场名誉,是企业形象的核心因素,直接关系到该企业在消费者和与其经营管理相关部门对其的认可度;企业银行信用,是关乎企业资信能力的资本融资信誉;企业组织信用,包括企业的组织结构与企业经营管理班子的设置状况、企业领导人的素质及履历、企业员工的素质以及企业的各项管理制度等。

显然,企业信用是一个企业的实力、信誉、形象等文化特质的表征,直接影响甚至决定企业的市场份额和战略发展。

(2)企业信用管理体系是建立企业信用、维持企业信用关系的制度保证。根据前面对信用的分析,我们知道,企业信用的确认,企业信用关系的正常运作,可以降低企业的融资成本,减少企业之间的交易风险,进而形成促进企业改善经营管理的外在压力和内在动力。

然而,企业信用的确认、企业信用等级的评估、企业信用关系的维持,需要一个权威、公正、客观的企业信用管理机制。

所以,当前我国社会信用体系建设的主要任务之一便是构建一套切实可行的企业信用管理体系。

构建企业信用体系,主要包括构建企业信用信息的采集与管理系统、企业信用等级的评估与公示系统、企业信用管理的法律法规系统等。随着这些企业信用管理子系统的建立,我们就可以对企业在经济交往中的信用信息加以记录,及时追踪企业的信用行为,并通过信用评级,把企业信用报告提供给对其有需求的经济主体。这样,就能够有效约束企业的失信行为,激励企业的守信行为,督促企业在市场上进行公平竞争。

3. 构建企业信用档案管理体系是企业信用管理的关键

从理论上讲，企业信用管理体系应该具备三方面的功能，其一是对企业信用的记忆功能；其二是对企业信用的揭示功能；其三是对企业信用的预警功能。其中第一项功能，主要靠相关权威、可靠的职能部门对企业的各类信用数据、信用关系进行具体、真实的记录与专门的保存来实现，而这一工作显然是企业信用档案工作的主要内容。第二项、第三项功能的实现主要依靠对企业信用状况的整体把握与监控。显然，这类企业信用管理工作应该建立在完善的企业信用档案管理体系的基础上。因为从企业信用的建立到企业信用记忆的形成，从企业信用关系的维持、运作到企业信用的揭示、预警等过程都离不开企业信用档案数据。所以，构建企业信用档案管理体系是企业信用管理的关键。

所谓企业信用档案，是企业的经济身份证，它是全面、客观地记录企业基本信息和经营、信用活动，反映企业信用状况的各类书面文件与电子文件。它包括企业的基本信息（如企业的名称、注册地址、组织机构代码、工商登记注册号、税务登记号、行业分类、经营方式、高级管理人员信息、注册资本构成情况等）、企业遵纪守法信息、企业的主要经营和财务指标信息、企业金融管理信息、企业资产负债信息、企业法律事务信息等。

这些基本信用数据有些来自工商部门，有些来自银行、保险、金融等部门，还有些来自税务、质检、海关、法院等部门。完整、真实、公平、公正、合法地归集与统一保存并且依法披露企业信用档案，是企业信用档案管理体系的基本任务与职能。

完善的企业信用档案管理系统应该是工商行政管理部门与相关行业主管及职能管理部门合作建立而成的企业信用管理平台。它主要以其权威、真实的档案管理身份为行业主管部门和社会公众监督企业市场行为提供参考依据，为社会公众查询企业信用信息提供服务，为守信企业降低市场交易成本提供说明依据，为银行或相关金融部门降低投资、信贷风险等提供决策参考依据，同时为社会公众对企业违法违规行为的监督提供投诉的途径。各级企业信用档案管理部门应该是由政府主管的各级档案部门牵头，再联合各级工商行政管理部门、各级行业主管及相关职能管理等部门，合作建立而成的一个企业信用档案管理平台。它主要以其权威客观的档案管理者、行政监管者的双重身份来依法归集并统一保管企业信用档案数据，这是实施企业信用管理的信息源保证。同时，完善的企业信用档案管理体系还必须从制度、法制等方面保证，能够通过对集中统一保管的企业信用档案数据的加工、整理与知识挖掘，主动为各行业主管部门和社会公众监督企业市场行为提供参考依据，为社会公众查询企业信用信息提供服务，为守信企业降低市场交易成本提供说明依据，为银行或相关金融部门降低投资、信贷风险等提供决策参考依据，另外还要为社会公众对企业违法违规行为的监督提供投诉的途径。

二、湖北省企业信用档案的构建与管理实践

构建良好的企业信用环境的关键在于建立一个企业信用档案数据的归集、公示与公告平台。随着全国联网的个人信用数据库系统、企业信用数据库系统的构建及其在各试点省市的逐步推广普及，湖北省企业信用档案管理系统的构建工作也紧锣密鼓地展开了。

1. 政府整体规划，统一部署

2005 年 6 月 20 日，湖北省人民政府办公厅颁发了《关于 2005 年湖北省信用环境建设工作意见的通知》，通知中专门强调了湖北省整合信息资源、推进信用体系建设的基本措施之一便是逐步建立企业信用体系，整合分散在各行业和部门的企业信用信息资源，开展企事业单位的信用征信工作，制定企事业征信评估标准和监督办法，建立健全各项企事业信用管理制度，完善企业信用档案，促进企业自律，并责成工商部门在有关部门配合下起草全省企业信用体系建设

的规划与实施方案。

2005年11月2日，湖北省人民政府具体颁布了《湖北省行政机关归集和披露企业信用信息试行办法》，确定了企业信用信息的归集和披露实行分级分类管理，企业信用信息资源实行行政机关之间互联共享。

至此，湖北省企业信用档案管理体系的构建与实践管理活动正式拉开了帷幕。

2. 各级各地政府及相关职能部门积极响应

目前，企业信用档案管理体系的建设工作已在武汉市、黄石市、十堰市等地市以及湖北省国家税务局、湖北省地方税务局、湖北省质量技术监督局等部门进行试点。

湖北省十堰市人民政府办公室于2003年9月2日就颁布了《十堰市信用档案管理暂行办法》(以下简称《办法》)，该《办法》对信用档案(当然包括企业信用档案)的归集与管理办法作了详细规定。黄石市、荆门市、孝感市等地方也开始着手组织建设相关信用档案数据库的工作。

2005年底，湖北省相关部门还召开了省企业信用信息归集和披露工作协调会议。会上确定了第一批进入企业信用信息体系建设工作的15家单位：省发展和改革委员会、省劳动和社会保障厅、省信息产业厅、省商务厅、省建设厅、省公安厅、省交通厅、省卫生厅、省人行、省国税局、省地税局、省统计局、省工商局、省质量技术监督局、省食品药品监督管理局。

3.相关行业协会介入，信用中介机构成立

经中国市场学会信用工作委员会批准，早在2003年，湖北地区就设置了中国市场学会信用工作委员会湖北联络处。其工作宗旨与主要工作方向是：遵守国家法律、法规和各项方针政策，在中国市场学会信用工作委员会的领导下，在政府业务主管部门的指导下，面向企业、面向行业、面向社会，积极有效地推进信用建设工作，为构建和谐社会，发展湖北信用事业作出贡献。

2005 年前后，武汉中诚信认证咨讯有限公司成立。该公司系工商行政管理部门批准注册的专业性信用服务中介机构，其业务范围主要围绕企业诚信建设工程、企业资信调查和评估、企业信用管理咨询与培训、企业诚信评价、企业信用认证等项目而展开，先后与武汉装饰行业、酒类行业、家电维修（经营）等行业合作，设计并开发相关企业信用档案管理系统与行业管理数据库，参与武汉首部《武汉信用建设报告》的编辑出版，承办大型信用论坛，开办《湖北信用网》网站，其业绩与实力得到了社会上的充分肯定。

目前，在湖北省得到社会认可的相关信用协会或信用中介机构已有多家，包括武汉征信信用管理有限公司、武汉信用风险管理有限公司、武汉中诚信认证资讯有限公司、武汉科力协信用评价咨询有限公司、鄂州市中小企业信用担保有限公司、十堰市企业信用促进会，等等。

4. 工商行政管理机关负责建立企业信用档案信息数据库

目前，湖北省归集企业信用信息的具体做法主要是由相关工商行政管理机关会同有关行政职能机构，合作建立企业信用信息数据库。数据库中按类集中各企业的基本信用档案数据，比如家装类、烟酒类、食品类等，然后按行政区域集中相关企业信用档案数据。一般用户只要登录“湖北信用网”就可以查到相关地域、相关企业的基本信用档案数据。查询所得信息主要包括企业的一般信息，比如有关企业登记注册的资金信息、产品规模、产品范围等基本信息以及企业主管人员的相关信息等，如果想知道更为详细的数据就必须以相关行业或协会的会员身份登录。

5. 行业监管部门牵头为本行业各企业建立信用档案

各级行政主管部门负责建立与本机关职责相关的企业信用信息数据库，并为社会提供企业信用信息查询服务。

比如，在武汉市食品药品监管局的组织下，对本市管辖的所有医

疗器械生产企业均建立了信用档案。信用档案包括企业登记注册、日常监管、质量反馈等信息。信用档案以企业违法违规行为情节的轻重和日常监管信息中不良行为记录作为主要依据，分守信、警示、失信、严重失信四个信用等级。

还比如，从2008年8月1日起，武汉市各出租车企业，都有一个评定其出租车状况的档案。该档案共39条评分标准，涉及守法、规范经营、服务质量、安全稳定、文明创建等5个方面，低于60分的将被限期整改，整改之后仍不合格的，将收回其部分或全部经营权。武汉市客运管理处处长熊普选表示，档案将成为今后出租车业招投标及经营权延续的重要条件之一。

另外，自2005年5月，武汉市家电维修行业管理处开始为所有家电、微机、手机维修企业，家电经营企业和售后服务企业等建立信用档案。信用档案内容包括企业基本情况、产品质量信息、不良行为记录和公众投诉处理信息，根据投诉记录多少，企业信用状况将分为A、B、C三等九级。所有相关资料都将在"湖北信用网"(www.whcredit.com)上公示，市民直接登录网站便可查询。

6.武汉市中小企业信用档案库初见成效

在武汉市经济贸易委员会领导下，武汉于2005年组建并创办武汉市中小企业信用档案库，首批试点入库的企业为300家，试点工作于当年9月前完成。武汉市中小企业信用档案库包括企业基本信息、企业工商和税务年检情况、企业股东和资本构成以及主要管理人员信息等九大内容。建立中小企业信用档案库是以"政府推动，市场运作"为基本原则，通过引入社会化、中介化的中小企业信用服务体系，使中小企业真正成为信用服务体系的主体和受益者。目前，我们通过登录"中国中小企业武汉网"即可查询有关企业信用信息。

7.银行系统依托中国人民银行的信贷数据库系统不断丰富企业信用档案数据库系统

2005年12月中旬开始，中国人民银行将银行信贷登记咨询系统升级为全国统一的企业信用数据库，并在天津、上海、浙江、福建4个省市试运行，2006年开始试运行范围已逐步扩大到全国。企业信用数据库由中国人民银行征信服务中心、中国人民银行分支机构征信管理部门负责日常运行、维护和管理，数据库主要向金融机构提供借款人信用信息咨询服务，并依法向社会其他部门提供信用信息服务。

在此基础上，为了丰富企业信用档案的基本内容，为了向企业提供更为完整、全面的企业信用信息咨询服务，各级银行管理部门开始与企业的相关职能部门、行业监管部门、税务部门、海关、法院等进行合作，依法采集相关企业的信用数据。

比如，2008年9月，武汉市中级人民法院与中国人民银行武汉分行营业管理部签署合作协议，今后，法院将定期向人行武汉分行营业管理部提供不履行生效法律文书确定义务的被执行人信息。这些信息将被银行录入信用档案库，实行风险提示，限制拒不履行法院判决的被执行人申请融资或贷款。

8.2005年开始每年编辑一卷大型史书《武汉信用建设报告》

该报告由由武汉市整顿和规范市场经济秩序领导小组办公室主办，主要以记实方式真实记录政府、行业、企业信用建设的轨迹，集权威性、纪史性、指导性、实用性、史料性为一体，计划以后每年编辑出版一卷。

三、湖北省企业信用档案的构建与管理、服务中存在的问题分析

在湖北省相关领导部门的共同努力下，作为企业信用管理系统关键部分的企业信用档案管理系统的构建已初具规模。但是，在具体的管理与服务中，企业信用档案的真正价值，档案的权威性、唯一性、真实性、凭证性、客观公正性，尤其是信用档案对市场经济的监督、指导等作用并没有得到充分、有效的发挥。

1. 相关企业信用档案数据仍然分散在多个部门

如前所述，目前湖北省企业信用档案数据基本上还分散在各个职能管理部门，比如工商行政管理部门掌握着企业的一些基本信用信息，包括注册资金、企业经营规模、经营种类、企业高级管理人员信息等；银行系统掌握着企业的有关资金来往信息，包括负债、盈余、还贷等信息；行业主管部门掌握企业一部分信用评估管理方面的相关信息；除此之外，还有法院、海关、税务、质检、消费者协会等，包括一些企业自身，也建立有企业的部分信用信息。

2. 缺乏一个统一、专业、权威的企业信用档案管理部门

没有一个统一、专业、权威的企业信用档案管理部门，这是目前湖北省乃至全国企业信用管理系统的一个弊病。因为没有一个统一、专业、权威的企业信用档案管理部门，企业信用档案数据的归集与统一的规范管理就无法具体实施。这样的后果是难以完全保证企业信用档案数据的完整性、真实性、唯一性与权威性，进而影响企业信用管理的效果。

我们知道，企业信用管理的关键是通过对企业各类信用关系、信用活动的全面记录、披露等来客观的评估其信用等级，从而对企业自身以及银行、金融等部门的信用风险起到一个记忆、预警、揭示的功能。我们也知道，企业信用档案数据是评估企业信用状况的基本依据，专业的企业信用档案管理部门应该是保证企业信用档案数据的完整性、唯一性、权威性、真实性的重要场所。如果企业信用档案数据的参考凭证价值无法得到制度、法律的保证，企业信用评估结果的客观、公正也会受到影响，那么企业信用管理的质量就要打折扣。

3. 在对企业信用的审核、评级等过程中，企业信用档案的参考凭证价值没有充分发挥

尽管各个主管、主办企业信用档案的部门都在强调企业信用档案的价值，但是具体在对企业信用的审核、评级等过程中，各主管部门的行政干预过多，评估部门的产权不明析，使得企业信用档案的唯

一性、权威性、客观性的参考凭证价值并没有完全体现。

企业信用档案是企业信用状况的真实、历史记录，所以，对企业信用等级的评估以及形成客观的企业信用报告等活动，应该属于企业信用档案资源的开发权限范围。但是，由于没有一个统一、专业、权威的企业信用档案管理部门，目前这些活动基本由各级行政主管部门代替。

目前，对企业信用等级的评估基本上由行政主管部门根据自己掌握的材料以及企业自身的申报材料来评定，申报企业需要交纳评审费，对评定信用等级结果的公示一般会按其信用等级高低收取不同评审费用。另外，对企业的资信调查一般是委托营利性的专业化服务机构出具相关信用报告。

4. 企业信用档案数据的利用服务还不够规范，社会化程度也不够高

尽管有湖北信用网、湖北市场信用网等可以供我们了解湖北的企业信用档案数据库的构建状况，供我们查询湖北相关企业的信用档案，但是能查到的企业有限，而且这些能查到的企业的信用档案数据范围更有限，往往只是一些基本信息，实质性的数据往往查不到，网上数据更新也较慢。

笔者感觉“信用档案”的真实性、完整性、权威性、凭证性并没有真正的深入人心。

四、规范企业信用档案管理体系的基本对策

企业信用档案是调查企业信用、评估企业信用等级的基本依据，是管理企业信用关系、记忆企业信用关系的关键。构建统一、完善的企业信用档案管理体系是实现企业信用档案专门职能的基本措施，也是保证面向全社会实施企业信用档案经济资源利用价值的基本途径。

1. 通过统一的编码体系给每个注册企业分配一个全国唯一的企业经济户口编号作为归集其企业信用档案的全宗号

由国家工商行政管理总局制定统一的标准与规范，在全国形成一套统一的注册企业的经济户口编码。该编码体系对每一个企业的经济户口编号中应该包括这样一些信息：企业所在地域的编码信息（主要指注册所在地）；批准注册的部门编码信息；企业注册的经济规模编码信息（即按国家相关标准依企业的注册资金规模确定该企业属于大型、中型、小型等那种类型的企业）；企业的属性编码信息（即说明其是合资或私有等性质的编码）；企业经营范围编码信息；企业注册年份及注册期限等编码信息；等等，最后对同类型、同属性、同年份注册的企业编号中再用一定数位的流水号来表示其注册时序。

这样，每个企业一经注册就具备这样一个标准编号。一方面，它类似该企业的经济户口编码，体现了企业的一些基本经济信息，是其经济身份的一个说明；另一方面，它又可以作为归集各企业信用档案的全宗号，便于计算机对来自各个不同部门、不同地域或不同类型的相关企业信用档案数据的统一聚类整理。

2. 在全国各地成立统一、专业的各级企业信用档案管理部门及系统

要保证企业信用档案的权威性、完整性、客观性、凭证性，必须要由各级政府出面成立一个统一、专业、权威的各级企业信用档案管理部门及系统。这样的职能部门成立后，一方面它可以按照一定的业务标准、规范来指导本地各相关职能部门的企业信用档案数据的搜集、整理工作；另一方面它也是统一集中、保存、管理本地各类企业信用档案数据的重要场所，而且企业信用档案信息资源的社会化服务活动也必须依靠它们的协调与组织。

3. 明确制定相关职能部门向档案部门上交企业信用档案的职责、义务、期限与范围

企业信用档案数据是一类特殊的信息资源，它包括企业的各类

经济活动信息、企业的经营活动信息、企业的产品质量等信息、消费者对企业的评价信息，甚至企业的管理人才、技术人才等信息也包含在内。所以，其数据源一方面因其保密性、隐秘性等特点而使得数据掌握者不愿上交；另一方面也因其本身生成过程的随机性以及与相关职能管理活动过程相关联而使得相关数据往往分散在各个不同的行政管理以及相关职能部门。这样，对后续的企业信用档案数据的统一采集、统一管理活动就增添了不少障碍。所以，为了保证企业信用档案数据的统一归集，保证企业信用档案管理部门各项工作的顺利展开，还必须通过法律途径，或通过一些规章制度来明确一些问题，比如对本部门相关企业信用档案数据的搜集与整理的方法、原则等必须接受企业信用档案管理部门的专业指导；对本部门形成的或本部门掌握的相关企业信用档案数据有义务、有责任向同级的企业信用档案管理部门上交；上交的期限与范围等也必须明确规定。

4. 开发标准、实用、统一的企业信用档案数据库管理系统，确立各类企业信用档案数据库的数据录入内容、数据记录格式等标准和规范

作为类聚企业信用档案数据的重要场所，理所当然担负着开发企业信用档案信息资源为社会经济发展服务的重任，所以，企业信用档案管理部门必须充分利用现代信息技术来管理来源复杂、成分多样的企业信用档案数据。

企业信用档案管理部门可以与有实力的计算机软件开发公司合作，在充分调查、了解、研究各类企业信用档案数据的形成过程与其利用特点的基础上，采用现代信息技术标准与软件技术开发出能在全国统一运行的标准、实用的企业信用档案数据库管理系统，在此基础上制定出系统运行必须满足的相关技术标准、规范以及数据采集、录入过程的相关标准与规范等。

开发档案数据库系统，从数据处理、数据挖掘的角度来说，最为关键的是要在详细、现实地调查了解各类企业信用档案数据的形成

过程与特点在利用过程与特点的基础上，按照相关技术标准确定统一的企业信用档案数据库数据管理模型。具体来说，就是按照数据库系统原理与相关技术标准，再结合各类企业信用档案数据的形成过程与利用特点等，来确定相关企业信用档案数据的录入内容与数据记录格式等规范。

企业信用档案数据库管理系统结构的相关知识、数据库系统运行的软硬环境的要求、系统的操作手册、数据录入内容与录入格式的规范化处理要求等，这些知识，将是企业信用档案管理部门用于指导、培训企业信用档案管理业务的基本内容之一。

5. 明确规定企业信用档案部门面向社会归集、整理企业信用档案以及提供企业信用信息服务的职责、义务与权限

企业信用档案是真实地记录有关企业的经营、财务、资产质量、管理素质等方面信息的一类特殊的经济信息资源，它是评估企业信用等级，调查企业资信状况的主要依据。所以，集中统一的保管企业信用档案，依法合理的开发企业信用档案资源，既是企业信用档案管理部门的基本职责，也是市场经济时代社会经济发展的根本需求。

为了保证企业信用档案管理工作的顺利展开，必须以制度或法律的方式明确规定，企业信用档案管理部门面向社会统一归集、整理企业信用档案数据是其基本职责，面向社会提供企业信用信息服务是其义务，面向社会开发企业信用档案资源的经济利用价值是其固有的专属权限。

基于“外码”的汉字计算机检索

付正刚[①]

摘　要：无论是手工检索还是计算机检索，“汉字难查”[②]是不争的事实。但依笔者看来，这种“难”是相对于现有检索方式和检索思维而言的。“外码”是中文信息处理技术中的术语之一，其编码是对汉字音或形的概括性描述。本文以一种汉字外码为例，探究并总结了基于“外码”的汉字计算机检索方法的特点及实现。

关键词：汉字检索、外码、计算机检索

一、汉字的计算机输入与检索

汉字计算机输入与检索是中文信息处理技术和计算机技术的结合。中文信息处理技术中尤以汉字编码技术为其重点和难点。汉字的编码主要包括汉字外码（输入码）、国标码（交换码）和内码（机内码）三大类型。汉字外码的用途如它被称为“输入码”一样，是用来完成用户向计算机输入汉字所用的编码。由于汉字数量庞大，外码编

---

①付正刚（1973－　），男，湖北黄冈人，湖北大学历史文化学院档案系副教授，主要从事中文信息处理、电子文件管理与数字档案馆、信息系统设计与开发研究。

②易洪川，翟汛：《对外汉字教学所需查字法研究》，《对外汉语研究学术讨论会论文集》，2005年12月。

码必须以所有汉字在音或形方面的共性作为编码基础。如常用的五笔字型输入法的外码是根据汉字"形"的特征进行的编码,而搜狗拼音输入法的外码则是以汉字的拼音进行的编码。当用户在输入法下键入某一汉字的对应外码时,计算机中将显示出该汉字,这就完成了汉字从键盘到计算机的输入。

汉字计算机检索则与汉字计算机输入过程恰好相反,它是依据被检索汉字的特征(如拼音、部首、笔画、整字等),将汉字从计算机中"检出"给人。计算机实现汉字的"检出"有直接和间接两种方式。间接检出方式是采取"汉字特征→输入汉字→检索汉字"的工作模式,这种模式是"以字找字";而直接检出方式则是采取"汉字特征→检索汉字"工作模式,它是"以码找字"。

汉字的计算机输入与检索相互独立又互有联系(对汉字特征识别是一致的)。检索不必以输入为前提,当然也能通过输入完成检索;输入与检索在中文信息处理原理上完全相同,但在表现形式及用途上,检索明显不同于输入。

二、传统汉字计算机检索

传统汉字计算机检索是一种汉字间接检出方式。这种"以字找字"的工作模式必须以能在计算机中输入被检索汉字为前提,如图1所示描述了Word应用程序中"以字找字"的汉字计算机检索过程。

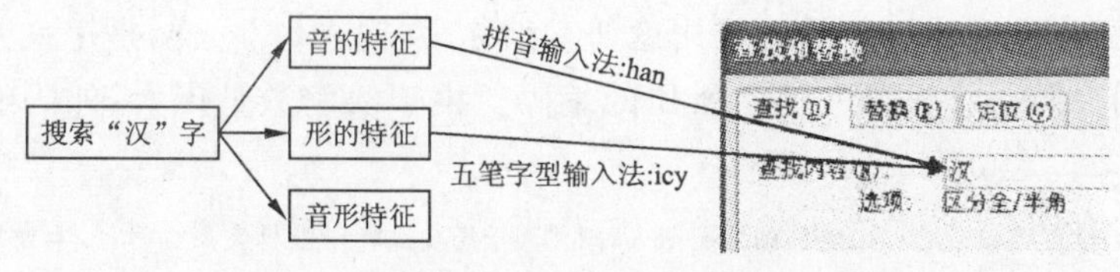

图1 "以字找字"的汉字计算机检索过程

在图1中,"han"、"icy"都是"汉"字的外码。其中,"han"是对被检索的"汉"字音的特征描述;"icy"是对"汉"字形的特征描述(形的五笔字型特征)。通过对应输入法的支持,将"汉"字送到查找内容文本框中才能实现对"汉"字的检索。因此,在用户不能通过输入法在计算机中输入被检索汉字时,则"以字找字"的检索过程无法进行。"以字找字"的汉字计算机检索有以下要求。

(1)用户必须有对应输入法支持,才能将对汉字音或形特征的识别转化为对汉字的计算机输入,所以没有安装相应输入法就无法完成汉字计算机检索。

(2)用户使用的输入法必须能完成被检索汉字的输入。而实际上,大多数输入法都存在着难以输入的冷僻字、繁体字或无法判断的字,于是造成了这些汉字事实上的不可检索。如"巭"、"囧"、"槑"等字,通过五笔字型输入法或搜狗拼音输入法均难像笔者这样将三字键入本文中。若想在Google中搜索一下这三个字,一般人也会束手无策。

可见,传统汉字计算机搜索这种"以字找字"的工作模式确实存在有它自身的劣势。

三、基于"外码"的汉字计算机检索

通常认为,音、形、义是汉字的三大基本属性。但在信息时代,"码"即汉字的编码,也渐被语言文字学家们视为汉字的新属性之一。"码"来自于音形属性,是音形属性的衍生物,但它适宜于计算机处理,这是音形属性所不具备的。

汉字的音形属性对汉字的检索具有重要意义。如各种字典中的拼音检索法是利用了汉字的音属性;部首检索法、四角号码检索法是利用了汉字的形属性;汉英字典根据所用汉语的意思来找对应的英文单词,可认为是利用了汉字的义属性。这给了我们一个重要启示:

汉字的“码”属性是否也可以用于汉字检索？基于外码的汉字计算机检索则是对这一问题的肯定回答。

基于外码的汉字计算机检索是一种汉字直接检出方式。如图 2 所示描述了 Word 应用程序中通过“易码搜”插件实现“以码找字”的汉字计算机检索过程。“易码搜”插件见本文第四部分介绍。

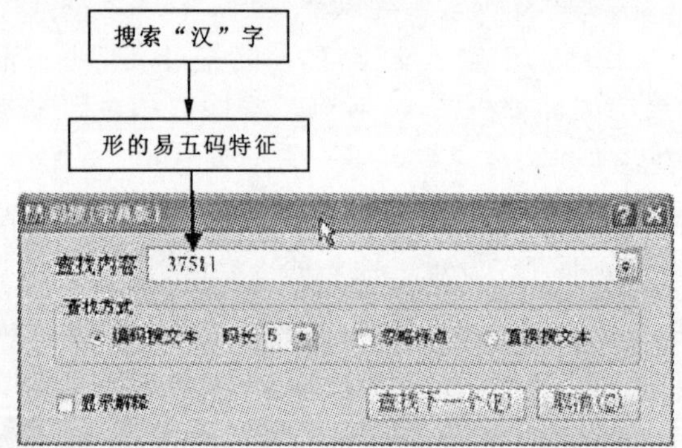

图 2 “以码找字”的汉字计算机检索过程

基于外码的汉字计算机检索具有如下特点。

(1)无需相应输入法的支持,也不必以能输入被检索汉字为检索前提,它实现了汉字计算机输入与检索的统一。

(2)被检索的识别范围大大缩小。外码是对汉字构成特征的概括性描述,这种特征或音或形或音形兼备。虽然它不能缩小被检索范围,但它大大缩小了被识别的范围。对于用户来讲,只要掌握了外码生成原理,就能进行汉字检索,而外码生成原理则是言简意赅之物,易于用户掌握。

(3)检索所用字符集也大大减少。外码的编码一般是以键盘上的常用字符为基本组成单位,或字母或数字或两者兼而有之。基于外码的汉字计算机检索,不会存在因不能“输入”而引起的事实上的不可检索。

当然，对于基于外码的汉字计算机检索而言，被检索的识别范围与汉字的外码重码率是一对矛盾。在被检索范围不变的情况下，识别范围的缩小，就意味着汉字的外码重码率上升，这种矛盾必须通过外码编码方案进行均衡，即将每一汉字的外码重码率控制在一定范围并相对平均。

四、易五码汉字计算机检索

一种科学的汉字外码编码方案对基于外码的汉字计算机检索非常重要。不同的汉字外码编码，在检索准确性、重码率、适用性、易学性方面有着质的区别。如拼音检索(外码以拼音为特征的编码类)是手工检索的重要工具，但进行计算机检索时重码率太高；部首检索(外码以汉字规范部首为特征的编码类)也是手工检索的重要工具，但进行计算机检索时不仅重码率高，在部首识别及部首“输入”时也不方便；笔画、笔顺检索需要正确的汉字书写习惯作为基础，要熟悉笔顺规范，需要太多汉字字形知识为前提。汉字按拼音、部首、笔画、笔顺检索都有很大局限性。

易五码是一种在字典手工检索中已被多种语言双语字典使用的汉字外码编码方案，其检索的容易性及高效性在实践中也得到了验证。“易码搜”插件(注：该软件已完成著作权登记)是笔者以易五码编码方案为基础编制的一个 Word 应用程序插件，主界面如图 3 所示。通过它可以在 Word 应用程序中实现“以码找字”的汉字计算机检索。

目前，笔者在易五码汉字计算机检索开发实践中采取了数据库及文本两种工作模式。

(1)数据库模式。这种模式也是现在发现的其他外码汉字检索所采用的模式，如汉典网中的五笔编码检索。数据库模式将汉字与汉字的外码对应关系(即汉字单字的编码方案)存于数据库中，当输

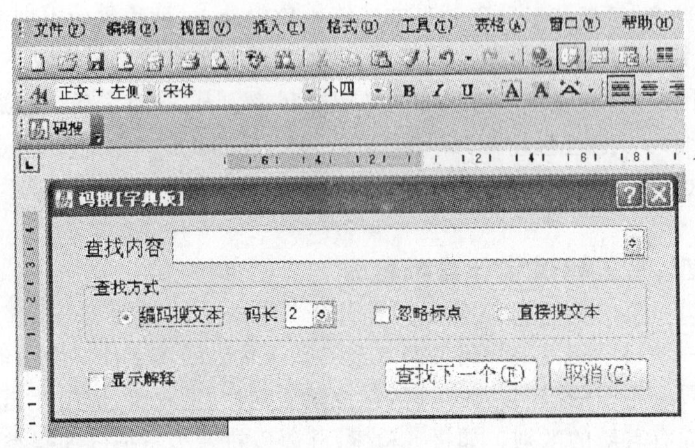

图 3 “易码搜”插件主界面

入汉字的外码时，计算机就在数据库中自动进行外码的前方一致匹配，并列出所有匹配结果以供用户选择。由于汉字与外码是以“字”为单位建立的对应关系，所以它只适用于单个汉字的检索，而不适合于更大语言单位的检索，如词、句的检索等。笔者研制的《康熙字典》、《说文解字速查》及多种双语电子字典中均采用此工作模式。

(2)文本模式。这种模式仍需以汉字单字编码方案为基础，但它检索的对象并不是以数据库的方式存放的，而是以文本方式来组织的。这样一来，在检索时，检索对象就不会受数据库设计时的限定，它可以是一个字，也可以是一个词，甚至是更大的语言单位。文本模式又分“边编码边检索”和“先编码后检索”的两种工作方式。“边编码边检索”的工作方式是指在进行匹配操作时，对待匹配对象进行实时编码，然后将编码结果与用于检索的外码的关键字进行对比；“先编码后检索”工作方式是指先将待检索的全部文本完全编码后存于计算机内存中，然后再以外码的关键字进行内存查找匹配。“易码搜”插件在 Word 应用程序中使用易五码进行文本检索时采用的是

"边编码边检索"的工作方式。

总而言之,将外码运用在汉字计算机检索中是信息时代对汉字"码"属性功能的挖掘,是汉字检索的全新思维。基于外码的汉字计算机检索实现了汉字计算机输入与检索的统一,它是信息时代汉字计算机检索的新方向。

荀子行政思想初探

付登舟　范　磊①

摘　要:荀子的行政管理思想有着自己的一套建树,值得我们借鉴和学习。本文试着从逻辑起点、行政组织和行政人与执行三个部分进行论述。我们认为他的逻辑起点是"性恶"—"群分"—"劝学",并且三者之间存在着紧密的联系,为后文其他内容的展开奠定基础;在官僚体系中,重点阐述了他的"君主一元"思想和官僚体系的结构、形式与内容;第三部分,对荀子眼中"人"的作用和行政执行加以解读,从目标、精神、核心、保证四个方面进行更深入的把握。

关键词:荀子、行政思想、逻辑起点、官僚体系、行政执行

荀子(约公元前325年—约前235年)名况,字卿,又称孙卿,赵国郡(今山西临猗县)人。他是先秦儒家思想的集大成者,通过对诸子百家思想的吸收借鉴和自身的创新发展,形成了独特而完整的思想体系,因而建立起一个独立的学派——荀学,其著作文献无不闪烁着中华行政文明的光辉。他的学生韩非,将其"法"的思想发扬光大,而李斯则在以后的岁月中,以"秦政"的方式,实践了他所倡导的治国之道。

①付登舟,男,湖北大学历史文化学院副教授,主要从事档案学研究;范磊,男,湖北大学历史文化学档案学专业2009级研究生。

一、荀子行政思想的逻辑起点："性恶"—"群分"—"劝学"

在现代管理学研究中，我们经常以人性假设为逻辑起点进行分析。当今，西方存在着"经济人"、"社会人"、"复杂人"和"文化人"四种人性假设，而每一个假设都伴随一种新的管理理论产生。例如，"经济人"下的科学管理理论，"社会人"下的行为科学管理理论，"复杂人"下的权变理论、系统理论和组织理论，"文化人"下的人本管理理论。荀子的思想也是从这里开始，尤其在行政管理领域更是如此。与西方不同，中国人性观是从道德层面进行分拨的，通常称之为"性善"和"性恶"。我们认为荀子行政思想的逻辑起点是"性恶"—"群分"—"劝学"，理由有四：①"性恶"为建立君主专制和礼法治国奠定基础；②"群分"为行政体制和官僚体系的构建提供思路；③"劝学"，特别是修身，对行政人的塑造以及执行力加强，提出了方法学意义；④从"人性观"到"组织观"再到"实践(学习)观"，清楚地论述了行政领域需要注意的几大问题，而且相互之间衔接紧密、形成系统。

1.人之性恶，其善者伪也

荀子主张"性恶"，在诸侯割据、纷争不断的战国年代，他看到的只是王侯贵族们争抢"土地"、鱼肉"人民"等一系列不善和逐利行为。他认为"今人之性，生而有好利焉"，"今人之性恶，必将待师法然后正"；并猛烈抨击孟子一派的"性善"主张，认为子思孟子之流只是"腐儒"[①]而已，是"不及知人之性，而不察乎人之性伪之分者也"[②]。在人性观中，荀子不仅表达了自己的人性主张，还明确区分阐释了"性"与"伪"的概念，从而形成了其"性恶论"中先天之性与后天之伪内在的对立统一。所谓的性，是由先天因素铸就而成，"不可学，不可事"[③]；伪是后天在礼仪法度的教化与限制中习得的。可见，他已经清楚地

①《荀子·非十二子》。

②③《荀子·性恶》。

将先天之性情与后天之“化伪”区分开来，对先前儒家“性善”之说不合时宜、不合人性的“一体式”观点进行批判，强调了人们后天学习礼仪、遵守法度的重要性，摒弃“不学而善”、“学也不善”的等级人格思想，“光复”了善在于“化伪”中的地位。

古希腊著名哲学家亚里士多德主张“任何真实的政体都必须以法律为基础，法治优于人治。如果实行人治，这就在政治中混入了兽性的因素”。英国经验主义者霍布斯认为“人的本性是自我保存、自私自利、趋利避害的”，“人类社会之前的‘自然状态’是‘人对人是狼’的状态”。从西方学者的论述中，我们可以发现的是，荀子与他们的论述基点——“性恶”是一致的；不同的是西方始终沿着理性的“性恶”发展了“法治主义”，而中国（荀子）还是没有脱离道德意义上的“礼”，最终也就滑向了“人治主义”的模式中去了。这一点，我们可以在荀子《性恶》篇里发现端倪，例如：“圣人化性而起伪，伪起而生礼义，礼义生而制法度。”还有一点需要格外说明，就是荀子对人是充满信心的，表现为他的“性一”观点，他指出，“凡人之性者，尧、舜之与桀、跖，其性一也；君子之与小人，其性一也。今将以礼义积伪为人之性邪？然则有曷贵尧、禹，曷贵君子矣哉？凡所贵尧、禹、君子者，能化性，能起伪，伪起而生礼义。”这些突出了“人人平等”的朴素思想和激励人们“发愤图强”、“努力进取”的精神。从更深层次来看，新兴地主阶级建立政权之后，必须破除对人的奴隶制束缚，建立一套适合于封建生产关系和上层建筑的人性论，而“性恶”、“性一”等思想都对其有极大地促进作用。

2. 人生不能无群，群而无分则争

在“性”与“伪”的矛盾运动中，荀子又发展出了关键的“群分”思想。首先，“性恶”提供出“群分”的必要性。“然则从人之性，顺人之情，必出于争夺，合于犯分乱理而归于暴。故必将有师法之化，礼义之道，然后出于辞让，合于文理，而归于治”①。他指出，倘若顺从人

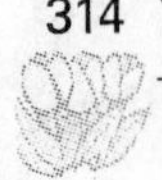

①《荀子·性恶》。

的性情，必然引发混乱，所以要用“师法”、“礼义”来规范，而“性恶”与“隆礼”之间的桥梁，则是人类群居生活的需要——“人生不能无群，群而无分则争，争则乱，乱则穷矣”。其次，“善者伪也”提供了“群分”的可能性。原因有二。第一，荀子认为“善者伪也”，所以由于人的后天受教不同，必然产生君子与小人，尧舜与桀纣的划分，这为“群分”提供了客观的可能性；第二，“性恶论”强调“伪”，即肯定了人的能动性，指明了人具有利用万物——“善假于物”和“制天命而用之”的能力，也就能够利用“群分”为人类自身服务。

荀子“群分”思想的提出，是基于“性恶”假设对社会组织以及管理方式的进一步论述，为后面的君主专制体制和封建官僚体系奠定了思想基础，他认为这就是中国治国之道“维齐非齐”的根据，有助于避免“两贵之不能相事，两贱之不能相使”的天数。那么，我们不难得出建立在这种“群分”基础上的社会组织与管理方式，才能促使人类社会安定繁荣、友爱和善，才能实现“富国强兵”与“国泰民安”的必然结论。这一点，与西方近代官僚组织之父韦伯提出的组织分层和组织分工上的“官僚制”不谋而合，他们都强调集权与分权、分部与分层、分工与协作的观点，以此作为组织运转的基础，从而推动行政效率提高。但是，我们也应当注意到一个不同之处，韦伯的官僚组织是“非人格化”的；而荀子却对“人”的要求，特别是行政人——“法士”、“君主”等有着强烈的道德色彩以及个性特色，这些我们会在后文中具体涉及。

3.学之经莫速乎好其人，隆礼次之

从“性恶”到“群分”，荀子无处不在地强调人们后天的能力与作用，像人性观里的“伪”、组织观里的“分”，而这一切的一切又发乎“学”。在《劝学》中，荀子提出“学不可以已”当君子所为，虽“巢非不完”、“木茎非能长”、“其质非不美”，不过“所系者然”、“所立者然”、“所渐者然”，进而提出“君子生非异也，善假于物也”。荀子的学习观贯穿在其思想各个方面，他认为“其数则始乎诵经，终乎读礼，其义则始乎为士，终乎为圣人。真积力久则入。学至乎没而后止也。故学数有终，若其义则不可须臾舍也”，进而把学与不学看作人兽之分的界限，指出“为之人也，舍之禽兽也”①。“学”的重要性，在行政领域更多地体现在修身之中，这是符合中国传统文化修养特点——内化的；对于君主应行“道德之威”，成就“内圣外王”；对于臣工更要学习治国的方法（术）和道理（礼、法），实现“为天地立心，为生民立命，为往圣继绝学，为天下开太平”的远大志向。荀子认为，在行政管理中，作为行政人的君主和士大夫们应该具有“法士”的精神，要“隆礼”、要“近人”；要立足现实，效法后王，“欲观圣王之际，则于其粲然者矣，后王是也”②，实现“以近知远”、“以今持古”和“审后王之道”。

马克思主义认为实践是认识的来源，同时也要注重学习间接知识；荀子早在2 000多年前就提出“学之经莫速乎好其人，隆礼次之”这一思想，我们不能不说荀子真是一位深谋远虑的的智者。通过分析，我们认为其学习思想具有与时俱进的特点，正如他所说的“青，取之于蓝，而青于蓝；冰，水为之，而寒于水”③。而官僚选择和任用的标准——“德才兼备”恰恰是他在饱读经史、考察秦政的基础上得出来的。当今人事行政改革可以从中汲取许多有益养分。

二、荀子行政思想的实质——构建以君主为中心的官僚体系

在“性恶”和“群分”的逻辑归约下，荀子构建出以“君主为中心”、“礼、法、术”并存的行政官僚体制。《君道》、《臣道》、《王制》、《仲尼》等文献都在极力刻画一种具有专业功能以及固定规章制度、设科分层的组织制度和管理形式，其中，最主要强调的是作为无上权力代表

①《荀子·劝学》。
②《荀子·非相》。
③《荀子·劝学》。

者——君主和作为至善道德代表者——君子之间的统一，以及君臣之间勾勒的等级分明、分工协调体系。

1. *君主“一元论”*

君主是国家的首领，自古以来从未变更过，作为行政权力化身的君主，具有至高无上的权力，掌管四海之类统统事务。君主专制是用来说明封建专制主义特点的一个术语，我们选择用“君主一元”的提法是基于更好地把握荀子行政思想中的“科学”因子，当然并不否认他在当时维护的是君主专制主义这一体制。亚里士多德曾这样描述东方（以中国为主）：“野蛮民族的性情天生就比希腊各民族更具有奴性，其中亚细亚的蛮族更甚于欧罗巴蛮族，所以他们甘受独裁专制，并无犯乱之心。这些君主因而多为暴君，他们可以通过世袭或依照法律安安稳稳地占据王位”。在亚里士多德看来，专制对于亚洲人来说是正常之事，亚洲人灵魂惰性过重，天生受人统治和奴役，必须有一个专制君主。

荀子也主张君主专制，“人君者所以管分之枢要”。他认为君主是国家治理的基石，掌管全国行政部门的分配编制，是行政管理活动的枢纽。从正面看，君主是国家代表，是君子中道德权力的化身，符合典型的“治之原”特点，对全国官员及百姓具有示范和榜样作用；从反面讲，三代之前的乱世局面，表面是“小人弄权”、“贪官污吏”导致而成，实际上都与君主有关，是君主没有尽职尽责的表现，没有以“礼、法”的精神行使行政权力的结果，所以他说“有乱君，无乱国”。另外，荀子说：“君者，国之隆也；父者，家之隆也。隆一而治，二而乱，自古及今，未有二隆争重而能长久者。”他把君权与父权联系起来，论证出“君权天授”的政治主张是自然之道理，就像家长管理家务一样具有毋庸置疑的地位；同时，他还发展了儒家传统道德——“家天下”的思想，表达了君主如同一家之父，是一切行政权力的来源，无论政权、族权，还是家权最终都归于君主手中。在荀子眼中，一国之君乃是“天下之本”，故“美之者，是美天下之本也；安之者，是安天下之本也;贵之者,是贵天下之本也”。显而易见,在他设计的官僚体系中,自然而然地会对君主至高无上的地位表示肯定,这也正是中国传统政治文化在行政领域上的反映——“普天之下莫非王土,率土之滨莫非王臣”。中国近代伟大思想家梁启超1899年在《清议报》上发表的《各国宪法异同论》对我国“专制政体”有所论述,他把“专制”界定为“专制者,一国中有制者,有被制者,制者全立于被制者之外,而专断以规定国家机关之行动者也”,这或许也是对荀子“隆一而治”的另一种解读。

既然荀子的尊君思想肯定了君主是治乱之本,那么由此引发出了的君主修身、君主用人的重要性便不言而喻。在《荀子》中,有关描述主要有三。其一,君主修身基于“治乱系于一人”,他把君主道德问题提高到国家社会治乱的高度,重视对权力的道德与责任约束,认为君主形象与社会风气有关,君主公正爱民,臣工便会加以效仿,正所谓“君者,仪也,仪正而景正;君者,盘也,盘圆而水圆;君者,盂也,盂方而水方。君射则臣决”[①]。所以,君主是人们典范的源泉,社会的清浊都来源于君主这一本源的清浊。其二,“尚贤使能”系君主之职。君主管分之枢要,对官员具有任免权。“君者何也?曰:能群也。能群也者何也?曰:善生养人者也,善班治人者也,善显设人者也,善藩饰人者也。”君主之所以成之,离不开“择”人之事,故“善择之者制人,不善择之者人制之”[②]。其三,君主授官之准。《致士》说“程者,物之准也;礼者,节之准也。程以立数,礼以定伦,德以叙位,能以授官”。其四,君子不可独。君主作为王权意义上的君子当然不可独,他需要依赖一大批能人志士为国效命,需要形成以他为核心的官僚系统,“彼持国者必不可以独也,然则强固荣辱在于取相矣。身能相能,如是者王;身不能,知恐惧而求能者,如是者强;身不能,不知恐惧而求

①《荀子·君道》。
②《荀子·王霸》。

能者，安唯便僻左右亲比己者之用，如是者危削，綦之而亡”①。综合起来，君主一元制对建立集权政治、高效体制作用巨大，是国家强大、富裕的保证。我们可以从中国整个历史轨迹中看到，但凡君主强权，国家便富强，社会就稳定；反之，则国家动荡，生民不安。自然，这种思想的提倡对于提高行政执行力，避免“多头司令”，实现在全国范围内调配资源都存在关键意义。

2.君臣分野下的官僚体系

“无君以制臣，无上以制下，天下害生纵欲。”这是荀子“群分”思想在行政领域的反映，他认为，“分均则不偏，执齐则不壹，众齐则不使。有天有地而上下有差；明王始立而处国有制。”所以，他理想中的帝国统治是建立分工协调的“人主一卿相”、“君王一臣侯”管理模式。《君道》中，荀子详细阐明了二者之间的关系及建立官僚体系的必要性。他说君主需要卿相辅佐，王公大臣是国家的宝器，是辅政君主治理国家的根基和拐杖，需要提前在国家制度中安排。所以，只有百官拥立、相互协作的官僚队伍，才能使“德音足以填抚百姓、其知虑足以应待万变然后可”，这才是国家管理和社会控制的有力工具。同时，建立君臣分野的官僚体系，不仅对内政事务具有意义，而且可以使四海邻邦诸侯之间相互交往，不需要像之前那样依靠“宗族”关系维系，正如“不必相亲也，故人主必将有足使喻志决疑于远方者然后可”。接着，他还谈论若是组织不分工会导致官员之间不知如何相事，上下之间不能相使等问题，甚至会导致“欲恶同”“物不澹”“争必乱”“乱则穷”等灾难。在问及“人何以能群”、“分何以能行”时，荀子答道：分则能群，“义以分则和，和则一，一则多力，多力则强，强则胜物，故宫室可得而居也”。

上文我们详细论述了官僚体制的最大特点是以君主为中心，以及建立官僚体系是群分思想在行政管理领域中的反映。接下来，我

①《荀子·王霸》。

们再看看荀子有关官僚体系结构的论述。

不论何时,组织管理的实质不仅在于制定出明确的组织规范和相应的实现方式,更重要的还在于这些规范和方式的推行与实施。作为一种机构,必须有相应的结构,荀子在组织结构和制度上设定的是“贵贱有等”的上下分层结构和等级制度,我们试着从序官中查找一下官僚体系的其他特点。对于君主,即“天王”,要“全道德”、“致隆高”、“綦文理”、“一天下”、“振毫末”,使百官司其职,垂拱而治。三司分权:司徒掌礼法,“知百宗、城郭、立器之数”;司马掌统兵,“知师旅、甲兵、乘白之数”;司空掌民事,“修堤梁,通沟浍,行水潦,安水臧”。二宰分制:宰爵事宗事,“知宾客、祭祀、飨食、牺牲之牢数”;冢宰论赏罚,“本政教,正法则,兼听而时稽之,度其功劳,论其庆赏,以时慎修”。三师固本:大师修雅乐,“修宪命,审诗商,禁淫声,以时顺修”;工师行工事,“论百工,审时事,辨功苦,尚完利,便备用”;虞师施林渔,“修火宪,养山林薮泽草木鱼鳖百索,以时禁发”。二治分地:治田施农,“相高下,视肥硗,序五种,省农功,谨蓄藏,以时顺修”;治市施商,“修采清,易道路,谨盗贼,平室律,以时顺修”。辟公之事,在乎“论礼乐,正身行,广教化,美风俗,兼覆而调一之”①。

通过分析,我们发现荀子的官僚体系分工严密,国家的社会、政治、经济、军事、宗教、农业、工商事务都被涵盖,具有全能型政府的特点;社会分工细致,体系内“条条框框”相互交织,形成网状,是典型的控制型组织;君主为中心,是决策的制定者,整个体系属于首长负责制等。以上特点,在现代中国政府中仍然留有印记。或许,从荀子的行政组织思想中,我们会理清历史脉络,在传统中找到方向。

3.官僚体系中的秩序——礼

前面我们已就官僚体系的特点和结构进行了阐述,基本上在形式中对其行政体系有所了解。但仅仅如此,还远远不能完整把握荀

①《荀子·王制》。

子组织思想的精髓，我们还需要对贯穿其中的秩序——“礼”，作一下探讨。“礼治”是夏、商、西周奴隶制形成和发展时期的法律思想，也是维系社会和行政组织的根本秩序。奴隶主贵族为了维护自己的通知地位，利用“受命于天”、“恭行天罚”的神权法思想和“礼不下庶人，刑不上大夫”[1]的思想对人们进行统治。荀子站在时代的前沿对“礼治”进行了发挥，提出了“隆礼”主张。

荀子主张下的“礼”是封建官僚体系秩序的准则，在人性问题上贴合“化伪”的意义，是对人性的矫正——“礼义积伪者也，岂人之性也哉”[2]。荀子继承和发展了孔子儒学中有关“礼”的思想，认为“礼”的起源是为了节制人们的欲望，防止人们的争乱，同时他十分强调“礼”在养人之欲中的作用。他在《礼论》中说到，“人生而有欲；欲而不得，则不能无求；求而无度量分界，则不能不争。争则乱，乱则穷。先王恶其乱也，故制礼义以分之，以养人之欲，给人之求。使欲必不穷于物，物必不屈于欲，两者相持而长，是礼之所起也。”这种承认人欲的思想是礼得以存在和发生的前提，对于行政执行中的激励和奖惩具有重大指导意义。另外，他在礼中十分重视“别”的价值，认为秩序的遵从也应当像组织、社会群体一样进行“分”，荀子谈到“君子既得其养，又好其别”，礼实际是组织“贵贱有等，长幼有序，贫富轻重皆有称也”。可见，他也认为把礼作为维护社会等级秩序和进行行政管理的依据是天经地义的事情，应当引起君子格外注意，正所谓“分莫大于礼”[3]关于“礼”的起源，荀子还进行了更加深入地说明，他提出“礼有三本，天地者，生之本；先祖者，类之本也；君师者，治之本也”。事实上，荀子是为了将“礼”上升到与天地同生、与万物同长的地位，使人们对这种“道”充满敬意、形成信仰。

---

①《礼记·曲礼上》。

②《荀子·性恶》。

③《荀子·非相》。

不得不提到，荀子在强调“礼”的来源时，实际上是在对“礼”的重要性和必要性进行完整紧密地构建，他希望在其倡导的“礼制”中实现对现实社会合理性的解释，以及为王霸者、圣人们提供方法。从理论意义上讲，荀子把“礼”的问题推向了“法”，这为他后来强调行政组织在执行中所贯彻的精神埋下伏笔。这个特点就是他超越了纯粹道德意义上的“礼”，塑造起对官僚机构进行更加严厉的法的控制。在行政组织内部，他主张君主之礼和臣下之礼二分。在论及君于臣之礼时，荀子说：“天地者，生之始也；礼义者，治之始也；君子者，礼义之始也”，他认为君子是礼义的开始，君主是君子在权力上的化身，是国家的楷模，为人君者，“以礼分施，均遍而不偏”；为人臣者，“以礼侍君，忠顺而不懈”。

我们认为荀子的“礼”具有指导、控制、约束组织成员行为的功能。首先是衣食住行方面的仪式。礼仪规范之礼，“食饮、衣服、居处、动静，由礼则知节，不由礼则触陷生疾，容貌、态度、进退、趋近，由礼则雅，不由礼则夷故避违，庸众而野。故人无礼则不生”[①]。“礼”的这一层次虽是比较表层的，但事实上对人的影响很大，而且是能够看得见，可以客观地评价的。对今天的人来讲，虽然礼的具体形式发生了变化，但是要求日常生活“有礼可依”的思想还在人的头脑中产生影响。其次“礼”也是个人要遵守的伦理规范，是治理人道、处理人际关系的伦理原则。在伦常中，礼规矩着德，符合礼的行为才有道德价值。如《王制》中提到，“能以事亲谓之孝，能以事兄谓之弟，能以事上谓之顺，一旦事亲、事兄、事上等本根于礼，便显现出道德光芒，分别具备孝、悌、顺诸德”。

荀子设定的“礼”——官僚体系是相对不变的，由于他强调君子与小人的分野主要是靠后天的修养（在前面逻辑起点中已经论述），而选择人才充任各级管理者的标准是德与能，所以在这个意义上，这

①《荀子·修身》。

一套不变的制度下的组成人员是相对变动的，而且等级制度中的最高位也被纳入了这种等级制中，“功参天地，泽被生民”[①]，德才超众之士方能处于最高位。因而，我们不难看出荀子“隆礼”的思想，对于加强行政组织建设、提高行政执行能力具有导向和变通意义。

三、荀子行政思想中的行政人与执行

1. 行政组织中的人

荀子的行政思想中，十分突出人的地位和作用，他通过“羿”、“禹”等“有法无人”的例举，强调了“行政人”是执行的关键，进而指出“故法不能独立，类不能自行，得其人则存，失其人则亡”[②]。明辨的君主应当善于招纳和使用人才，“急得其人，则身佚而国治，功大而名美，上可以王，下可以霸”，人才是成就君主王霸理想的根本。

荀子对人进行过各种分类，如君子与小人之分，俗儒、贱儒、雅儒、大儒之分，态臣、篡臣、功臣、圣臣之分等。他发展了孔子“学而优则仕”的思想，十分看重大儒和法士，认为二者是君子。“故士之与也，道之与法也者，国家之本作也。”因此，荀子的大节观正是主张“尊贤”，他说“君人者欲安则莫若平政爱民矣，欲荣则莫若隆礼敬士矣，欲立功名则莫若尚贤使能矣，是君人者之大节也”。王者更应当爱民如子、尊贤纳士，国家存亡只是“制人之与人制之也”。

重视官僚是荀子行政思想的一大特点，他提出“仁者必敬人”。非贤人也是不肖的，对贤（肖）者应当以礼待之，敬爱有佳，否则便是禽兽或狎虎。人才的重要性，荀子在《致士》和《君道》中作了详细的阐述。他认为一个国家仅有正确的政治制度是远远不够的，相比之下，官僚体系中德才兼备的人的意义显现得更加巨大。他指出，“有

①《荀子·臣道》。

②《荀子·君道》。

良法而乱者有之矣。有君子二而乱者，自古及今，未尝闻也”[①]，又说：“士之于人也，道之于法也者，国家之本作也；君子也者，道法之总要也，不可少顷旷也”[②]。他还例举众多例子来证明这一问题，其中一例说齐桓公招贤纳士，任用了管仲为相，结果使齐国强盛起来，九合诸侯，一匡天下，成为春秋时期完成霸业的第一位君主。此外，他还主张“欲修政美俗，则莫若求其人”。一个国家的政治法度是否清明，主要看是否有能干的人才来制订和执行；一国的国风民俗是否朴实正派，主要看是否有德才兼优的人才来教育引导。所以，治理国家、修务政治、端正国风、教化民俗一定要有一群贤良有能之士才可。

2.行政执行

行政执行，也称行政实施，是行政机关及行政人员依法实施行政决策，以实现预测行政目标和社会目标的活动总和。荀子思想在社会管理方面，最终都归结在“如何执行”和“为何执行”上。我国古代是一个政治与行政不分的国度，行政执行的方法、目的、精神直接牵涉政治稳定、社会和谐的重大局面问题。

“隆礼”、“尚法”是行政执行的基本精神。“隆礼”思想，我们在官僚体系秩序中有所接触，把它作为维系行政组织运行的理念和精神，对于整个社会而言，它的地位也是很高的。荀子认为，“礼者，法之大分，类之纲纪也”[③]。“礼者，治辩之极也，强国之本也，威行之道也”[④]。他明确指出：“礼以顺人心为本，故亡于《礼经》而顺人心者，皆礼也”[⑤]。可见，荀子眼中的“礼”是不拘泥于书本规定的，是作为发乎人心，作为法的渊源和标准的规范。那么，我们容易得出，荀子把礼向法推进的意义便不言而喻了。法是礼的贯彻，是礼的具体执

①《荀子·致士》。

②《荀子·劝学》。

③《荀子·议兵》。

④《荀子·大略》。

⑤《荀子·修身》。

行，能够更加具体规范组织成员和社会的功效，所以，他极力主张“重法”，指出“人无法而伥伥然”，没有了法律制度，万物便会失去尺度，人便会感到无所适从，然而“有法而无志其义则渠渠然，依乎法而深其类则温温然”①。人有了“法”，如果不知道其中的意义就同样会感到局促不安。只有深入到“法”的内在价值核心，人才会感到适从。荀子眼中的法律制度不是对于人的欲望的禁绝，而是出于对社会整体利益的综合考虑，是为了限制人之欲望可能带来的危险。所以，王者才会“循其旧法，择其善者而明用之，是以顺服好利之士”②。“法”的价值也体现在使人以为“善”上，“凡刑人之本，禁暴，恶恶，而征其末也”③。法律实际上是对“善”的认可，惩罚的目的也仅仅在促使那些为恶的人改邪归正，警示那些尚未作恶的人，从中也体现了公平、正义的精神。所以“不教而诛，则刑繁而邪不胜；教而不诛，则奸民不惩，诛而不善，则勤厉之民不劝，诛赏不类，则下疑俗俭而百姓不一”④。“法”是作为“礼”的配合因素，促使“众人”培养和树立道德自觉意识。所以，我们认为荀子“隆礼”、“尚法”是行政执行的基本精神。关于“法”的执行，我们后面会在“赏罚分明”、“行政一统”中进行过专门的论述，这里就不再涉及了。

“行政一统”是荀子执行思想的首要目标。在官僚制中，我们对“行政一统”进行过部分论述，像“君主一元”、“等级分明”等。这里我们主要就其“一天下”的思想进行梳理，从而更完整地理解荀子心目中“行政一统”的内容和精神。首先在整个体制上，他主张“法后王，一制度”。荀子说：“法二后王谓之不雅，一与一是为人者谓之圣人”，为君者，当建立统一地中央集权制度，政令畅通，达到“四海之内若一

①《荀子·修身》。

②《荀子·王霸》。

③《荀子·正论》。

④《荀子·富国》。

家”才是王者之制。与儒家“法先王”主张相比，荀子认为应当遵循“就近原则”，“以今持古”；他说“文久而息，节族久而绝”[①]不是因为五帝之后没有贤德之人，五帝之中没有善政之法，而是由于“久故”的原因所导致的“无传”。因此，圣明的君主应当着眼于完善当世之礼仪政治，以“法后王”作为规范治国人才言行标准，达到“一制度”的目标。其次，实行“以政裕民”、“节用裕民”等经济措施，促使“民夏不晚暍，冬不冻寒”，“百姓皆爱其上”，争取民心，安定社会，实现“一天下”。荀子认识到，“臣使诸侯，一天下，是又人情之所同欲也”[②]；统一是人心所向，只有统一，结束诸侯纷争的局面，国家才能长治久安。此外，在对待其他国家问题上，荀子提倡“调一”思想，试图用王者之道实现“道德之威”。他还通过论及强国之道，对行政统一的重要性进行解答，认为“彼国者，亦强国之剖刑已。然而不教诲，不调一，则入不可以守，出不可以战；教诲之，调一之，则兵劲城固，敌国不敢婴也”[③]。墨子在探求人们各自为政，相互攻击相互争斗甚至相互残杀的社会现象时，认为天下混乱的原因在于缺乏统一的思想、意志，要实现国家的有效管理，维护正常的社会秩序，消除弱肉强食、缺乏正义与理性的社会现象，改变“一人一义”的混乱状态，就要统一人们的思想。由此，他提出“尚同”[④]的主张，即“一同天下之义”。与他相比，荀子深入认识到需要“一天下”，不仅是思想上，更应当在组织、经济、政治、外交等方面进行“化一”。

“尚贤使能”是行政执行力的保证。关于尊重人才的重要性，我们在“行政组织中的人”里已经粗略进行了解释；现在我们对荀子有关选用人才的原则和标准作进一步说明。首先，他提出了选用贤能

---

①《荀子·非相》。

②《荀子·王霸》。

③《荀子·强国》。

④《荀子·尚贤》。

是“国家宝器”的思想，主张“内不阿亲，外不避仇”，“尚贤使能”，任人为贤的原则。他说管仲虽为公子纠箭射齐桓公，但齐桓公不记旧恶，仍然重用他。荀子十分赞赏他这种“外不避仇”、“尚贤使能”的气量，进一步指出使用有能力的人是“天下之大知”、“天下之大决”。他还说，“贤能不待次而举，罢不能不待须而废”，认为要打破用人论资排辈制度；罢免官员也不要以资格和出身为限制。其次，荀子提倡“德才兼备”的用人标准。他说：“知而不仁，不可；仁而不知，不可；既知且仁，是人主之宝也，而王霸之佐也”①。作为一个有用的人才，仅有知识，但没有好的品德，是不行的；道德品行虽好，但缺乏知识，也是不行的。所谓德，是指“忠信而不谀，谏争而不谄，挢然刚折，端志而无倾侧之心，是案曰是，非案曰非，是事中君之义也”②，要忠诚老实，不阿谀奉承，对上敢于规劝力争但又不恭维，刚强正直而没有偏邪之心，是就说是，非就说非，这便是德的一般标准；所谓能，就是“法而议，职而通，无隐谋，无遗善，而百事无过，非君子莫能”③，对国家的方针政策、法律制度能够深刻理解、宣传说明又能切实贯彻；对于职责范围内的事情能够胜任并愉快地完成任务；不埋没好主意，能充分发挥才智；不遗漏好事情，提倡先进，一切政事都处理得妥善而不出差错。最后，他还认识到“有君子则法通，无君子则法乱”，正确的法律制度，需要人们去贯彻执行，具有贤能的人会将政策执行得很好，受到民众的拥护和支持。他说：“明主好同而暗主好独，明主尚贤使能而飨其盛，暗主妒贤畏能而灭其功”④，圣明的君主要实现王制，需要使用人才，与天下贤能之士共同治理国事，昏庸的君主不擅膺任，嫉妒贤才最后只落得身败名裂。

①《荀子·君道》。

②《荀子·臣道》。

③《荀子·王制》。

④《荀子·王制》。

"赏罚分明"是行政执行力的核心。荀子主张"赏罚分明"是基于"人性恶"和"礼之源"来说明的。他认为良好的管理应满足人的需要,人生来就有欲望,有欲望得不到满足,就不能没有需求;有所需求,没有一定的标准限度,就不能不发生争斗;争斗起来,就会混乱,混乱就会导致贫穷。所以,荀子接着在《礼论》篇中提出要"养人之欲,给人之求。使欲必不穷乎物,物必不屈于欲,两者相持而长"。其意思是,要研究人的欲望,满足人的需求,使人的欲望决不会由于物质缺乏而无法照顾,物资也一定不会因为满足欲望而用尽,物资和欲望两者在互相制约中增长。荀子注意发挥人的主观能动性。他在《天论》中提出:"从天而颂之,孰与制天命而用之。""天有其时,地有其财。人有其治,夫是之谓能参,舍其所以参,而愿其所参,则惑矣。"其意思是,顺从天而且颂扬它,哪赶得上掌握它的变化规律并且加以利用它呢?天有四季的变化,地有蕴藏的财富,人有掌握天时、使用地利的办法,这就叫做著于同天地配合。如果放弃人的努力,期望天地的恩赐,那就太糊涂了。荀子认为奖惩是管理的重要手段。他在《富国》中指出:"赏不行,则贤者不可得而进也;罚不行,则不肖者不可得而退也。贤者不可得而进也,不肖者不可得而退也,则能不能不可得官也。若是,则万物失宜,事变失应。"其意思是,没有赏罚,有德才的人就得不到提拔,没有贤能的人就不能被斥退,于是有能力的人和没有能力的人都得不到恰当的使用,这样一来,万事都安排得不适当,不能适应势态的发展变化。所以,荀子才会在《强国》篇中说:"古者明主之举大事,立大功也,大事已博,大功已立,则君享其成,群臣享其功,士大夫益爵,官人益秩,庶人益禄。是以为善者劝,为不善者沮,上下一心,三军同力,是以百事成而功名大也。"在今天的管理活动中,赏罚问题关系到组织的凝聚力、成员的积极性,关系到"取人有道,用人有法"和社会稳定等重大问题。荀子的赏罚制度主要有五方面内容:①按事论赏罚,反对"以族论罪,以世举贤",认为一人做事一人当,坚决反对姻亲庇佑,以行为是否合乎礼仪、是否合乎作为判断赏罚的标志。②善用刑赏，先教后刑赏，使百姓的行为趋于规范。“故不教而诛，则刑繁而邪不胜；教而不诛，则奸民不惩；诛而不赏，则勤励之民不劝，诛赏而不类，则下疑俗俭而百姓不一”①。刑、赏是职权运用的集中体现，运用得当，则奸邪禁止，勤励相劝；运用不当，则百姓困惑，号令不行，举措乖戾，人心不一。为此，荀子主张先教而后用刑赏，这样就可以保证刑赏的效用。③赏罚普遍原则。荀子的赏罚思想不仅涉及组织内部人员的协调一致，而且包含了社会管理的和行政行为合法、规范等问题。用今天行政学理论来看，他的赏罚思想既包括了行政处分又含有行政处罚。④赏罚严明。荀子认为，对为善者不赏，贤人就不能获得上进的机会；对作恶者不罚，不肖之徒就不能得到废除；就会造成“大事殆乎弛，小者殆乎遂”。⑤刑罚当罪原则。荀子主张为“罪至重而刑至轻，庸人不知恶矣，乱莫大焉。凡刑人之本，禁暴恶恶，且惩其未也。杀人者不死而伤人者不刑，是谓惠暴而宽贼也，非恶恶也”②。他认为用刑处治犯人的根本目的是禁暴除害，并且警戒以后发生的类似罪行，如果违背这个目的，杀人者不处死，伤人者不判刑，就会纵容犯罪，国家就不会安宁。所以刑罚与犯罪相称，就能使社会安定。

参考文献

罗宾斯等著. 管理学基础[M]. 北京：北京大学出版社，2006.

梁启超. 梁启超全集：第三册[M]. 北京：北京出版社，1999.

亚里士多德选集·政治学卷[M]. 北京：中国人民大学出版社. 1999.

①《荀子·富国》。

②《荀子·正论》。

国外信息服务转型研究及实践进展

乐庆玲[①]

摘　要:本文采用文献分析的方法对国外信息服务转型研究和实践进展进行了梳理,旨在从中把握信息服务转型发展趋势,发现当前理论探讨与实践中存在的问题,提出后续研究思路。

关键词:信息、服务、转型、研究进展

一、概述

在创新型国家建设和发展中,各国经济逐步从依赖于物质资源的低效运行转变到依赖知识创新资源的高效运行发展轨道,从客观上提出了信息服务转型的要求,使之与国家自主创新发展相适应。各国也认识到信息服务是提高自主创新能力的重要保证,并以此为指导进行信息服务转型建设。如美国信息服务业多元化体系,日本以国家投资为主的社会信息服务体系建设和行业性资源中心建设,英国以高等教育保障为显著特色的教育与学术信息服务体系建设,以及全球范围内展开的网络信息服务联盟热潮等都是基于这样的认识进行的。然而,信息服务领域的前期变革虽有成效,但仍存在一些突出的问题未能根本解决。本文试图从信息服务转型的研究和实践

①乐庆玲,女,湖北武汉市人,湖北大学历史文化学院档案系教师,主要从事信息服务研究、信息资源管理研究。

入手，厘清信息服务转型发展的整体脉络。

二、国外信息服务转型中的理论探讨与实践

“转型”一词，工具书释义是指结构、体制等方面的转变或改革。在国外文献分析中，涉及转型的文献，主要是从经济、政治、人文、技术环境进行宏观研究。单从信息服务角度进行转型研究的文献总体数量不多。本文将涉及信息服务的转型分为两种，一种称之为根本性转型，这种转型由政治经济制度改革引发，另一种称之为变革性转型，此种转型基于技术、文化、战略等推动。属于信息服务根本性转型的有俄罗斯、白俄罗斯、罗马尼亚、匈牙利、南非等国家。俄罗斯、罗马尼亚、匈牙利等国原先都属于社会主义国家，东欧巨变以来，这些国家都在经历从计划经济向市场经济的转变，其信息服务业也处在逐步探索和变化转型之中。转变较快的如匈牙利，许多信息服务机构已走出困境，开创了匈牙利现代商业信息服务。俄罗斯的信息服务业受政治变革冲击最大，1991 年由计划经济逐步往市场经济转，原有的公益信息服务体系面临重新构架，公益信息服务部分进入市场化。此外，一些摆脱殖民统治和种族隔离的国家，也面临信息服务根本性转型的重大课题。如南非于 1994 年和平过渡为一个民主国家，对于公众的信息服务保障体系的建立尤为重视。由于信息服务的转型对上述国家可持续性创新发展具有重要意义，因此，研究领域信息服务转型的文献呈现出关注度高、数量多的特点，文献中“转型”一词多选用“transformation”或“transition”。而发达国家自 20 世纪 60 年代开始以美国为代表在信息技术引动下，陆续进入服务经济时代。随着知识化、专业化趋势不断加强，服务业结构出现重大变

化。反映在文献研究中，对服务转型表述一般选用“change”一词①②③。整体看来，国外信息服务转型动因虽有差异，但在转型的过程中，都是以激发创新活力为目的，其研究与实践随着时间的推移呈现出以下特点。

(1)信息服务转型研究视角由技术转向制度。信息服务转型研究主要集中在20世纪70年代初至90年代末期。不同时间段对信息服务转型机制研究各有侧重点，90年代前由于信息技术的飞速发展导致信息服务模式产生重大变化，在信息服务领域呈现出偏重于信息技术的研究倾向④⑤。90年代以后，以技术为导向的研究开始在实践中遭遇到了技术无法解决的问题，学界、产业界开始将目光投向面向创新技术环境下的制度研究。特别是对于在创新的道路上有过深刻教训，国家综合实力下降的国家，更加重视信息战略转型下的制度建设，如日本在以技术为导向的发展战略遭遇现实困境后，1996年，“科学技术会议”发布了《科学技术基本计划》，重点进行体制改革和制度调整⑥。韩国从20世纪80年代末开始，将“科技立国”的重点转向形成独立自主的技术研究和开发能力。俄罗斯创新绩效平

---

①Molaudi Marjorie Mandu. Management of change in information services, Magister dissertation, Rand Afrikaans University, May 2002.

②Jannis Kallinikos. The Consequences of Information Institutional Implications of Technological Change, Edgar Elgar, Cheltenham, UK, 2006, P25～180.

③Lyndon Pugh. Change management in information services, Second edition, Ashgate, 2007, P52～240.

④Thomas Mandeville. An information economics perspective on innovation, International Journal of Social Economics, Vol. 25, No. 2/3/4, 1998, P357～364.

⑤S. Pantry, P. Griffiths Becoming. A successful intrapreneur: a practical guide to creating an innovative information service. London: Library Association Publishing, 1998, P98.

⑥Reiko Kondo, Chihiro Watanabe. The virtuous cycle between institutional elasticity, IT advancement and sustainable growth: can Japan survive in an information society. Technology in Society, Vol. 25, No. 3, August 2003, P319～335.

平，为此，2007年初，经济合作与发展组织(OECD)发表了《促进俄罗斯的创新：制度和政策的作用》报告，提请其以制度建设提高绩效[①]。

(2)信息服务目标由促进业务转向促进创新。信息服务转型最初的重点是面向业务，提供以满足全方位的用户需要的服务支持，促进全方位的知识更新。近些年，面向创新的信息服务研究论文数量不断增加，各国也不断加强项目支持力度[②]。美国国家科学基金(NSF)适应科学技术发展的趋势，加强了对信息服务基础设施的支持。2006年NSF发布的《投资美国未来：2006—2011年战略规划》的远景定位于推动知识前沿的发现、创新，促使新的知识在各个领域得到传播，满足国家的创新战略需求。2007年1月，欧盟第七研发框架计划(2007—2013年)正式启动，旨在构建欧洲知识型社会。在此框架下，欧盟积极推动国家、地区间的创新发展项目，加强泛欧合作，组建创新信息服务网络，大力发展欧洲信息中心网络(EICs)，创新驿站(IRC)、欧洲企业和创新中心网络(EBN)，发展欧盟研究与开发信息服务机构(CORDIS)，构建欧洲创新(EuropeINNOVA)信息服务平台。俄联邦从1998年开始，发布了《1998至2000年俄罗斯联邦创新政策概要和实施计划》、《2002至2006年国家创新政策基本原则》、《至2010年俄罗斯联邦发展创新体系政策基本方向》、《俄联邦2015年前科学与创新发展战略》等，在充分认识到知识创新是促进经济发展的关键性问题后，俄罗斯政府开始了对创新活动的密切关注和积极实践。

(3)信息服务对象由系统转向行业。对信息服务管理的应用研究是国外信息服务的一个热点，其论文数量仅次于探讨技术论文数

①Bob Duckett. From reference library to information service: services in danger. Bradford, UK, Library Review, Vol. 53, No. 6, 2004, P301～308.

②Charles O. Omekwu. Library and information service delivery in an era of change and reform: librarians and NEEDS. Library review, Vol. 56, No. 8, 2007, P716～726.

量,分散于近40年中。对具有应用属性的关键词进行汇总结果显示,行业领域词语特别多,如public、health、business、medical、financial等。信息服务本来就是以信息资源为基础,服务于各行业的。行业应用是信息服务的发展取向。这些热点组配词反映了信息服务的应用领域一方面集中在涉及到大众利益的公共部门,另一方面集中在商业运作的行业信息服务中。在实践中,美国逐步形成了多层次的行业信息服务架构。国家层面上,对一些需要政府扶持和重点发展的行业如农业、能源、环保等,不断加大信息服务投资和监控力度;市场层面上,允许包括各类信息研究所、图书馆、企业所属信息部门、独立经营的信息机构、行业联合会或协会在内的多元主体进入行业信息服务。欧盟将各种支持行业创新的网络和行业集群网络进行整合,形成欧盟各国行业协同创新的有力保障。日本在各省厅下,由政府指定事业法人,建立全国和地方的行业信息服务机构。如通产省的工业技术院,农林省的农产水产尖端技术产业振兴中心等。研究与实践显示,信息服务正在由原来传统的面向系统和部门的服务向面向行业应用转型。

(4)信息服务管理模式选择由单一转向融合。信息服务管理模式基本可分为集中、分散、混合三种。根据各国的国情,社会主义国家多采用行政管理式的职能型组织结构,倾向于高度集中的中央集权化管理。资本主义国家则主要采取由市场调节的信息服务松散管理模式。然而,随着经济全球化的进程加速,介于分散和集中型之间以效能为导向,有效协调集中分散和集中控制的混合型管理模式,被越来越多的国家所借鉴,并据此对信息服务模式进行调整。早在20世纪80年代初,美国为加强政府信息资源和信息战略管理,在联邦政府建立了信息主管(CIO)制度,成立了CIO委员会,联邦政府的首席信息官由美国管理与预算办公室(OMB)第一副局长兼任,进行包括行业信息资源建设与服务在内的宏观指导。欧盟过去研究资源分散,信息沟通不充分,造成研究工作大量重复,不能有效地发挥科技资源的潜力，为此，欧盟制定了一系列卓有成效的联合行动计划，构成了联合 R&D 体系，其中最有影响力的是欧盟科技发展与研究框架计划与尤里卡计划，管理模式从分散走向集中。日本采用分散和集中的协调模式，宏观管理层面，不仅有政府总理直接挂帅对科学技术信息事业进行决策的科学技术会议(2001 年以后为综合科学技术会议)，还设有科技信息政策实施的管理和调整的中心机构。文部科学省科学技术振兴机构和国立情报学研究所则承担着日本科技信息、学术信息的综合管理、流通工作以及国际交流等工作。国外的变革，特别是美国、日本和欧盟对信息服务中政府行为的强化，值得思考。

(5)科研和公共信息服务部门由公益转向部分市场化。创新环境下，科研、公共信息机构显示出的投入与其产出严重失衡，遭到了普遍的质疑，使其首当其冲成为转型的重点。正如 Molaudi Marjorie Mandu 在"Management of change in information service"一文中指出：大部分国家的科研信息机构参与到这场变革中，在组织性质、结构、文化、政策和管理风格等方面进行适应性调整，部分改制进入市场化运行。在公共信息服务领域，图书馆、教育部门、政府正进一步加强信息基础设施建设，提高信息服务能力。同时，这些部门为了适应快速变化的创新需求，打破组织障碍，提高服务质量，也参与到商业化使用和获利中①②。如美国国家支持的农业、医药、国防、工程技术、专利、标准等专业图书馆、信息中心的信息产品要面向国家，同时也要面向市场，当产品解密后进入市场，实行"收支两条线"。1996 年 10 月，日本科学技术情报中心和新技术事业团合并为日本科学技术振兴事业团(Japan Science& Technology Corporation)，属于半官

①Eric J. Wainwrighte. Strategies for university academic information and service delivery. Library Management, Vol. 26, No. 8/9, 2005, P439～456.

②Katarina de Brisis. Government policy for information resources management and its implication for provision of information services to the public and to the experts. Comput Environ and Urban Systems, Vol. 19, No. 3, 1995, P141～149.

方机构。2003 年 10 月，获得独立行政法人的地位，并更名为日本科学技术振兴机构(Japan Science and Technology Agency, JST)，隶属于日本文部科学省。JST 的成立标志着日本的公益性科技信息事业开始进入事业团管理体制的时代。

(6)信息服务范围由系统内或一国转向跨系统、多国。目前，全球化环境下，跨系统、跨国创新信息服务平台建设已引起各国的重视。2005 年美国国家科学基金委员会(NSF)启动"国家科学、技术、工程、数学教育数字图书馆计划"(NSDL)，在项目实施中，推动多机构(Multi - agency)参与，联合建设。NSF 还独家拨款另一项目"知识与分布的智力起步工程(KDI)，目标在于有关知识及获取知识途径的跨系统研究。此外，美国能源部、英国图书馆以及其他 8 个参与国在华盛顿于 2007 年 6 月共同开启了从全球 15 个国家入口接入的全球在线科学信息门户。在欧洲，欧盟国家大多以国家信息服务机构为核心，以若干特色化信息服务中心为枢纽，整合多层次资源，构建全方位的公共信息集成服务平台。在亚洲，韩国科学技术信息研究院(KISTI)利用其在韩国科技信息界的领导地位组织建立的科学网络以及全球服务孵化器，辐射全球，资源开放共享，在全球标准化的基础上建立同信息源的多平台服务，至 2008 年，已有 16 个组织通过该网络服务技术进行信息共享。

三、研究与实践现状分析

整体看来，在世界各国信息服务业从传统信息服务业转向现代信息服务业的过程中，不少研究能够跟进现代服务业发展，对其运转模式变革进行思考，推动新的服务业务应用，思考现实问题，提出对策和建议。然而通过对信息服务主题论文数量的统计，自 1967 年起，相关信息服务主题论文发文量呈上升态势，直至 20 世纪 90 年代初达到高潮，随后发文量下降，进入 21 世纪后，研究逐渐进入低谷，除南非、尼日利亚等国外，信息服务整体发文数偏低。这种状况与信息服务转型发展的现状有较大差距①②。

现代信息服务业是伴随着全球范围内的信息革命而发展起来的新兴行业，在整个国民经济中的比重和重要性不断上升，各国纷纷发展信息服务业，多元化的主体参与、多元化的运行模式，导致宏观管理和规划问题越来越突出，既要考虑国家的信息安全与保障体系建设，又要促进信息服务市场的繁荣，在产业管理方法及产业发展模式上迫切需要理论上的支持，这个过程中出现的新问题应该成为专家学者们持续关注的热点问题③。然而从文献上看，这个关注度还远远不够。此外，信息服务的转型研究，有偏重于技术的倾向，一方面表现了信息服务与技术的融合发展，另一方面也反映信息服务转型少有基础理论的创新。

四、结束语

现代信息服务业发展的总体趋势是向现代化、电子化、网络化和国际化方向发展，因此，在今后的研究工作中应加强对现代信息服务业理论上及应用上的研究，主要是管理体制、运作机制、相关政策的研究，以及如何进行产业化运作，信息服务业与其他产业以及其他实体之间关系等方面的研究，从而促使信息服务业发挥对于经济整体发展的提速作用。

①Heila Pienaar, Mary-Rose Russell, Yzelle Roets, et al.. Organisational transformation at an academic information service. Library Management, Vol. 20, No. 5 ,1999, P266～272.

②Andreas Degkwitz. Information management and service integration at German universities. Library Hi Tech, Vol. 26 ,No. 4, 2008, P654～662.

③Roger C. Schonfeld, Kevin M. Guthrie. The Changing Information Services Needs of Faculty. EDUCAUSE review, July, 2007, P8～9.

档案馆社会化服务中的网络信息安全[①]

李彩容[②]

摘　要:本文简要探讨了使用网络技术来实现档案馆社会化服务的过程,叙述了其中网络信息的安全问题,介绍了目前数字化档案信息网络安全常用的技术及面临的问题,重点论述了未来档案馆社会化服务中用于保障网络安全的新技术——IPS、遗传算法和信息欺骗技术。

关键词:信息安全、信息欺骗、遗传算法

一、引言

21世纪的重要特征就是数字化、网络化和信息化,它是一个以网络为核心的信息时代。档案信息服务于社会同样要以计算机网络为核心,以数字化技术为依托。档案馆社会化服务中的技术路线包括计算机网络技术、数字音频技术和数字视频技术等多媒体技术。

档案馆的社会化服务是如何利用计算机网络来进行的呢?这需要档案馆建立自己的网络信息系统:首先建立自己的网站,然后将档案信息数字化后分类建立数据库,并以超链接的方式让相关内容关

①本文为2005年国家社会科基金项目阶段性成果之一,项目名称:《价值目标与伦理重构:档案馆社会化服务的功能与效能研究》,项目编号:05BTQ016。

②李彩容,女,湖北大学历史文化学院讲师,武汉大学多媒体网络通信工程研究所博士生,主要从事档案技术研究。

联，提供按关键字、标题等检索，在线读取和下载等功能，最后将档案馆的网站和因特网相连（网站发布）。这样，广大因特网用户就可以随时随地通过网络来查询自己关注的档案信息了。目前部分档案馆已经建立了自己的网站，但是大多数还不能向广大因特网用户提供全面优质的服务。

二、档案馆社会化服务中的网络信息安全

当档案馆将档案信息通过计算机网络向社会各界提供服务时，大量在网络中存储和传输的档案信息数据就需要保护。档案数据的安全性具有特别重要的意义，只有真实、完整的档案数据才能给社会政治、经济和科学技术的发展提供有用信息。一旦档案数据在网络中存储和传输时被恶意修改，后果将不堪设想。另外，保密档案数据只能允许部分授权用户查阅，在网络中传输时要防止被非法用户窃取。本文将讨论档案馆社会化服务中的网络信息安全问题。

档案信息在计算机网络上的通信面临以下四种威胁。

(1)截获(interception)：攻击者从网络上窃听他人的通信内容。

(2)中断(interruption)：攻击者故意中断他人在网络上的通信。

(3)篡改(modification)：攻击者故意篡改网络上传送的报文。

(4)伪造(fabrication)：攻击者伪造信息在网络上传送。

上述四种威胁可划分为两大类，即被动攻击和主动攻击。在上述情况中，截获是被动攻击，而后面三种(更改信息和拒绝用户使用资源)是主动攻击。对于被动攻击，通常是检测不出来的，因此对付被动攻击，可以采用各种数据加密技术。对于主动攻击，可以采取适当的措施加以检测和阻止。因此，对付主动攻击需要将加密技术、适当的鉴别技术等相结合。

档案馆社会化服务中的网络信息安全可以定义为通过采用各种安全技术和管理措施，使档案馆的网络系统正常运行，确保档案数据

的真实性、可用性、完整性和保密性。所以,建立网络安全保护措施的目的是确保档案信息系统正常运行,使得经过网络传输和交换的档案数据不会发生增加、修改、丢失和泄露等。

三、目前数字化档案信息网络安全常用的技术及面临的问题

(一)目前数字化档案信息网络安全常用的技术

目前确保网络信息安全的主要技术有安全补丁、反病毒、漏洞扫描、加密技术、安全隔离技术以及防火墙技术和入侵检测技术。针对档案馆社会化服务中档案信息资源通过计算机网络共享时存在的网络安全问题,往往综合应用了以上多种技术。其中,防火墙技术是建立在现代通信网络技术和信息安全技术基础上的应用性安全技术,也是目前使用最广泛的接入控制策略。

及时地对系统和应用软件升级,安装安全补丁和进行漏洞扫描,可以防止非法用户利用系统或应用软件中存在的漏洞对档案信息网络进行攻击。

加密技术[①②]用于档案数据保密,通过将保密档案数据采用对称加密技术加密,可以防止保密档案数据在网络中传输时被非法用户窃取;同时,使用非对称加密技术进行身份认证来将非法用户拒之门外。

安全隔离技术用于档案馆内部网络和外部因特网之间,把有害攻击隔离在可以信赖的档案馆内部网络之外,保证在内网和外网间进行信息交换时,档案馆内部网络的信息不泄漏。

在档案馆社会化服务中,一般在位于档案馆内部的网络和外部的因特网之间设置综合包过滤和代理技术的新型防火墙,克服二者在安

---

①Ting-Yi Chang. Cryptanalysis of the improved authenticated key agreement protocol. Applied Mathematics and Computation 171,2005:771～774.

②Wen-Gong Shieh. Efficient remote mutual authentication andkey agreemen. Computers & Security 25, 2006:72～77.

全方面的缺陷。这里的新型防火墙能从数据链路层一直到应用层施加全方位的控制;实现 TCP/IP 协议的微内核,从而在 TCP/IP 协议层能进行各项安全控制;基于上述微内核,使速度超过传统的包过滤防火墙;提供透明代理模式,减轻客户端的配置工作;支持数据加密、解密(DES 和 RSA),提供对虚拟网 VPN 的强大支持;将内部信息完全隐藏。目前使用的新型防火墙技术混合有应用包过滤技术、分布式算法技术和其他一些技术,如动态包过滤、分布式防火墙技术等。

目前防火墙产品正在向将网关与安全系统合二为一的复合型安全产品发展,成为最新的技术发展方向,它是融合了应用级安全和状态检测防火墙的优点,集防火墙、入侵检测 IDS、VPN、流量控制、内容安全、病毒防范等安全技术于一体的硬件安全网关产品。

新型防火墙全面高效的安全防护技术使它成为目前档案馆社会化服务中保障网络安全必不可少的手段。但是缺点是实现成本较高,系统开销大,对新型病毒和攻击反应不够及时,也不易管理。

(二)目前数字化档案信息网络安全面临的问题

当前信息系统中存在"易攻难防"的现象,攻击者只需极低的技术和经济成本进行攻击,系统就必须付出高昂的代价进行防护。根据统计,2004 年在 IT(Information Technology)行业用于信息安全防护的开支已经上升到全部开支的 5%～10%。但是根据商业报道,网络安全事故依然持续增加,从 2000 年的 44%上升到 2004 年的 74%。

导致当前安全受到威胁主要有以下两个主要原因。

第一,当前开放式网络信息系统具有脆弱性特点。普渡大学 Spafford 教授研究指出,每 500 行商业代码中就存在一个错误隐患,Windows 中大约有 6 000 个安全漏洞。当前这种广布于系统的潜在缺陷与后门,已经成为现实的安全威胁。

第二,自动攻击技术的迅猛发展进一步降低了攻击成本。美国 CERT/CC 研究发现:自动化、智能化的攻击工具使安全攻击不再需要专业知识,造成攻击者群体急剧扩大,攻击所需知识、时间、精力、

经费成本大大降低。

目前安全攻击的低成本现状是由现有的信息系统结构与攻击技术的发展决定的，现有系统结构短期内不会有重大改善，攻击技术只会继续发展，系统容易受攻击的局面就难以改变。

在当前系统结构下，信息安全防护成本过高的现象，很大程度上则是由现有主流安全技术的“特异性”防护机制和其所采取的“被动防御”思路所决定的。现有主流安全技术中的安全补丁、反病毒、系统访问控制、防火墙、漏洞扫描和入侵检测技术都是针对特定的安全漏洞或攻击进行特定防护，因此被称为特异性安全技术。这些安全手段在部署后，只能“被动地”发挥各自的功能来对抗每一次攻击，而对攻击源头所选择的攻击方法、策略、步骤都不具备任何预测与影响能力，因此属于被动防御的技术范畴。被动式“特异性”安全技术致力于根据特定威胁进行有针对性的防护。这种方法虽然具有很强的针对性和实效性，但其缺点也日益突出。首先，防护效果滞后，无法抵抗“未知”安全威胁，无法对抗自动化攻击技术的快速发展；其次，特异性安全技术遵循“逐一对抗”所有安全威胁的防护思想，安全防护成本必定大大高于攻击成本；再次，“被动防御”技术过分依赖复杂的“数据分析与甄别”过程，防护的技术难度要远高于攻击；最后，现有安全技术的系统复杂性会随攻击种类的增加而增长，从而进一步激化攻防之间的成本不对称矛盾。

综上所述，要缓解信息攻防的成本失衡问题有两条出路：一是在继续采用特异性被动防御技术的同时寻找一种平衡成本的方式；二是研究实用的“非特异性”主动防御新技术。在本文的后续内容中，通过遗传算法进行匹配从而得到针对某信息系统漏洞的特定安全策略是前者；而防御性网络信息欺骗技术则属于后者，是一种“非特异性”主动防御网络安全新技术。入侵防护系统(Intrusion Prevention System, IPS)则是属于“特异性”主动防御技术，虽然IPS没有考虑成本问题，但是由于它和目前广泛使用的入侵检测系统(Intrusion Detection System，IDS)关系密切，依然可能成为信息安全将要使用的新技术。

四、未来档案馆社会化服务中用于保障网络信息安全的新技术

(一)入侵防护系统(IPS)

入侵检测系统(IDS)通过旁路监听的方式不间断地从计算机网络系统中的若干个关键点收集并分析信息，来判断网络或系统中是否存在违反安全策略的行为和被攻击的迹象。IDS 主要完成信息收集、数据分析和入侵告警的功能，在攻击检测、安全审计和监控方面都发挥了重要作用。但 IDS 的发展也因其存在的一些不足而受到了限制。第一，它的误报率和漏报率居高不下，日志过大，报警过多。重要的数据夹杂在过多的一般性数据中，管理员往往淹没于成百上千的日志信息，疲于处理海量的报警(包括真正的和错误的)，很容易忽略掉真正的攻击。其次，由于 IDS 是一种并联设备，只能被动地检测保护目标遭到了何种攻击。为了阻止进一步的攻击行为，它只能通过响应机制报告防火墙，由防火墙来阻断攻击。而且由于 IDS 的误报率很高，致使任何一种误报都将阻断网络，造成网络处于中断状态。总之，IDS 只能作为一个监听设备，防御动作也是事后的和被动的，不能将危害切断在发生之前。

入侵防护系统[①]与只检测和报告已发生的攻击行为的 IDS 不同，它是一种主动的、积极的入侵防范、阻止系统。它部署在网络的进出口处，当检测到攻击企图时会自动地将攻击包丢掉或采取措施将攻击源阻断，将损失降低到最小，有效地实现了主动防御。IPS 采用嵌入式运行模式，具有完善的安全策略、高质量的入侵特征库、高效处理数据包的能力和强大的响应功能。

①黄金莲，高会生：《入侵防护系统 IPS 探讨》，《网络安全技术与应用》，2005 年，第 8 期，第 35～37 页。

IPS作为一种新兴安全技术也存在着一些需要解决的问题，这正是IPS今后研究的主要内容，主要包括以下方面：单点失效、性能瓶颈、误报和漏报以及攻击阻断的管理问题。

IPS是基于IDS，建立在IDS发展的基础上的一种新生安全产品，但它绝不是IDS简单的功能扩展。IPS的发展是一个寻求在准确检测攻击基础上防御攻击的过程，是IDS功能由单纯审计跟踪到审计跟踪结合访问控制的扩展，实现了由被动防御过渡到主动防御，并且将入侵检测，病毒检测，防火墙等功能紧密融合。IPS适时顺应了安全保障体系中主动防御以及功能融合、集中管理的趋势，日益受到越来越多的人们的关注。

(二)使用遗传算法(Genetic Algorithm)匹配安全技术和系统漏洞

为了保证网络信息的安全，IT行业投入了大量的人力和物力去减少由系统的基础结构中的漏洞带来的危险。但是每一样安全技术只是针对某些特定的安全漏洞或攻击进行安全防护，而且可能又会产生新的漏洞。这里的遗传算法提供给我们了一种匹配安全技术和系统漏洞的方式，通过遗传算法进行匹配可以根据某一信息系统的特点选择开销最小而又能提供最大安全保障的安全技术策略。

遗传算法[①]是一类借鉴生物界的进化规律(适者生存，优胜劣汰遗传机制)演化而来的随机化搜索方法。它是由美国的J. Holland教授1975年首先提出，其主要特点是直接对结构对象进行操作，不存在求导和函数连续性的限定；具有内在的隐并行性和更好的全局寻优能力；采用概率化的寻优方法，能自动获取和指导优化的搜索空间，自适应地调整搜索方向，不需要确定的规则。遗传算法的这些性质，已被人们广泛地应用于组合优化、机器学习、信号处理、自适应控

①Mukul Gupta. Matching information security vulnerabilities to organizational security profiles: a genetic algorithm approach . Decision Support Systems 41,2006:592～603.

制和人工生命等领域。它是现代智能计算中的关键技术之一。

遗传算法作为一种快捷、简便、容错性强的算法，在各类结构对象的优化过程中显示出明显的优势。与传统的搜索方法相比，遗传算法具有如下特点：第一，搜索过程不直接作用在变量上，而是在参数集进行了编码的个体。此编码操作，使得遗传算法可直接对结构对象（集合、序列、矩阵、树、图、链和表）进行操作。第二，搜索过程是从一组解迭代到另一组解，采用同时处理群体中多个个体的方法，降低了陷入局部最优解的可能性，并易于并行化。第三，采用概率的变迁规则来指导搜索方向，而不采用确定性搜索规则。对搜索空间没有任何特殊要求（如连通性、凸性等），只利用适应性信息，不需要导数等其他辅助信息，适应范围更广。

基于遗传算法匹配安全技术和系统漏洞的优点主要有以下三点。首先，对相当复杂的问题其速度依然非常快，当问题的复杂性和规模增加时，该算法执行时间随问题的规模呈线性增加，不会像Brute Force那样执行时间随问题的规模呈指数级增加。第二，算法的规模不大，能让用户满意。第三，算法的精确度高。

遗传算法得到的最优解决办法并不一定能完全覆盖系统所有的漏洞，但是它提供了一种把开销控制在一定范围内去管理漏洞暴露的风险的方式。不同的网络信息系统可以根据自己的特点使用遗传算法来决定其应该采用什么样的安全技术策略。档案网络信息系统可以根据自身系统的特点和网络安全可投入的开销采用遗传算法来得到相应的安全策略。

（三）防御性网络信息欺骗

1. 基本概念和原理

防御性网络信息欺骗[①]是一种“非特异性”主动防御网络安全新

①王雨晨：《主动式信息安全新技术》，《信息安全与通信保密》，2005年，第7期，第300～304页。

技术,其安全防护成本能够低于攻击成本,能有效对抗自动化攻击的发展趋势,克服“特异性”安全技术的固有缺陷。

防御性信息欺骗技术的思路不是简单地对抗特定攻击手段,修补系统漏洞,或者在某个关节阻止攻击活动,而是对黑客及攻击工具的信息刺探等活动进行虚假反应,模拟或改变各种网络信息资源的网络行为与特征。网络信息欺骗技术通过以下两方面对网络信息系统提供安全保障。

第一,隐藏真实信息,保护真实系统。使攻击者无法了解真实系统情况,无从发现并利用真实系统中的安全漏洞进行有效攻击。

第二,提供虚假信息,诱骗攻击活动。提供虚假信息,诱导攻击者对虚假资源发动攻击。将攻击引入歧途,消耗攻击者的资源与精力,使其暴露,从而在攻击造成实质破坏前发现攻击者。

将信息欺骗技术与入侵检测、入侵防护、防火墙等技术相结合,可以增加对网络攻击的预警时间,在真实系统遭到破坏前发现攻击事件,避免实质损失发生,有效增强系统的生存能力。

2.防御性网络信息欺骗技术的构成

防御性网络信息欺骗技术由信息隐藏、信息伪装、信息诱骗三个功能模块组成。信息隐藏用于隐藏受保护资源的真实信息,包括真实数据与拓扑结构、操作系统类型、网络服务种类及版本等。关键实现技术是对真实系统的IP协议栈特征进行改变,以使攻击者无法通过网络正确判断其真实类型。信息伪装用于对某种系统的网络行为进行伪装,使其在攻击者看来是另一种类型的系统。信息诱骗使用单一计算机部件对多种计算机系统的网络特征、特定服务的网络行为、路由协议等网络活动进行模拟,以形成目标系统存在大量信息资源,甚至复杂拓扑结构的假象,诱使攻击者对虚假网络资源进行攻击活动,从而可以使用预先设定的检测策略在攻击活动无法对真实系统造成危害的条件下迅速捕获攻击者,避免系统遭受实质性攻击。

3. 防御性网络信息欺骗技术的特点与优点

防御性网络信息欺骗技术的特点与优点主要有如下四点。

首先，防御性网络信息欺骗技术不同于当前主流的“被动式”安全防御技术，它的防御对象不再是孤立的攻击活动，而是发动攻击的攻击者或攻击程序。信息欺骗技术可以通过预先设定的欺骗策略，隐藏系统的真实信息，故意暴露虚假信息，使攻击者获取大量关于目标系统的假情报，从而对攻击者所选择的攻击方法、攻击策略、具体攻击步骤进行诱导，引导攻击者进入防御方预先设定的圈套。信息欺骗技术能够在攻击开始之前就对攻击者的策略进行影响，而不只是在攻击活动开始之后再进行被动地对抗。

其次，由于攻击活动具有平台相关性，对某种特定平台有效的攻击手段，对另一平台往往没有效果。防御性信息欺骗技术无需逐一对抗所有的安全威胁，而是阻止攻击者获取目标系统的真实情况，使攻击活动因丧失针对性而失效，因此对所有已知或未知的网络攻击具有普遍的防御效果。同样，信息欺骗技术可使扫描器、蠕虫等自动攻击程序的信息收集机制失效，使其无法发现并利用系统的真实缺陷进行破坏，从而使自动攻击手段失去实际攻击效能。

再次，与“特异性”安全技术不同，防御性网络信息欺骗技术在防护机制上无需追踪攻击种类的发展，只需模拟 TCP/IP 协议栈有限的网络行为。因此，无需通过增加系统的复杂性来应对新出现的攻击手段，不会出现随着攻击种类增长，系统日益退化，激化攻防成本矛盾的情况。

最后，防御性信息欺骗技术通过“隐藏真实信息，散布虚假信息”的方式对攻击者进行主动防御，使用了从“运算复杂性”与“社会工程学”的角度都很廉价的技术，自身不承担任何“数据分析”工作。但对于攻击者来说，设法从信息欺骗技术所提供的信息中分析、辨别出有价值的真实信息则非常复杂，成本很高。因此防御性信息欺骗技术可以使用最少的成本给攻击活动造成最大的困难，呈指数形式增加攻击者的攻击成本。

防御性信息欺骗技术实际部署后可以有效改善当前信息攻防成本之间的“不对称”局面。

前面介绍的防火墙、IDS防病毒技术，即使没有攻击活动时也要消耗大量资源检测正常数据。而信息欺骗技术不需对用户正常合法的活动进行监控与处理，不会在未发生攻击的条件下占用任何网络与计算资源。只在攻击活动发生时，欺骗系统才会工作，运行中所占用的资源极少，消耗的资源与攻击活动的活跃程度成正比。

将网络信息欺骗技术与IPS、遗传算法、入侵检测、防火墙等安全技术相结合，可以建立档案馆网络系统的信息安全保障体系，用很低的成本使原有系统的防护深度大大增加，从而有效增强档案网络系统在信息危机四伏的网络环境下的生存能力。

五、结束语

随着技术的进步和各种标准、规范的形成，档案资源信息通过计算机网络共享的功能和服务将越来越完善，必将发挥越来越大的社会效益和经济效益。但网络环境的复杂性、多变性，以及信息系统的脆弱性，档案数据的特殊性，决定了网络安全威胁的客观存在。在档案馆社会化服务中，加强信息网络安全监管和建立保护屏障不可或缺。我们必须把新型的和传统的安全技术相结合，才能建立不仅具有良好的防护能力而且开销较小的安全保障体系。

浅议高校科研管理存在的问题及其对策

韩 琴[①]

摘 要:科研工作是高校三大任务之一,在高校发展中具有重要的地位。正确认识高校科研管理中存在的问题,有利于推动科研工作的发展。本文从科研机构和科研管理人员两方面提出了当前高校科研管理中存在的一些问题,并就加强高校科研管理对策笔者阐述了自己的观点。

关键词:高校科研、管理科研、机构科研、管理人员问题

一、科研机构管理体制与运行机制的问题

1. 科研机构职能定位错误的问题

目前高校科研管理机构一般设为科研处,有的学校又细分为社科处与科技处。在二级学院中通常没有具体的科研管理部门,但设分管科研的院长和科研秘书。这些科研管理机构的职能包括科研信息搜集、项目管理、成果管理和经费管理,等等。这些职能的实施通常停留在基本层面,并未达到管理的更高层次。

以项目管理为例,科研机构的工作局限在被动管理上,仅仅起到了"传声筒"的作用,即按照上级要求发布信息,组织科研人员按照

①韩琴(1982—),女,湖北武汉市人,现工作于湖北大学历史文化学院。

《申报指南》进行申报填表，例行中期检查、结项等工作，缺乏主动为企事业单位与科研人员牵线搭桥，促成相互合作的服务意识。成果管理目前仅限于成果登记、鉴定、报奖等，对于成果的推广及市场转化等工作涉及甚少。经费管理更大的权限则在财务部门，科研管理部门涉及的工作更少。科研管理部门在很多高校中还仅仅被定位为“一座桥梁”，是保持科研人员与外界信息畅通的工具。

2. 科研和教学之间缺乏互动的问题

现在全国都在关心“本科教学评估”、“专业评估”，大家把更多的精力放在教学工作上，认为教学效果的好坏直接或者间接地决定着学校的声誉、学生的就业率以及学校的经济效益，而科研是一个人或者一个科研团队的事情，其重要性无法与教学相比。同时，从事科研活动的教师相对于单纯从事教学的教师本身则要付出更多的精力和时间，而近年来高校年年扩招，使高校师资力量难以适应扩招后教学工作的需要，各个高校教师的教学工作量都很大，在这种情况下很难保证科研的质与量。

高校是培养人才的地方，教学是必不可少的，但是如果没有有力的科研作为支撑及后盾，教学质量是难以保证的。不论从人们的主观意识，还是从客观实际上看，处理好教学与科研的关系已成为高校亟需解决的棘手问题。

3. 科研管理的问题

(1)重项目申请，轻项目管理。目前，很多高校把科研的工作重点不是放在项目的日常管理，提高科研水平上，而是放在如何申请更多的项目、更多的科研经费和争取科研奖励上。这样，对科研人员起到了不良的引导作用，部分科研人员积极申报项目，草草结束项目，一些科研项目最后仅仅由几篇文章“打发”了，丝毫起不到“科学研究”的作用和效果。

(2)重科学研究，轻成果转化。现在高校普遍存在重立项、轻结项的问题，由此导致了成果转化意识淡薄。就社科成果而言，结题以后的成果如何转化，在如何服务于社会，提高社会效益或经济效益方面基本是一个空白。而科技成果大部分留存于档案材料上和专利局中，真正能通过鉴定并转化成产品的并不多。

二、科研管理人员的问题

1. 高校重视程度不够

目前高校科研管理可以粗略分为校级科研管理和二级学院科研管理，校级科研领导和工作人员一般是专职的；而在二级学院中通常没有具体的科研管理部门，反设分管科研的院长和科研秘书，且大部分是兼职的。二级学院的科研秘书作为连接学校科研管理部门和学院教师及科研人员的媒介，发挥着举足轻重的作用，负责组织学院教师各类科研项目的申报、管理；组织科研成果申报；成果登记、鉴定、报奖；协助处理科研工作日常事务，包括档案的清理和归档、项目的常规管理、学术交流活动的计划管理、科研设备管理。高校二级学院科研秘书承担的工作任务繁重而琐碎，上要接受学校党政与科研管理部门的直接领导，下要传达这些指令，并且还要协助教师完成工作。

作为科研管理队伍中的基层群体，却很难得到高校领导部门的重视。在人员安排上部分是兼职的，这样就无法保证工作时间的完整性、工作对象的专一性与工作效率的时效性；在政策上没有“优待”，甚至是“忽视”的，这样就导致基层科研管理人员很难得到科研管理专业进修机会，导致缺乏工作上的积极性与主动性。

2. 科研管理人员自身认识程度不够

科研管理人员是“管理链”中不可或缺的一环，它既是科研管理工作的具体执行者，又是各项管理活动的组织者，在科研管理过程中起着承上启下、联系左右的桥梁作用，是协调部门关系的纽带。

由于目前高校中机制的局限性和高校科研管理人员缺乏专业

性，导致科研管理人员对自身认识程度不够。各高校对管理人员不同程度地存在着重使用、轻培养的问题，造成科研管理队伍不稳定，并且人员更换频繁，使管理工作不能够连续进行，始终处于低水平的运转状态，这也直接导致科研管理人员无法进行科学有效的管理，只是被动地从事管理工作，无法真正为科研工作服务。并且，目前许多高校科研管理人员很少接受管理科学基本训练和正规教育，很难得到高校科研管理专业的进修机会，对高等教育管理规律缺乏足够的认识和深入研究，专业性和知识性不强，仅凭着在所从事的科研管理实践中的一些“经验”办事。

三、加强高校科研管理的对策

1. 正确认识，深化科研管理体制改革

高校应该将科研管理纳入日常管理中来，在人员安排、经费划拨方面高度重视，要深刻认识到科研是保证教学质量和高水平的社会服务的桥梁，科研管理是保证这一桥梁顺利通行的根本保证。

健全高校科研管理体制，出台逐步细化、节节对应的科研专项体制，力争确保科研与教学两不误、科研经费使用通畅、结合学科强势力量进行主要攻坚等。

2. 提高科研管理人员的素质

作为科研管理人员，要有横向联系和纵向联系的能力，既同本单位科研人员保持密切的联系，对其科研动态和科研成果心里有数，又与上级科研部门保持密切的联系，对其政策和指示了然于心，并且能够把二者交流的各个环节协调好，促进科研工作的有效开展。这就要求科研管理人员要有崇高的敬业精神与良好的职业道德、高水平的信息采集能力与实践能力、科技创新意识和服务意识，以及有组织协调关系的能力。

综上所述，我们对目前高校科研工作中存在的若干问题有了一

个初步的了解，同时也得出了一些解决问题的办法，希望能够对身处在高校科研管理第一线的工作者们起到一定的启发和帮助作用，使其能够更好地从事自身的工作。

参考文献

成玉梁.浅谈高校科研管理工作的内涵及如何做好高校科研管理工作[J].科技创新导报，2008，(13)：242～243.

范俊英.构建高校科研管理和谐机制之我见[J].科技管理研究，2008，(1)：124～126.

何俊新.高校科研管理存在的问题及其对策研究[J].中国市场，2009，(1)：128～129.

王瑜.创新高校科研管理，提高科研管理水平[J].中国高校科技与产业化，2008，(4)：56～57.

吴丹.高校科研管理人员需要重视的几个方面[J].当代教育论坛(校长教育研究)，2008，(11)：95～96.

向红英，彭杰.浅议高校的科研管理[J].科技信息，2008，(27)：326.

徐芳，李文亮.加强高校科研管理队伍建设，创新科研管理水平[J].科技信息(学术研究)，2008，(11)：303.

易丽丽，杨云芳，楼笑梅.高校二级学院科研秘书应具备的素质[J].文教资料，2006，(30)：30～31.

论师德在高校教育中的重要作用

李 艳[①]

摘　要:本文通过在大学生中存在的一些问题,引出师德在高校教育的重要作用,归纳出高校教育工作者教育大学生成人成才的途径。

关键词:师德、高校教育、作用

轰动一时的2004年云南大学大学生马加爵杀人案已经告一段落。人们心头沉甸甸的感觉似乎可以卸去了,但是犹如一块抛入湖中的大石,虽然石头已经沉入湖底,但激起的涟漪却久久不能消失。人们禁不住要问:作为一名大学生的他为什么要杀人?为什么要杀朝夕相处的同寝室的同学?

同时引起我们反思的还有"木子美现象",为什么一个中山大学的毕业生连基本的道德底线都没有?

据《中国统计年鉴》2003年人民法院刑事案件中青少年犯罪的情况统计,1997年青少年犯罪人数为19.9万人,2002年为25.3万人;从1997到2002年,18～25岁的青少年犯罪人数由16.87万人上升到20.36万人,不满18岁的犯罪人数由2.9万人上升到4.99万人。部分城市的调查发现,24.5%的学生存在不同程度的焦虑、偏执、孤僻、自卑、抑郁等心理障碍,2.7%的学生存在严重的心理问题,

①李艳,女,研究生学历,现为湖北大学历史文化学院讲师。

青少年犯罪率居高不下的原因很大程度上是因为心理障碍引起的[①]。

人永远生活在社会的大环境里，而学生，尤其是大学生，如果拥有良好的教育，能够在他们无助、困难甚至走上错路的时候得到及时的帮助。

一、大学教育呼唤师德，师品即人品，师德即仁德

《重庆晚报》曾报道了这样一则消息：为促使学生进步，涪陵城区第四小学一教师出奇招：考试成绩 90 分以下的都当众跪下，用双膝走上讲台领考卷[②]。另一则《辽沈晚报》的报道：因月考成绩不好，沈阳一 14 岁少年当众被老师打嘴巴，他觉得自己没脸活下去，从 6 楼跳下摔成截瘫[③]。

不知这些老师是否想过：你这一声吆喝、一个巴掌会在孩子们的心灵中留下什么样的阴影，会给他们以后的成长过程带来什么样的负面影响？

“爱是教育的基础”，师爱是师德的核心，师爱也是师魂。教师热爱本职工作很重要的是体现在热爱学生身上，教师只有热爱学生才能赢得学生的尊敬，从而建立起“尊师爱生”的融洽关系。但是，从这两个报道中，我们却看不到“爱”的影子。

也许有人会说，大学教育不会管得这么严。可是，有时候冷淡更加伤害学生的心！

我国著名教育家陶行知先生说过，对待学生的自尊心，要像对待一朵玫瑰花上颤动欲坠的露珠一样小心。不尊重学生的自尊，不仅

①国家统计局《中国统计年鉴》(1991—2003 年)。

②2006 年 10 月 21 日，《重庆晚报》。

③2005 年 4 月 14 日，《辽沈晚报》。

会给学生带来伤害，而且也是师爱和师德缺失的表现。试想，如果连基本的“爱学生”都做不到，还拿什么来对学生“传道、授业、解惑”呢？

美国著名的教育心理学家吉诺特博士说过如下一段话：“在学校当了若干年的教师之后，我得到了一个令人惶恐的结论——教学的成功与失败，‘我’是决定性因素。身为教师，我具有极大的力量，能够让孩子们活得愉快或悲惨；我可以是制造痛苦的工具，也可能是启发灵感的媒介；我能让学生丢脸，也能让他们开心，能伤人也能救人”①。

吉诺特的这番话，对我而言是一种心灵的震撼。每一位教师都应该从中感悟出更为深刻的师生关系。

随着人们对“师德”的日益重视，各种加强师德建设的措施不断出台。但不管外部手段如何，提高师德水平，关键是要让每一位教师从内心深处有对学生的“爱”。像陶行知先生那样“捧着一颗心来，不带半颗草去”，才能让更多的学生“亲其师、信其道”，成为社会上真正需要的合格人才。

二、高校教育，教是手段，德是根本

高尚的师德对于学生人格有塑造作用。教师的劳动具有“以人格塑人格”②的特点，一切师德要求都基于教师的人格，师德的魅力主要体现在人格特征中。历代教育家提出的为人师表、以身作则、循循善诱、躬行实践等，既是师德的规范，又显示了教师良好的品格特征。

师德建设对全体教师具有示范作用。教师劳动的知识性、示范性与创造性等特点，决定了教师在从事教育活动中必须遵守道德规范和行为准则，以及具有与之相适应的道德观念、情操和品质。通过师德标兵的评选和学习活动，在广大教师中树立一批具有高尚师德

①《当前课堂教学的困惑及对策思考》，《教育科学论坛》，2007年，第1期。

②2004年9月，“上海市师德论坛”。

的教师典型，对促进教师队伍整体素质的提高有着良好示范作用。

师德建设对全社会的思想道德建设有着引领作用。教师对每个人从儿童到成人过程中形成的道德观念、行为习惯、世界观等起了决定性作用。师德建设对提高全社会思想道德水平、净化社会风气具有重要影响。把师德建设提到社会进步和历史发展的高度来认识，具有重要现实意义。

三、师德是最阳光的脉动①

教师的教诲和引导，会导向我们全部的人生轨迹，帮助我们学会甄别和选择生命中一切最需要的力量和支撑。很多人甚至觉得，生命中所有的重要转折和所有的逻辑起点，都与老师潜移默化的引导有关。

教师传授的是知识，媒体传播的是信息。知识和信息的共同特点，是不唯一性。给得越多，传授和传播的次数越多，我们自身的积累就越多，越深厚。商品经济中的这种特殊“商品”的不唯一性，使优秀的教师成为一座图书馆或是一座博物馆。

可以想象，假如没有学校的孕育，离开教师的培育，社会的发展将会成为无源之水、无本之木。我们为此而感谢老师，我们为此而感谢教育。

四、教育是传承民族精神的接力棒

我们欣喜地看到，下一代的成长有着越来越优化的环境；我们也焦虑地看到，许多家长往往过于迫切地期望昔日的梦想在儿女身上实现，于是出现了“抢、逼、围”式的教育现象。“抢”是指过早、过多地

①2004 年 9 月，“上海市师德论坛”。

让孩子面对超出其年龄的学习;“逼”是指把大人的意愿和兴趣强加于孩子;“围”是指来自社会、学校、家庭等各方面的管教和压力。

应该如何探索一条具有中国特色的教育模式?要抓住机遇,寻找突破口,如利用奥运会和建国60周年契机,开展爱国主义教育,弘扬民族精神,引导学生树立远大理想;要鼓励学生多学点中国历史,多了解世界形势,让他们有更多机会走出课堂、走进社会,亲身经历和感受身边的一切;我们自己要进一步解放思想,更新理念,创新教育。

用我们的挚爱关心下一代,用我们的真诚感动下一代,用我们的言行激励下一代,用我们的师德感染下一代。

五、树立“以学生为本”的教育观

首先,要树立“以学生发展为本”的教育观。教师要给学生以真爱,给学生以真情。一切为了学生,为了学生一切,为了一切学生,帮助学生走好职业生涯的第一步。

其次,要树立教书育人的“德艺双馨型”师德观。培养知识型、技能型人才是教育的根本使命。这决定了教师必须在教给学生知识和技能的同时,还要教育学生如何树立理想、培养职业道德。

再次,要尊重理解学生。师生之间要互敬互爱。尊重别人,才能得到别人的尊重。只有尊重理解学生,学生才能尊重信任老师,才能对老师无话不说,甚至告诉埋藏在自己心底的秘密,这样师生之间就架起了友谊的桥梁,教育工作也得心应手,收效甚好。尊重、理解、信任是打开学生心灵的金钥匙,因此,要尊重理解学生。

高校是教育和培养合格大学生,培养合格社会主义接班人的主要场所,而老师的师德直接影响着合格大学生的培养,科学技术是外在的手段,品德修养是内在的基础。知识就是力量,知识只有掌握在具有良好品德的人手里才会成为真正的对社会造福的力量。

现在正是中华民族伟大复兴的关键时期，每一个大学生都是为民族崛起贡献力量中的一员，而品德就成为一个关键的因素，师德在这其中成为一个关键的教育环节。

“桃李不言，下自成蹊。”具有良好师德的老师就像这不言的桃李一样，总会默默地散发出他的芬芳，默默地影响人、教育人。

作为一名高校教师，我觉得还应当具有“春蚕到死丝方尽，蜡炬成灰泪始干”的精神，不仅要桃李芬芳，还要主动去帮助学生、影响学生、教育学生，这样才能使教师成为“阳光下最灿烂的事业”，也才能为社会、为民族作出自己应有的奉献！

后 记

湖北大学历史文化学院成立于2003年9月，其前身可追溯到1931年建校之初的历史科，是学校历史最悠久的科系之一。历史文化学院现设有历史系、档案系、国际文化交流系、中国思想文化史研究所、湖北省高校人文社会科学研究基地、湖北当代文化研究中心、企业档案与知识管理研究中心、中日社会比较研究中心、荆楚文化研究中心、女性文化研究中心、湖北城乡区域发展研究中心、拉丁美洲史研究室等教学和研究机构。学院拥有历史学省级重点学科；拥有专门史博士点、历史学一级学科硕士点、档案学硕士点、学科教学(历史)专业硕士点；拥有历史学、档案学、国际文化交流3个本科专业；曾创办湖北省文科人才培养模式改革试点班和文科楚才试验班等。

历史文化学院现有教职工共52人，其中专任教师47人(教授7人，副教授20人)，师资队伍整齐，实力雄厚。本院教师在中国文化史、社会史、经济史、明清史、楚文化史、拉丁美洲研究、国际关系史、湖北区域文化、档案学等领域开展了卓有成效的研究工作，本书收录的就是部分研究成果。

历史文化学院于2007年出版了《记忆·历史·文化》论文集第一集，侧重于科研学术研究；2008年出版了《记忆·历史·文化》论文集第二集，侧重于教学改革研究；本论文集为第三集，它的出版延续了我院重视学术研究和教学研究的优良传统，旨在检验我院近年来整合科研力量所取得的成果，求教于学界同仁。

本论文集的出版，得到了中国地质大学出版社有关同志的大力支持，他们付出了辛勤的劳动，在此表示衷心的感谢！

编 者

2010年10月8日